I0286156

Hermann Reckendorf

Die syntaktischen Verhältnisse des Arabischen

Hermann Reckendorf

Die syntaktischen Verhältnisse des Arabischen

ISBN/EAN: 9783744796491

Printed in Europe, USA, Canada, Australia, Japan

Cover: Foto ©Andreas Hilbeck / pixelio.de

More available books at **www.hansebooks.com**

DIE

SYNTAKTISCHEN VERHÄLTNISSE

DES

ARABISCHEN

VON

H. RECKENDORF.

Erste H[redacted]

LEIDEN. — E. J. [redacted]
1895.

DRUCK VON E. J. BRILL IN LEIDEN.

Den Herren Prof. Grimme und Jensen, besonders aber Herrn Prof. Nöldeke bin ich für ihre Ratschläge zu grösstem Danke verpflichtet.

H. Reckendorf.

Freiburg i. B. Juli 1895.

EINIGE ABKÜRZUNGEN.

Del. = Noeldeke—Mueller, Delectus veterum carminum arabicorum.
IḪurd. = Ibn Chordadhbeh, ed. De Goeje (Leiden 1889).
ISaʿd = Ibn Saʿd, die Schreiben Mohammeds ed. Wellhausen, Skizzen und Vorarbeiten IV.
Mav. = Maverdi, constitutiones politicae ed. Enger.
Ṯaʿlabī = aṯ Ṯaʿlabī Ḳiṣaṣ el anbijā, Bombay 1306 = 1889.

EINFACHER SATZ.

A. UNERWEITERTER SATZ.

---

1. Praedikate.

§ 1. Es soll der Versuch unternommen werden, die Haupttatsachen der arabischen Syntax zu erklären. Den Ausgangspunkt bildet der zweigliedrige einfache, unerweiterte Satz. Er ist von verschiedener Art, je nach der Beschaffenheit seiner Praedikate. *Grundformen der Praedikate.*

Für das Ar. ist, wie für alle sem. Sprachen, das normale grammatische Praedikat in der gewöhnlichen Rede nicht ausschliesslich ein Verb-fin., und nicht einmal, wo der Satz durch Einschaltung einer reinen Kopula vervollkommnet erscheint, ist dies in hervorragender Weise durch eine *verbale* reine Kopula herbeigeführt. Das Praed. ist entweder ein Nomen oder ein Verhältnissausdruck oder ein Verb. fin.; das Karakteristische für die erste und zweite Art ist nicht das Fehlen einer Kopula [1]), sondern das Fehlen eines Verbum finitum. Sätze, deren Praed. ein Verb. fin. ist, werden als Verbalsätze bezeichnet, alle andern als Nominalsätze.

§ 2. Proethnisch, aber in keiner sem. Sprache mit der Festigkeit durchgeführt wie im Arab., ist die Verschiedenheit der Wortstellung im Nominal- und Verbalsatz, in Ersterem Subj.—Praed., *Stellung der Praedikate.*

---

1) Dass jedoch das Sprachgefühl keine verbale Kop. ergänzt, ergibt sich daraus, dass unter dem Einfluss einer latenten verbalen Kopula das nominale Praed. in den Akkusativ treten müsste und unter Verhältnissen, die auf Analogiebildung zum Verbalsatz hindrängten, tatsächlich tritt.

in Letzterem Praed.-Subj., also gewöhnlich زيد فى آلدّار «Zeid (ist) im Hause», aber ضَرَبَ زيد «(es) schlug Zeid». So karakteristisch ist dieser Gegensatz, dass die Grammatiker der Araber eben an dem Voranstehen des Subj. den Nominalsatz erkennen und an dem Voranstehen des Praed. den Verbalsatz. Der Verbalsatz mit Inversion (§ 22) ist für sie ein zusammengesetzter Nominalsatz, das praedizirende Verbum selbst ein Satz, also زيد ضرب = «Zeid, er schlug». Der Nominalsatz mit Inversion (§ 3) wird, wenn es nur irgend angeht, für einen Verbalsatz erklärt, wenn er nämlich ein verbumähnliches Wort, also vor Allem ein Partizip, zum Praed. hat. In Fällen wie فى آلدّار رَجُل «im Hause (ist) ein Mann» einen Verbalsatz anzunehmen, ging aber doch Manchen zu weit, da bescheiden sie sich denn, Inversion des Nominalsatzes festzustellen. Die ganze Lehre erhebt ein sekundäres Kennzeichen zu einem wesentlichen; sie nötigt selbst im Arab., wo sie noch einigermaassen den Schein für sich hat, zu Deuteleien, ist aber in den anderen sem. Sprachen einfach nicht zu brauchen.

Man könnte sich vorstellen, dass die in fortwährendem Neuerscheinen von Einzelakten verlaufende Handlung, wie sie im arab. Verb. fin. (nicht aber in den Partizipien) zum Ausdruck gelangt, als das Sinnenfälligere in den Vordergrund getreten ist, und dass erst nachträglich das Subj., an dem sie zur Erscheinung gelangt, ausgesondert und ausgesprochen wird. Für den Hörenden verliert der Satz bei dieser Stellung an Lebhaftigkeit, selbst die Erzählung erhält etwas Schilderndes, erst auf einem Umwege werden spannendere Wirkungen erzielt, nämlich meist nicht durch einfache Inversion, sondern indem man an die Spitze des Satzes die häufig gebrauchte Deutepartikel إِنَّ «ecce» setzt, die auf das Subject hinweist und es meist unmittelbar nach sich zieht.

II. Nominalsatz.

§ 3. Von der Stellung gramm.Subj.–gramm.Praed. wird abgewichen, wenn das gramm. Praed. ein sich mit besondrer Energie aufdrängendes natürliches Subjekt [1]) ist, sei es, dass Anschauung oder Erinnerung das gramm. Praed. vor dem gramm. Subj. darbieten, sei es, dass das Gefühl vom gramm. Praed. wegen dessen relativer Wichtigkeit mächtiger und zunächst erregt wird. *Inversion.*

Das kann nun okkasionell geschehen, wie in فَإِنِّي رَاضٍ بِحُلْمِكَ وَطَيِّبَةٌ بِهِ نَفْسِي Ḥam. 252, 2 «so (bin) ich damit einverstanden, und zufrieden (ist) damit meine Seele». Mit grösserer Regelmässigkeit, wenn auch keineswegs ausnahmslos, hat sich aber die Anordnung gramm. Praed.–gramm. Subj. in einigen Satztypen festgesetzt, von denen die wichtigsten folgende sind: 1) Das Praed. ist eine räumliche, zeitliche oder modale Bestimmung, meist in Gestalt eines praepozizionalen Ausdrucks. Es wird zunächst die Gesamtanschauung mit den in ihr waltenden Beziehungen ausgesprochen, dann das in ihr befindliche Subjekt. Man muss noch in Betracht ziehen, dass in der arab. Prosa die Praeposizionen überhaupt in weit mehr als der Hälfte der Fälle (in der Poesie kaum der Hälfte) ein Personal- oder Demonstrativpron. entweder direkt regieren, oder dass doch der von ihnen abhängige Ausdruck eine durch ein Personal- oder Demonstrativpron. irgendwie fixirte Beziehung zum Vorangehenden (oder zu der Anschauung) enthält. Unter solchen Umständen kann sich ihr Karakter als natürl. Subj. noch erfolgreicher betätigen, wie sich auch in dem Kapitel über die Praep. zeigen wird. Die Inversion stellt sich selbst dann ein, wenn das gramm. Subj. bereits bekannt und darum grammatisch determiniert ist, z. B. وفيه باب الكعبة «und in ihm ist die Thüre der Kaʿba» IRust. 31, 12. هاهنا مسارحُ ابلنا. «Hier (sind) die Tummelplätze

---

Anm. 1. Diese Bezeichnung wird aus verschiedenen Gründen, deren Erörterung nicht hierher gehört, statt der andern «logisches Subjekt» gewählt. Sie erstreckt sich, wie gleich das Folgende zeigt, auch über Fälle, die als log. Praedikate zu betrachten sind.

unsrer Kamele» Balāḏ. 9, 20. hauptsächlich aber, obwohl keineswegs immer [1]), wenn das gramm. Subjekt in der eben vorliegenden Situazion zuerst gefunden wird und grammatisch indeterminirt ist [2]), فى قلوبهم مرض «in ihren Herzen (ist) eine Krankheit» Ḳur. 2, 9. So auch wenn das Subj. ein Satz ist, wie على محمد النبى أن يمنع «auf dem Profeten Mohammed (ist) [= ihm liegt ob], dass er schütze....» ISaʿd. 8, 27. 2) Das Praed. ist oder enthält ein Fragewort [3]). Erfragte Satzteile sind immer log. Praedikate von erheblicherem Interesse أحقّ ما تخبرنى «(ist) etwa wahr, was Du mir berichtest?» IHiš. 11, 4. 3) Das Praed. ist negirt [3]) z. B.

Auch negirte Satzteile sind wichtige log. Praedikate.

Eine Anzahl andrer Fälle ist beim zusammengesetzten Satz zu besprechen.

Formen des Praedikats. § 4. Das Praed. des Nominalsatzes kann sein: 1) Ein Subst., z.B. هذا كتاب «dies (ist) ein Buch» IḪurd. 4, 1. 2) Ein Adjekt., einschliesslich des Partiz., z.B. أنا مُبْتدئ «ich (bin) anfangend» IHiš. 4, 2. 3) Ein Pronomen. هذا ذاك «das ist Der» [nämlich der richtige Mann dafür] Mas. VI 245, 3 v. u. 4) Ein Adverb., z. B. بأنّ رِحْلتنا غدًا «dass unsre Abreise morgen (stattfindet) »Diw. Nāb. 7, 3 ما هاهنا «Was hier (ist)» Balāḏ. 8,13. أين الغلام «wo (ist) der Knabe?» IHiš. 115, 12. 5) Eine Praepos. mit ihrem Kasus. هذا البيت فى قصيدة له «dieser Vers (steht) in

---

Anm. 1. So besonders nicht in freistehenden Wunschsätzen wie سلام عليك „Friede mit Dir" ويل لك „weh Dir" u. dgl., in denen das Subj. dem Praed. gegenüber von überragender Wichtigkeit ist.

Anm. 2. Wenn das indeterm. gramm. Subj. ein Adjekt. bei sich hat oder ein Deminut. (also mit inhaerirendem Adj.) ist, schwankt die Stellung. Normalstellung doch wohl nur, wenn das Adjekt. eine Bestimmung von grösserer Wichtigkeit zum Inhalt hat.

Anm. 3. Der Unterschied, den die Araber hier zwischen kongruirenden und nicht kongruirenden Praed. machen (أقائمٌ الرّجال und اقيامٌ الرّجال) berührt die Stellungsverhältnisse nicht. Beides sind Nominalsätze. Ebenso bei der Negazion.

einer Kaside von ihm» IHiš. 6, 11. Meist sind es Praep. der Lage, doch kommen auch solche der Bewegung (woher und wohin) vor, wie عن تراقيها رعابيل «von ihren Schlüsselbeinen (hängen) Fetzen» IHiš. 891, 7. اصله من خوارزم «sein Ursprung (ist) aus Chwarizm» Fihrist 52, 23. الصلوة يومئذ الى بيت المقدس «das Gebet (fand) damals (in der Richtung) nach Jerusalem (statt)» Balād. 2, 12. Am leichtesten geschieht es, wenn das Subj. der Infinitiv eines Verbums der Bewegung ist. 6) Ein substantivirter Satz, und zwar unverbunden, wie قولهم انك لمقتول «ihre Rede (ist): Du (wirst) getötet» IHiš. 891, 8, oder verbunden, wie القلح أن «Ḳalaḥ (ist), dass.....» [= unter Ḳalaḥ versteht man, dass.....]. Kām. 276, 17. 7) Ein substantivischer Relativsatz, z. B. هذا ما أمر به عبد الله »Folgendes (ist), was Abdallah befahl» Balād. 405, 12. 8) Ein Adverbialsatz. ذلك حين لقي النعمان سعد «dies (geschah) als Sad dem Ennumān begegnete» Ḥam. 98,16. ذلك لتعلموا ان «dies (geschah), damit Ihr wisset, dass....» Ḳur. 5,98. ذاك لانكم «dies (geschah), weil Ihr....» Balād. 216, 8.

§ 5. Das Subj. des Nominalsatzes kann sein: 1) Ein Subst. الوزارة على ضربين «das Vezirat (ist) von zweierlei Art» Māv. 33, 17. 2) Ein Pron. أنت خير الرازقين «Du (bist) der beste der Spender» Ḳur. 5, 114. — «Sie beklagten sich über ihren Statthalter وذلك في سنة ٢١ und dies (geschah) im Jahre 21» Mas. IV 256, 2. Relativischer Nominalsatz z.B. in ما ذكره من قبلنا «was erwähnt hat, wer vor uns (war) [= was unsre Vorgänger erw. haben]» Maḳd. ٣٤١, 7. ما عندك «was (ist) bei Dir?» IHiš. 10, 14. 3) Ein Adverbium هكذا في الحديث «so (steht) in der Tradition» Buḫ. I. 225, 2. 4) Ein praepositionaler Ausdruck. من بغداد الى النهروان أربعة فراسخ «von Bagdad nach Nahrawan (sind es) vier Parasangen» IḪurd. 18, 14. Sogar عليكم بهم «Auf Euch (ist) mit ihnen!» [= Ihr habt mit ihnen zu verhandeln] Ḥam. 16, 1.

Formen des Subjekts.

Indes ist Derartiges doch schon ausrufend oder formelhaft. 5) Ein substantivirter Satz. Unverbunden: .... من امثال العرب لولا „Ein Sprüchwort der Araber (ist): wenn nicht ....“ Kām. 127, 8. Verbunden: .... في غير هذا الحديث أن „In einer andern Geschichte (heisst es), dass ....“ Kām. 531, 4. 6) Ein substantivischer Relativsatz .... منها ما ريحها „unter ihnen [sc. den Meeren] (sind solche) deren Winde .....“ Mas. I 243, 3.

Determinazion des Subjekts und Praedikats. § 6. Das Praed. ist meist indeterminirt, kommt aber auch determ. vor, z.B. آية الايمان حبّ الانصار „das Zeichen des Glaubens (ist) die Liebe zu den Ansars“ Buḫ. I 12, 12. انا بجير „Ich (bin) Buǵair“ Ḥam. 251, 19. Was das *Subj.* im Nominalsatz anlangt, so lehren die Araber, es sei eigentlich stets determinirt, konstatieren aber gewisse Ausnahmen. Die Regel ist eine Nützlichkeitsregel, bestimmt, ein Mittel an die Hand zu geben, durch das sofort festgestellt werden kann, was Subj. ist[1]); daher sich auch die Araber des Subjekts von Verbalsätzen — was *sie* unter Letzteren verstehen — nicht mit dieser Sorgfalt angenommen haben. Man könnte versucht sein, Grammatikerdespotismus darin zu erblicken, wenn nicht die von den Arabern mit grossem Eifer gesammelten Ausnahmen bezeugten, dass die Regel naturgemäss ist. Denn die Ausnahmen sind nur scheinbar, teils ist (A) das indeterm. Subj. zwar grammatisches Subj., aber natürliches oder logisches Praed., teils ist es (B) tatsächlich determ., aber nur unvollkommen. Öfters hat man die Wahl zwischen beiden Deutungen[2]).

Es handelt sich um folgende Fälle[3]): A. 1) Das gramm. Subj.

Anm. 1. Sind beide Satzteile determ. oder beide indet., ohne dass Subj. oder Praed. irgendwie gekennzeichnet sind, so ist Normalstellung vorauszusetzen.

Anm. 2. Nicht hierher gehören Subjekte, die von einer indet. Wortform als solcher gebildet werden, z. B. مُصْمَئِلٌ شديد „Musma'illun [= das im Texte stehende indet. Wort M.,] (ist = bedeutet) arg.“ Ḥam. 383,6. Es ist als Eigenname behandelt.

Anm. 3. Wir müssen freilich den Grammatikern der Araber die Verantwortung für einen Teil ihrer Angaben überlassen.

„hat den Nachdruck“ d. h., um statt des Symptoms das Wesen der Sache zu nennen, es ist log. Praed.[1]). 2) Das gramm. Subj. ist mit der Partikel lā „fürwahr“ versehen. 3) Das gramm. Praed. ist ein vorausgehender praepos. Ausdruck. 4) In Wunschsätzen. Das Gewünschte scheint immer log. Praed. zu sein, der — oder dasjenige, dem angewünscht wird, log. Subj. 5) Das gramm. Subj. ist mit einer Fragepartikel versehen oder steht parallel einem Fragewort („Wer ist bei Dir?“ — „Ein Mann“). 6) Das gramm. Subj. ist mit einer Verneinungspartikel versehen. B. 7) Auf das gramm. Subj. wird durch eine der Partikeln 'inna, 'anna u.s.w. hingewiesen (s. das Kap. über den Akkus. nach Partikeln). 8) Vor dem gramm. Subj. steht die Partikel fà („und da“ „so“; zur Einleitung der Hauptsätze von Bedingungssätzen und sonst.) Gleichfalls ursprünglich deutend („da)“. 9) Nach إِذَا in der Bedeutung „da auf einmal“ 10) Das gramm. Subj. hat eine adjektivische oder relativische nähere Bestimmung. 11) Vom gramm. Subj. wird ein indet. Genetiv regiert. 12) Das gramm. Subj. ist ein Verbalnomen mit akkusativischem Objekt. 13) Es ist ein Nomen mit einer praeposizionalen Bestimmung. 14) Es hängt genetivisch von كَمْ „wie viel“ ab (wie viel Männer). 15) Es ist ein Deminutivum (= Subst. + Adj.). 16) Ein substantivirtes Adj. (ebenso). 17) Es ist ein Wort wie كُلّ „alle“ u.s.w. Werden diese Allgemeinbegriffe ohne abhängigen Genetiv gebraucht, so sind sie doch um den Inhalt irgend welcher Begriffe bereichert. Häufig liegt auch ein Gegensatz in ihnen, und sie sind log. Praed. 18) Wenn die Indeterminazion distributiv ist, „ein Mann“ = „jeder beliebige Mann“[2]). 19) Das gramm. Subj. ist ein Nomen unitatis (s. S. 22 f.). 20) Es ist einem vollständig oder unvollständig determinirten Subj. beigeordnet („Freundliche Rede und Nachsicht (ist) besser als .....).

Anm. 1. Hierzu auch die Fälle, da indet. Subjekte im Gegensatz zu einander stehen, sowie die indet. Subjekte unverbundener Adverbialsätze (حال).

Anm. 2. Auch die von den Arabern aufgezählten relativischen Indefinita („wer nur immer“ u.s.w.) sind in diesen Zusammenhang zu stellen.

Natur der verbundenen Begriffe.

§ 7. Nominalsätze fehlen wohl keiner Sprache ganz, auch den Sprachen nicht, die als die natürliche Form des Praed. das Verb. fin. empfinden; sie kommen in Formeln, Sprüchwörtern, Ueberschriften, bei aussergewöhnlicher Gemütsstimmung vor. Dem Arab. sind sie, wie überhaupt den sem. Sprachen, auch in gewöhnlichen Aussagesätzen geläufig, wenngleich ihre primitivste Form (Subj.-Praed., beide im Nominativ) dadurch etwas seltener geworden ist, dass unter Umständen Bindemittel, aber immerhin von nichtverbaler Natur, in Aufnahme kamen, sowie namentlich dadurch, dass das Subj. als solches gekennzeichnet wird, indem es in Abhängigkeit von Partikeln gebracht wird und in den Akkus. tritt (im Arab. أَنَّ u.s.w.). Das Arab. fasst das Verhältniss des Subj. zum nominalen Praed. ganz allgemein als die Verbindung des Subj. mit dem Praed. auf und bezeichnet das Verhältniss unter Umständen ausdrücklich durch die Praeposizion der Verbindung

So ganz ungebunden ist nun freilich der Gebrauch des Nominalsatzes auch im Arab. nicht, es sind doch nur die verhältnissmässig einfachen Beziehungen, die zwischen Subj. und Praed. statt haben können. Einen Satz wie «ein Mann ein Wort» wird man auch im Arab. nur im Sprüchwort u. dgl. antreffen. In das Verhältniss von Subj. und Praed. treten ausser den bereits vorgekommenen Satzformen, in denen sich das Subj. zum Praed. verhält, wie das Ding zur adjektivisch ausgedrückten Eigenschaft, zum übergeordneten Begriff, zur Benennung, zu verschiedenen Relazionen, besonders folgende Begriffe [1]): Form und Stoff: لِباسهم حرير «ihre Kleider (sind) Seide» Ḳur. 22, 23. Maass und Inhalt: على قَلْتَيْن إحداهما دم واحداهما فى الماء منها العلاقم «An zwei Gruben, deren eine Blut (ist) und die andre von ihnen in ihrem Wasser (sind) Koloquinten» Ḥam. 421, 31. Inhalt und Maass: الغَزْوُ بَيْنَنا ثلاث ليال «der Marsch zwischen uns (dauert)

Anm. 1. Vgl. den ausführlichen Aufsatz Fleischers „Über einige Arten der Nominalapposition im Arabischen“ Verhandlungen der k. sächs. Ges. der Wiss. Philol.-hist. Classe 1862, S. 10—66. (= kleinere Schriften II 16—74).

drei Nächte» Diw. Huḏ. 80, 1. Gezähltes und Zahlwort: عجائب الدنيا اربع «die Wunder der Welt (sind) vier» IHurd. 115, 118. In Aufzahlungen: الابواب باب الفتوح باب زويلة «die Tore (sind) das Tor der Eroberungen, das Sevillator u.s.w.» Maḳd. 226, 7. Ganzes und (Bestand)teile: هي قصائد طوال «sie (besteht aus) langen Kasiden» Ḥam. 2,14. والخيل اربعة آلاف فارس واربعة آلاف راجل «die Garnison (beträgt) 4000 Reiter u. 4000 Fussgänger» IHurd. 109, 17. العالم اربعة اجزاء «die Welt (zerfällt in) vier Teile» Mas. IV 2,2. الدين امران «die Religion (besteht in) zwei Dingen» Šahr. 115, 4. Gattung und Arten z. B.: Abstraktum und seine Erscheinungsformen (s. Fleischer a. a. O. S. 31). الطلاق مرّتان «die Ehescheidung (ist) zwei Mal [= kann 2 Mal stattfinden]» Ḳur. 2, 229. Ding und Abstraktum seiner Eigenschaft oder Tätigkeit. الأمانيّ ضلّة «die Wünsche (sind) Irrtum [= sind eitel]» Ḥam. 244,9. انّما هي اقْبال وادْبار «Sie (ist) nur Herankommen und Weggehen» = kommt und geht in einem fort. Ḥansa S. 26,3. Die Eigenschaften und Tätigkeiten treten dadurch bestimmter hervor, denn sie sind eigentlich etwas Unselbständiges.

Bisweilen wird das Subjektswort mit sich selbst identifiziert (vgl. S. 58 [1]), womit ausgedrückt ist, dass das Subject alle Eigentümlichkeiten besitzt, die bei seiner Wortbedeutung gemeinhin gedacht werden. Ja man weist damit über diese Eigentümlichkeiten hieraus auf ihre Wirkungen, auf ihre Unwandelbarkeit. z.B. حقّه حقّ «sein Recht (ist) Recht [= unumstösslich]» ISaᶜd 12, 14. 18. Erhält bei einer solcher Wiederkehr des Subjektsworts im Praed. das Praed. noch nähere Bestimmungen, so machen diese auf eine neue Seite des Subj. noch besonders aufmerksam حياتك حياة للمكارم «Dein Leben (ist) ein Leben für edle Handlungen» Kām. 794,5.

§ 8. Der Nominalsatz ist affirmativ, fragend متى هذا كائن «wann (wird) dies geschehen?» IHiš. 10, 16, oder verneinend. *Natur der Verbindung.*

Verneint wird mit إِنْ, لَا und مَا, auch die Sätze mit لَيْسَ sind ursprünglich Nominalsätze, dagegen sind die Negationen لَنْ, لَمْ und لَمَّا an die Modi des Verbums geknüpft. S. § 48.

Einige Beispiele für die Manigfaltigkeit der Verbindungen. انّكم غير خائفين «Ihr nicht fürchtende» [= braucht Euch nicht zu fürchten] ISa'd 13,13. ذلك أَنَّ «dies (ist) dass ...» = dies geschieht deshalb, weil. Balāḏ. 147,5. فانت رسولى الى عُصَيم فيها «so (sei) Du mein Bote an 'Usaim ihretwegen» Ḥam. 4,19. لكم دِيَةٌ صاحبكم «Euch (werde) Sühnegeld für Euren (getöteten) Genossen» Ḥam. 353,4. كيف بدهر «wie mit einem Schicksal?» [= wie kann man gegen ein Schicksal ankämpfen?] Farazd. 159,7. مَن لِلحَرْب «wer (ist) zum Kampfe (fähig)?» Ḫansā S. 53,11.

Der Nominalsatz erscheint auch im zusammengesetzten Satz, im Haupt- wie im Nebensatz, wenn auch in letzterem nicht immer gleich gern. Beispiele علموا لَمَن اشتراه ما له فى الآخرة من خلاق «sie wissen: wer es gekauft hat, nicht (ist) ihm an der künftigen Welt ein Anteil [= nicht hat er] Ḳur. 2, 96. ولاكنّما أثْآرنا فى مُحارب «doch unsre Rache (ist) an Muharib» Ḥam. 682,17. «Verkünde denen, die glauben, أَنَّ لهم جنّات dass ihnen Gärten (zu Teil werden)» Ḳur. 2,23. قومٌ هم الانف «Leute, sie die Nase» [= welche die Nase sind. Unverbundener Relativsatz] Ḥam. 249,23. على الاجل الذى لك «über das Ziel, das Dir [gesetzt ist]» Ḥam. 44,15. يرجعون مملوءة حقائبهم «sie kehren zurück, gefüllt ihre Satteltaschen» [Unverbundener Adverbialsatz] Kām. 106,7. نقول ما علمنا كائنًا فى ذلك ما هو كائن «wir werden sagen, was wir wissen, geschehend dabei, was geschehend ist [= mag nun geschehen, was geschehen mag]» IHiš. 219,6. حتّى فوالى مثل الخزّ فى الليـن

«bis mein Herz wie Seide an Weichheit (war)» Aġ. I 12,22. لَمثوبة من عند الله خير «so (wäre) eine Vergeltung von Seiten Allahs besser» Ḳur. 2, 97. «Das Haus wird nicht gebaut الّا له عُمُد ausser [nisi] ihm Säulen [= ohne Säulen zu haben]» Nöld.-Müller Delectus 4,9. u. s. w.

Der Nominalsatz kann zwar 1) ohne jede Rücksicht auf Zeit und Umstände als etwas schlechthin Giltiges ausgesprochen werden الطبآئع اربع «die Elemente (sind) vier» Mas. IV 1,9, er kann aber auch 2) eine Beziehung zu Zeit und Umständen erhalten,[1]) und zwar kann die Zeitfolge aus dem Zusammenhang unmittelbar ersichtlich werden, فالنضر اقرب من اسرتَ قرابةً «und Ennadr (war) der Dir am nächsten Verwandte» IHiš. 539,12. نحن معك حتى نموت «wir (bleiben) bei Dir, bis wir sterben» Ṭab. II c 1569,3, oder durch Worte fixirt werden wie تلك اذًا بعد كرّة «dies (wird) dann nach Wiederangriff (geschehen)» Ḥam. 20,15. لمّا دخلتُ الباب اذا ثَمّ رجل من بيت المَقْدس «als ich zur Türe hereintrat, da (stand) ein Mann aus Jerusalem dort» Maḳd. 256,4. فالآن نحن مِثْل اسنان القوارح «und jetzt (sind) wir wie die Zähne der Ausgewachsenen» Ḥansâ S. 11,7. Praesentisch sind übrigens auch Sätze wie «welche glauben, أنّهم مُلاقوا ربّهم dass sie vor ihren Herrn tretend [nämlich dereinst]» Ḳur. 2, 43. Hier liegt eine Zeitvorstellung im Praed., nicht in der Einheit des Satzes, es ist so viel wie «dass sie treten sein werdende (sind)» nicht = «dass sie tretende sein werden.»

III. Nomen.

§ 9. Der Nominativ ist der einzige der drei Kasus des Alt- *Nominativ.*

Anm. 1. Wie das Verb. fin. kann auch das Praed. des Nominals. kommen und gehen, aber es *wird* nicht.

arab., der (wenn man von den hintervokaligen Wurzeln absieht) unter allen Umständen im Sing., Dual und Plur. seine eigene und nur für *ihn* karakteristische Endung besitzt. Er ist im Wesentlichen der indogerm. Nominativ. Dass er manchmal ziemlich verloren im Satze steht (مررتُ برجلٍ حسنٍ أخوهُ «ich ging vorüber an einem Manne, einem Schönen sein Bruder [Nomin.]» = «dessen Bruder schön ist» — unverbundener Relativsatz mit Attraktionserscheinung, u. Andres.), liegt in der Natur der arab. Wortbeziehung überhaupt und berührt das Wesen des Nomin. nicht.

Im Nominativ stehen: Die unabhängigen Subjekte, die nominalen Praedikate des Nominalsatzes, obwohl hier unter Umständen der Akkus. steht, und die Vokative. Ferner nimmt der Nomin. manchmal bei Auflockerung des Satzgefüges andre Kasus auf, worüber ausführlicher bei der Lehre von der Koordination der Satzglieder; auch die Fälle gehören hierher, da der Nomin. als Attribut zu einem im Genet. oder Akkus. stehenden qualifizirten Subst. gehört. Der Nomin. steht dem Kasus des qualifizirten Subst. selbständiger gegenüber als der kongruente Kasus und nähert sich dem Wert eines Praedikats, er ist ausrufend, und zwar lobend oder tadelnd (مررتُ بزيدٍ الحسنُ «ich ging vorüber an Zeid, der schöne [Nomin.]!»). Etwas anders ist wohl das nominativische Attribut, das neben einem von einem Infinitiv abhängigen Genet. subjektivus vorkommen soll, قتلُ زيدٍ الحسنُ «das Töten Zeids der schöne [Nomin.]» [1]); hier könnte aus dem Inf. ein Verb. finit. herausklingen und einwirken. Indes all das sind seltene Erscheinungen, um nicht zu sagen Kuriositäten.

Zu beachten einige Fälle, in denen *nicht* der Nomin. steht: Das Subjektspraedikativum im Verbalsatz, da alle Praedikative im Akkus. stehen, man sagt nicht «er kam verwundet» «er war verwundet», sondern «e. k. verwundeten [Akkus.]» «e. w. verwundeten [Akkus.]». Auch das Praedikat der Nominalsätze,

---

Anm. 1. S. Fleischer Beiträge IX 145.

namentlich der negirten, steht bisweilen nach Analogie des Verbalsatzes im Akkus., und durch Attrakzion hervorgerufenes nichtnominativisches Praedikat des Nominalsatzes (wie oben S. 12) ist gar nicht selten. Als Vokativkasus ist häufig der Akkus. erforderlich. Der zweite Akkus. der passivisch gewendeten Verba mit doppeltem Akkus. bleibt Akkus., also «consulem creatur», desgleichen der zweite u. dritte Akkus. von Verben mit dreifachem Akkus. Eine Anzahl von Partikeln regiert das Subj. des Satzes stets im Akkus., so «siehe [ecce] einen Mann [Subj.] schlägt» «dass einen Mann [Subj.] schlägt» «vielleicht schlägt einen Mann [Subj.]». Nach إِلَّا «nisi» muss unter Umständen der Akkus. stehen »non venit quisquam nisi asinum». Das exklamative وَ «o wie mancher!» regiert den Gen. ورجلٍ «o (wie mancher) Mann [Gen.]!» Akkusative des Ausrufs sind in gewissen Verbindungen erstarrt لا رجلَ في الدار «nicht einen Mann (ist) im Hause». Ein indeterminirtes Substantiv kann, beziehungsweise, wegen der eigentümlichen Determinationsverhältnisse des Arab., muss in einen praepositionalen Ausdruck verwandelt werden مِنْ رَجُلٍ «von Mann» = «ein Mann» (ähnlich wie der roman. Teilungsartikel). Nach إِذَا «da auf einmal» wird das Subj. durch die Praep. bĭ «mit» mit Genet. gegeben إذا برجلٍ «da auf einmal mit einem Mann» = «da war auf einmal ein Mann.» Auch das Praedikatswort ist manchmal so aufgelöst لَيْسَ زَيْدٌ بنائمٍ «Zeid ist nicht mit schlafendem» = «ist nicht schlafend».

§ **10.** In sehr früher Zeit [1]) schon sind einige nominale Prae- *Nominativische Adverbien.*

Anm. 1. Sie haben noch keinen unbestimmten Artikel. Barth hält sie (seine Gründe ZDMG 46, 691) für Diptota, allein eine so vage Aehnlichkeit, wie die zwischen Pronomen und Adverbium hätte nimmermehr eine Analogiebildung des letzteren nach dem ersteren hervorrufen können, ganz zu schweigen davon, dass die arab. Pronominalbildung auch nicht die Spur einer Kasusbezeichnung durch ŭ—ŭ aufweist.

dikate, die zunächst räumliche oder zeitliche Bestimmungen bezeichnen, zu Adverbien erstarrt. So kommen vor: أَمَامُ «vorn», قُدَّامُ «vorn», خَلْفُ «hinten», وَرَآءُ «hinten», عَلُ «oben» (Nebenformen s. bei Lane), فَوْقُ «oben», أَسْفَلُ, تَحْتُ «unten», شَمَالُ «links», يَمِينُ «rechts», حَيْثُ «wo» «wohin», z. B. صَرَّفَهُ الرُّوَاضُ[1]) حَيْثُ تُرِيدُ «die Bändiger treiben es, wohin sie wollen» Ḥam. 618,15. Sonst «wohin» auch الى حيث, z.B. Balād. 136,14. »als", z.B. حيث تَنَصَّبَتْ نُقُوع «als sich Staubwolken erhoben» IHiš 621,4. «mit Bezug worauf», z.B. حيث يقول «mit Bezug worauf er sagt» Kām. 81, 16. «davon, dass» = «weil», z. B. «es wird Eljemen genannt حيث تيامنوا اليها davon dass man sich dorthin als nach Süden wendet» Ṭab. I *a* 221,13. Es kann für gewöhnlich nicht selbst Praed. eines Satzes sein, sondern geht einem vollständigen Nominal- oder Verbalsatz voran, also nicht حيث زيد «wo Zeid (ist)», sondern nur حيث كان زيد «wo Zeid ist», أَوَّلُ «zuerst», قَبْلُ «vorher», بَعْدُ «nachher» «fürderhin» «ausserdem» «noch» z. B. «gibt es Etwas auf der Welt, تتمناه بعد das Du noch wünschest» Ṭab. II. 1465, 1. عَوْضُ «jemals» fast stets mit Negazion «niemals» (von Künftigem), قَطُّ (Nebenformen bei Lane) «jemals» ebenfalls fast nur mit Negazion[2]) und praeterital «niemals», حَسْبُ «genug!» «Das genügt!» «blos». Es ist eigentlich ein subjektloser Nominalsatz, wird dann aber als logische Enklitika dem eingeschränkten Satzteile ange-

---

Anm. 2. So zu lesen. s. Freytag, z. St.
Anm. 3. Eine Fragepartikel kommt einer Negazion gleich, z. B. IḪurd. 168, 3 هَلْ .... قَطُّ.

hängt. Beispiele bei Fleischer Beitr. VI 99. دُونُ «ledig» «ohne.» غَيْرُ «anders» in لا غَيْرُ «nicht anders» «so».

Von einigen lassen sich Deminutiva bilden تُحَيْتُ «etwas tief» بُعَيْدُ «kurz nachher» قُبَيْلُ «kurz vorher». Einige Adverbien haben akkusat. Nebenformen: فَوْقَ تَحْتَ حَيْثَ. Inwieweit die vokalischen Ausgänge von عَوضُ als Kasusendungen zu betrachten sind, ist unsicher s. Fleischer Beitr. VI 99. Die Adverbien können sämmtlich und zwar ohne Aenderung des Sinns in Abhängigkeit von Praeposizionen gebracht werden, also مِن عَلِى (Reim) «von oben» Muall. Imrlḳ. 53. مِنْ حَيْثُ «woher» «seit» [1] (eig. «von wo») الى حَيْثُ «wohin», (eig. «nach wo») بِحَيْثُ «wo» (eig. «an wo»), z.B. Farazd. 27,6. لَدَى حيث «wo» (eig. «bei wo»), z.B. Muall. Zuh. 37. In diesen beiden Fällen ist die Fixirung stärker, man könnte «da wo» übersetzen مِن قَبْلُ «von jeher» (eig. «von vorher»), z.B. Ḥam. 250,12.

§ 11. Das Arab. hat für das Fem. im Sing. dreierlei Zeichen, *Geschlechter* für das Mask. im Sing. keines. Das Fem. ist sexuell oder uneigentlich, das sexuelle macht sich aber doch in den Kongruenzverhältnissen eindringlicher bemerkbar als das uneigentliche. Am häufigsten unterscheidet die Fem.endung am *Adj.* das grammatische Fem. vom Mask., nicht so häufig am *Subst.* Die Feminina mit der Fem.endung (at) sind unmittelbar vom Mask. aus gebildet, wogegen die mit der Endung ىَ und اءَ metaplastisch sind, und ursprünglich wohl nur substantivisch s. Barth, Nominalbildung § 228 a. e. Im Plural gibt es ausgeprägte männl. und weibl. En-

---

Anm. 1. Auch «in Bezug auf» «sofern» «da» (z. B. Sahr. 24,16). Auch بحيث ist ähnlich im Gebrauch vgl. Fleischer Beitr. VIII 133.

dung [1]), ausserdem aber innere Pluralbildungen ohne männl. und mit oder ohne weibl. Endung. Von Natur sind die inneren Plurale sämmtlich weiblich, gleichviel ob Maskulina oder Feminina damit bezeichnet werden. s. § 13, 20. Ausgeprägtes Mask. besteht ferner bei Nomina mit metaplastischen Geschlechtsformen, soferne sich eben das Mask. hier nicht nur durch das Fehlen jeglicher Genusendung, sondern auch durch Verschiedenheit der Stammbildung vom Fem. unterscheidet. Während aber die männl. Pluralendung spezifisch männlich ist, ist hier die männl. Form zugleich die Form der Genusindifferenz. Im Dual liegen die Dinge wieder ähnlich wie im Sing., blos das Fem. hat Geschlechtsendung; die Numerusendung ist für Mask. und Fem. die gleiche.

Maskulinum. § **12.** Maskulina sind u. A. stets die männlichen Wesen, die Berge u. Flüsse. — Das Mask. ist das Genus potius vgl. z. B. كانت من القانتين «sie war von den Gehorsamen [mask.]» Ḳur. 66,12. So tritt überhaupt bei Substantiven, die eine Menschenklasse bezeichnen, u. bei Berufswörtern das Genus der in Rede stehenden Person leicht zurück, wie خادم «Diener» auch von der Dienerin, z.B. Ṭab. I b 823,13. — Es gibt männl. Eigennamen mit der Femininendung sowie Thiernamen, die feste Femininendung haben und behalten, auch wenn vom männl. Tier die Rede ist. Andre Mask. mit Fem.endung s. § 14. Konstruirt wird in all diesen Fällen nach dem natürlichen Geschlecht.

Femininum. § **13.** Feminina, sei es mit, sei es ohne Femininendung, sind: Die Frauen, die Namen der Inseln, Länder und Städte mit gewissen Ausnahmen (s. Fleischer Verhandl. d. sächs. Ges. d. Wiss. 1867,173 = Kleinere Schriften II 187 und Sibōjo II § 303) [2]. Eine Anzahl von Gerätschaften und Werkzeugen wie دِرْع «Pan-

---

Anm. 1. Die männl. Pluralendung ist aber ursprünglich wohl auch nichts weiter als eine Pluralendung schlechtweg (fem. ātun, ātin aus *ātuna *ātina?) vgl. Barth ZDMG 41,613. Ob aber āt in der weibl. Pluralendung einst ungeschlechtig war (Barth), ist doch fraglicher.

Anm. 2. Soweit sie nicht die Fem.endung haben, sind sie männl., wenn sie Triptota sind (sei es ohne, sei es mit Artikel).

zer»[1]) نَعْل «Schuh» دَلْو «Schöpfeimer» u. A. Viele Körperteile, besonders die doppelt vorhandenen (als Werkzeuge?), andre, wie رَأْس «Kopf» فَم «Mund», sind männl., wieder andere, wie إِبْهام «Daumen» إِصْبَع «Finger», schwanken. Ferner sind bemerkenswert أَرْض «Erde» شَمْس «Sonne»[2]) نار «Feuer» نَفْس «Seele» رِيح «Wind» (meistens) und die verschiedenen Arten des Winds, wie z. B. قَبُول «Ostwind» سَمُوم «Samum» und eine Anzahl andrer Subst.

Die Kollektiva nicht mit Vernunft begabter lebender Wesen, welche starre Sammelwörter sind und darum auch kein nomen unitatis (s. § 14) bilden, werden als Fem. konstruirt, z. B. غَنَم «Kleinvieh», wogegen die Kollektiva, in denen sich Individualbegriffe ausscheiden, die also auch ein nomen unitatis bilden, bald als Fem., bald nach ihrer grammatischen Form, d. i. meist als Mask., konstruirt werden, z. B. حَمَام «Tauben(schar)».[3]) Endlich die starren Kollektiva für Personen können das gramm. Genus ihrer Wortform haben, meist aber sind sie Fem. — Fem. sind (weil Kollektiva) die Namen der Stämme und Geschlechter (auch die mit بنو «Söhne des...» gebildeten) desgleichen die Namen bekannter Männer, wenn sie schlechtweg für deren Abkömmlinge stehen, Nöldeke ZDMG 40, 169. Fem. sind endlich (ebenfalls als Kollekt.) die inneren Plurale (§ 20).

Anm. 1. حَرْب «Krieg» nach dem Genus des im Arab. nicht mehr vorhandenen *حَرْب «Schwert», welch letzteres im Hebr. weibl. ist, im Aram. männl., aber auch weibl.

Anm. 2. Die Wörter für «Mond» dagegen männl.

Anm. 3. Die Neigung zu männl. Konstrukzion ist um so grösser, je mehr das Einzelding ein ungegliedertes Stück ist, also vor Allem Stoffnamen (ذَهَب «Gold») s. Fleischer, Beitr. IV 273.

Manche sexuellen Fem. haben keine Fem.endung, so أُمّ «Mutter» u. A., auch weibl. Personennamen wie هِنْد «Hind». Ferner weibl. Tiere ohne Fem.endung z. B. الفرس الشقراء التى يعطفها «des fuchsroten [fem.] Pferdes [Mask., also «equi rufae»], das [fem.] er lenkt» Ḥam. 254,20. Besonders bemerkenswert aber sind die Partizipien zu Verben, die ausschliesslich von weibl. Wesen ausgeübte Handlungen bezeichnen. So lange sie die in einem einzelnen Falle zur Erscheinung gelangende Eigenschaft anzeigen, pflegen die gewöhnlichen Kongruenzregeln statt zu haben, also «an jenem Tage lässt كُلُّ مُرْضِعَة jede Säugende [fem.] ihren Säugling im Stich» Ḳur. 22,2, die Säugende ist hier = «die in einem bestimmten Falle Säugende», nicht = «die Amme». Sobald jedoch die natürliche Disposizion zu einer Eigenschaft gemeint ist, wird durch die Erinnerung an die *Natur* [1]) der Trägerin der Eigenschaft das *Genus* der Trägerin so lebhaft vergegenwärtigt, dass eine Fem.-endung meist nicht erforderlich ist, also مُرْضِع [Mask.] «eine Säugende» Muᶜall. Imr. 16, und so viele Andere wie فاقد «eine ihres Mannes beraubte» IHiš. 891,5. أُمّك قابل «Deine Mutter (möge) kinderlos [mask.] (sein)». Ḥam. 116,17. Aber vgl. z.B. وَالِه «Trauernde [Mask.] (Frau)» Ḥansa S. 50,5, dagegen S. 53,7 mit Fem.endung. Die Dichter nehmen das Füllsel für ihre Verse, wo sie es finden. Man muss sich den Hergang so vorstellen, dass, wenn das Wort zu Ende geht, und die Fem.endung antreten sollte, das, was unter andern Umständen die Fem.endung zu leisten hat, bereits erfüllt und dem Bedürfniss nach Genauigkeit Genüge geschehen ist [2]).

Anm. 1. Dass sie eine Säugende ist, liegt in ihrer Natur, dass sie aber eine zu einer bestimmten Zeit und unter bestimmten Umständen Säugende ist, liegt nicht in ihrer Natur.

Anm. 2. Andrerseits Fem.endung an Subst., die als Mask. nicht vorkommen, wie نَعْجَة «weibl. Schaf», ناقة «Kamelin».

§ 14. Im § 17 werden Nomina zu besprechen sein, die als Adj. genuslos sind, als Subst. aber, wenn damit Fem. gemeint sind, in der Femininendung den Hinweis auf den allgemeinen weibl. Substantivbegriff tragen. Und so ist denn überhaupt die Fem.endung — da es eine Mask.endung nicht gibt — ein Element, das sich dazu schickt, allgemein den Substantivbegriff, das Substrat der betreffenden Eigenschaft, wachzurufen [1]), Eigenschaften als Gegenstandsbegriffe erscheinen zu lassen, zunächst und vor Allem als Gegenstandsbegriffe, die ein natürliches Genus nicht haben und darum einer weibl. Auffassung keinerlei Widerstand entgegensetzen, weiterhin aber auch vereinzelt als natürliche Maskulina. Man könnte die Fem.endung durch «das, was .... ist» auflösen. Beispiele: عَارِضَةٌ «vorderer Teil» Ḥam. 423,14 («vorderer» + Fem.endung, analog bei den folgenden) عَظِيمَةٌ «wichtige Angelegenheit» Ḥam. 420,17. مَكْرُوهَةٌ «widerwärtiges» Ḥam. 27,11. وَاحِدَةٌ مِن ثَلَاث «Eins [Sing. Fem.] von Dreien» Balāḏ. 136,13. Ursprünglich stand — worauf auch die tatsächlichen Verhältnisse noch hinzuweisen scheinen — die Fem.endung wohl nur, wenn das Adj. in keiner andern spezifisch substantivischen Weise gebraucht war, also wenn es nicht den Artikel hatte oder keinen Genitiv regierte (andernfalls z. B. بِعَاجِلِ ضَرْبَةٍ «mit (Etwas) Raschem [Mask.] Schlages [= von Schlag]» = mit einem raschen Schlag. Muᶜall. ᶜAnt. 42). Allein اَلْحَسَنُ «das Schöne [Mask.]» kann als genusloses Subst. keinen männl. Plural bilden, ein solcher könnte nur bedeuten «die Schönen (sc. Männer)»; das Schöne in seinen einzelnen Erscheinungsformen — «die schönen Dinge» — muss entweder durch den innern Plur. wiedergegeben werden (كَبَائِرُ «schwere (sc. Sünden)» Ḳur. 4,35) oder durch die geschlechtliche Form der Substantivirung,

Substantivbegriff in der Femininendung.

Anm. 1. Vgl. auch Fleischer Beitr. IV 247.

durch Zurückgehen auf das Fem. Sing. الحسنة, also durch «pulchrae». Mit der Endung ijjun bildet man Adj., welche die Beziehung irgend eines Subst. auf das Grundwort bezeichnen, also «zu .... Beziehung habend», von diesen Adjektiven aus mit der Fem.endung Subst., welche die Beziehung des allgemeinen Subst.begriffs auf das Grundwort bezeichnen, الألاهيّة «das, was zu Gott in Beziehung steht». Das kann nun entweder der allgemeine Sachbegriff, «das Göttliche» sein, oder der Wesensbegriff, Eigentümlichkeitsbegriff, z.B. الاسميّة «das Wesen des Nomens» «die Eigentümlichkeit ein Nomen zu sein» oder der Kollektivbegriff الكوفيّة «die Kufische (Schule)» [1]). Auch von andern Adj., namentlich von فاعل und فعّال werden durch die Fem.endung kollektive Substantiva gebildet, z.B. سيّارة eig. «das, was reisend ist» = «die Karawane».

Wieder anders sind Substantiva der Form فعّالة, durch die der Ort angegeben wird, an dem man sich berufsmässig mit dem durch das Grundwort bezeichneten Gegenstand beschäftigt, z.B. خمّارة «Weinschänke» [2]). Die Fem.endung weist von dem, der den Beruf ausübt [3]), auf ein weiteres Subst., das durch das Grundwort karakterisirt ist. Auch nomina instrumenti werden auf diese Weise gebildet, wie طرّاحة «Fischnetz» [4]).

Anm. 1. Auf eine andre Quelle der Abstrakta u.s.w. auf يّة hat Barth, Nominalbildung § 255, hingewiesen. Jedenfalls ist aber für das uns vorliegende Arabisch und besonders für die wissenschaftlichen Ausdrücke der Zusammenhang mit der Nisbe anzunehmen.

Anm. 2. S. Fleischer Beitr. IV 265.

Anm. 3. Die Berufssubstantiva der Form فعّال selbst sind allerdings nicht genuinarabisch. Nöldeke, Mand. Gramm. S. 120 [2].

Anm. 4. Das spätere Sprachgefühl mag sich diese Bildungen als «Weinschänkin» «Fischerin» erklärt haben. Es handelt sich aber darum, zu verstehen, wie man *ursprünglich* dazu kam, solche Begriffe als natürliche Feminina zu fassen.

Der in der Fem.endung gelegene Hinweis auf den Dingbegriff lässt den Akt der Benennung des Dings mit der Eigenschaft miterleben und gewährt die Ueberzeugung, dass die Benennung wohlüberlegt und mit Recht erfolgt ist und im vollen Umfang der Wortbedeutung gilt. Daraus entsprang eine Verwendung der Fem.endung zur Bildung von Intensiven, einerlei ob männl. oder weibl. Wesen gemeint sind, z.B. جَمَّاعَةٌ لِلْكُتُبِ «ein (eifriger) Sammler [Fem.] von Büchern» Fihrist 40,20, und so mehrfach von den Adj. فَعَّال die an sich schon Intensivbildung haben, aber auch von andern z.B. رَاوِيَةٌ «(genauer) Kenner der Ueberlieferung» كَذُوبَةٌ «verlogen» u.s.w.

Was am Adj. geschah, geschah nun aber auch am Subst.: Die Fem.endung subsumirt ein Subst. dem allgemeinen Gegenstandsbegriff. So werden an gewissen Arten von Infinitiven mittels der Fem.endung Weiterbildungen vorgenommen, die Infinitive der Form ḳitāl-at werden zur Bezeichnung berufsmässiger Verrichtungen, so ist kitāb-at «Schreiber sein» eigentl. «das, wovon kitāb («schreiben») nur ein einzelne Betätigung ist». Hierher auch die sehr ausgebreitete Klasse der intransitiven Infinitive فُعُولَةٌ (zu dem starr intrans. فَعُلَ) und فَعَالَةٌ (gleichfalls häufig zu فَعُلَ) (s. Barth Nominalb. § 55. 58), z. B. خُشُونَةٌ eig. «das, was sich stets als Rauhsein erweist». Von den intrans. Infinitiven فُعْل erhalten die Fem.endung stets diejenigen, die Farbenabstrakta bezeichnen, z. B. شُقْرَةٌ «die Röte» (eig. «das, was in allen einzelnen Fällen Rotsein ist»). Im Grunde werden auch die Formen mit «kompensativer» Fem.endung (Barth ZDMG 41, 605. Nominalb. passim, z. B. S. XIII) so zu erklären sein, nämlich als ursprünglich durch eine feine Bedeutungsnuance verschieden von den ungedehnten Grundformen [1]). Auch sonst kommen häufig neben den gewöhnlichen männlichen Infinitiven

---

Anm. 1. Übrigens ist auch bei den Infinitiven primae infirmae (lidāt u.s.w.) gegen die Anschauung, als sei at ursprünglich «als Ersatz für» den abgefallenen ersten Konsonanten angehängt, zu protestiren. Vielmehr ist zu sagen, dass von den Formen lid und lidāt die letztere (wegen ihrer Trikonsonanz?), lebensfähiger war.

solche mit der Fem.endung vor, die dann natürlich auch weibl. konstruirt werden. An und für sich ist das Abstraktum keineswegs weiblich, es wird es erst durch das Antreten der Fem.endung [1]). Die Zahlwörter nehmen, wenn von konkretem Gezähltem abgesehen wird, die Fem.endung an, ثَلَاثَة „Drei“ bezw. mit Artikel „Die Drei(zahl)“ [2]) s. Fleischer Beitr. III 293. Die inneren Plurale (kollektiv gewordene Abstrakta s. § 20) nehmen, auch abgesehen von der kompensativen Fem.endung, bisweilen die Fem.endung an. Diese vermittelt die Beziehung auf einen Substantivbegriff, dessen Inhalt die unter dem Grundwort verstandenen Dinge oder Erscheinungen bilden. Die nomina loci können gleich den entsprechenden Inf.bildungen die Fem.endung haben, speziell aber die nomina loci denominalia haben stets مَفْعَلَة, wie مَأْسَدَة „Ort, wo es Löwen gibt“ s. S. 20.

Wenn oben wiederholt gesagt wurde, die Fem.endung weise allgemein auf den Substantivbegriff hin, so soll das nicht so verstanden werden, als müsse es notwendig der Abstraktbegriff sein; schon die nomina loci mit Fem.endung zeigen das. Die Fem.endung kann aber geradezu auf den Konkretbegriff weisen, sie bildet, an Sammelwörter oder Stoffwörter angehängt, das entsprechende konkrete Einzelwort, z. B. حَمَام „Tauben(geschlecht)“ „Tauben(schwarm)“, nom. un. حَمَامَة „(einzelne) Taube“. ذَهَب

Anm. 1. Nach Barths Vermutungen (Nominalb. § 228 ff.) sind die Fem.endungen ـَى und ـَاءُ ursprünglich nicht Fem.endungen, sondern Infinitivendungen. Man muss dann annehmen, dass sie unter der Einwirkung der andern am Inf. erscheinenden Endung ـَةٌ feminin wurden und auch weibl. Konkreta bildeten (vgl. Barth § 228 d. e.) Diese Erscheinung müsste uns noch deshalb wichtig sein, weil sie ein klassischer Beleg dafür wäre, dass nicht aus der Natur der Abstraktbedeutung, sondern aus dem zufälligen Geschlecht der verwendeten Endung das weibl. Geschlecht von Abstrakten fliessen kann. — Sonst nimmt man auch einen mysteriösen Zusammenhang zwischen Genus femininum und Abstraktum an. Die Zeit der Sprachsymbolik ist vorüber.

Anm. 2. Einen Rückschluss auf die ursprüngliche Genusform der Zahlwörter gestatten diese Substantive nicht.

«Gold», nom. unit. ذَهَبَة «Stück Gold». Und zwar gilt diese Form auch für das natürl. Mask., Taube und Tauber; kommt es darauf an, das Mask. ausdrücklich zu bezeichnen, so setzt man ذَكَر «männlich» dazu. Auch manche Klassen von Infinitiven bilden mit der Fem.endung Konkreta, so قُتْلَة (s. Barth Nominalb. § 74 *a* und Nachtrag dazu), z. B. نُطْفَة «ein Tropfen» eig. «die einzelne Erscheinungsform des Träufelns» und so namentl. Maassubstantiva, wie قُبْضَة «eine Handvoll», مُضْغَة «ein Bissen». Die Form قُتَالَة bildet manche Subst., die kleinere Stücke bezeichnen, wie خِرْقَة «ein Lappen». Andre Inf. können jedoch auch ohne Fem.endung Konkreta werden. Mit der gleichen Form قِتْلَة bildet man nun aber auch Nomina, welche die spezielle Art, in der eine Handlung in einem gewissen Falle erscheint, bezeichnen, so بِئْسَتِ ٱلْمِيتَةُ «schlimm (ist) die Art wie er stirbt (genauer: seine Sterbensart)» s. Sib. II S. 242, 11. Und endlich kann jedem Inf. (in der ersten Konjug. allerdings nur قَتْل) die Fem.endung zur Bezeichnung der einmaligen Verwirklichnng der Handlung angehängt werden قَتْلَة «einmaliges Töten», wovon Dual. u. Plur. bildbar (zweimaliges, dreimaliges u.s.w. Töten). Also zwei scheinbar entgegengesetzte Funkzionen der Fem.endung, einerseits auf das Allgemeine, andrerseits auf das Besondre hinzuweisen.

§ **15**. Schwanken des Geschlechts ist schon einige Male erwähnt. Es seien auch angeführt شَعِير «Gerste», مِلْح «Salz», einige Wörter für «Weg», einige Tiernamen u. A. Die Buchstabennamen werden meist weibl. konstruirt. Das Geschlecht der Wortformen als solcher richtet sich nach dem Geschlecht des gramm. Kunstworts, unter das sie gehören, sie sind also teils männl., *Schwanken des Geschlechts.*

teils weibl., können aber auch alle weibl. sein [1]), s. Fleischer Beitr. IV 270 [2]). Sätze, ganze Gedankenkomplexe sind meist männl., also اذا المَرْءُ لم يُحْبِبْكَ الّا تَكَرُّهًا ..... لمْ يكن ذاك بَاقِيا «sobald einer Dich nur widerwillig liebt ...., hat dies [mask.] keinen Bestand» Ḥam. 206, 16, seltener weibl., wo denn der Gedanke als ein Kollektiv, als Masse von Einzelvorstellungen konstruirt ist, z. B. أتاني أنَّك لُمْتَنى وتـلـك التى أهْتَمُّ منهـا «Mir ist [mask.] (die Nachricht) zugekommen, dass Du mich getadelt hast, und dies [fem.] (ist es), worüber [fem.] ich mich aufrege» Näb. N° 3, 1.

Geschlechtslosigkeit.

§ 16. Da das männl. Geschlecht im Sing. durch keine Geschlechtsendung ausgezeichnet ist, so steht jedes Wort, über dessen Geschlecht Etwas auszusagen kein Anlass vorliegt, im Mask.; ohne besondern Anlass wird kein Wort Fem.

Es gibt nur ein einziges ausgesprochen sächliches [3]) Wort, nämlich مَـا «was» (Interrog., Relat. u. Indefin.) gegenüber der persönlichen Form مَـنْ «wer» (männl. und weibl.), beide auch ohne Numerusunterschiede, s. noch § 44. Mit ما lässt sich die Geschlechtslosigkeit auch umschreiben, s. z. B. Nöldeke — Müller Delect. 3, 10 (Gabala), wo einander gegenüberstehen عاجلُه «ihr Schnelles» (= ihre Schnelligkeit) und ما فيه تَأخِير «das, worin

---

Anm. 1. Rein künstlich hat man für differenzirte Bedeutungen eines Wortes verschiedene Genuskonstrukzion eingeführt. Siehe z. B. die Bemerkung Maḳdisîs 7,15 f.

Anm. 2. Ausserhalb der rein wissenschaftlichen Sprache ist es natürlich selten, dass Worte als solche substantivirt werden, z. B. لا تَشْغَلَنَّكَ لا لَعَلَّ ولا عَسَى «Nicht ziehe Dich ab ein Vielleicht noch ein Möglicherweise» Abul 'Atâh. S. 7,17.

Anm. 3. Auch Menschen werden, wenn sie als blose Stückzahl erscheinen, sächlich behandelt, und die unvernünftige Kreatur stets, vgl. z.B. auch Fälle wie حَمَلَ له شيـئًا من ذلك «er brachte ihm Etwas [= Einige, eig. eine Sache] von diesem [= davon]» (näml. von den sagenhaften Halbmenschen). Mas. IV 17,6.

[eig. «was in ihm»] Verzögerung (liegt)». Es wird immer als Mask. konstruirt. Dagegen hat das aus dem Demonstr. hervorgegangene Relat. الذى «der» keine solche genuslose Form, dafür aber Mask. u. Fem., also «er hat zerbrochen الذى أَعْطَاكَ was [mask.] er Dir gegeben hat» Mas. II 338, 10. Das Pron. أَىُّ (Interrog., Indef. u. Relat.) ist völlig geschlechtslos, also أَىُّ الدابّتَيْن «welches [mask.] der beiden Tiere [fem.]» Mas. IV 24, 4. أَىُّ زَوْجَتى eigentl. «was [mask.] an Frau meiner» = «welche meiner Frauen» Buḫ. II 5,1. Sekundär hat es dann aber Genusunterschiede und innerhalb dieser Numerusunterschiede angenommen, s. § 44.

Zu den männl. Adjektiven im Sinne von Sachsubstantiven («das Gute») ist noch zu bemerken, dass die männl. Adj. der Zugehörigkeit (gentilicia) als Stoffbezeichnungen auftreten, indem sie umschreibend Natur- und Kunstprodukte nach ihrem Ursprungsort benennen z. B. صينى «Chinesisches» d. i. Porzellan. S. Fleischer, Verhandl. d. kön. sächs. Ges. d. Wiss. 1856, 12 = Klein. Schr. II 13.

§ **17.** Schon mehrfach sind nun Adjekt. dagewesen, die durch *Geschlechtslose* Beziehung auf einen allgemeinen Gegenstandsbegriff zu einem *Adjektiva.* Substant. ohne natürliches Geschlecht wurden. Das Gegenstück hierzu bilden Subst. ohne natürl. Geschlecht, die zu Adjekt. wurden, aus ihrer Substantivperiode aber eine gewisse Sprödigkeit gegen Geschlechtsbildung in die Adjektivperiode mitnahmen.

Es gibt Abstrakta mit Fem.endung, die zu Adj. wurden und die Fem.endung auch vor männl. Subst. bewahren; vgl. Barth Nominalb. § 209 *a*, 210 *b*, 250 *b*. *c*. *d*. u.s.w. z. B. رَجُلٌ عَلَاقِيَةٌ «festanhängender [fem.] Mann». Ebenso sonstige Feminina, die attributiv werden, z. B. ماء أُنْثَى «Wasser [mask.] Weib» = weibliches, mildes Wasser, Maḳdisî 124, 1. Analog kommen männl. Adjekt. bei fem. Subst. vor, wie لَيْلَة طَلْق «einer milden [mask.]

Nacht [fem.]» Muʿall. Lab. 57. In den letzteren Fällen ist allerdings das Adj. später auch der Kongruenz zugänglich geworden, die Sprachforscher der Araber sagen aber, das sei weniger fein. — Die Komparative und Superlative sind eigentlich substantivirte Elative und bewahren ihre Bedeutung als Dingbegriffe noch, wenn sie als Komparative praedikativ oder attributiv stehen, d. h. sie sind alsdann nach Genus und Numerus unveränderlich, denn Genuslosigkeit ist beim Adjekt. stets mit Numeruslosigkeit verbunden. Beispiele: .... لُغَةٌ حسنةٌ أَفْصَحُ مِن wörtl. «(eine) Sprache [fem.] (eine) schöne [fem.] (eine) richtigere [mask.] als die Sprache Syriens». Maḳd. 146, 2. انتم أَعْلَمُ «Ihr (seid) wissender [mask. Sing.]» Bulḳ. II 31, 18. Als determinirte Superlative sind sie, falls die Determinazion direkt durch den Artikel erfolgt, fast stets veränderlich; erfolgt sie durch einen determinirten Genetiv, so können sie auch unveränderlich sein [1]), s. Fleischer Beitr. IV 281.

Anm. 1. آخَر „(ein) anderer“ hat sich dem Sinne nach von der Kategorie der Elative losgelöst (wie „and-ere“ „al-ter“) und ist darum stets veränderlich. Wie اخر gibt es noch andere Wörter, die Elative sind, weil sie als Zunahme, von ihrem konträren Gegensatz aus gerechnet, erscheinen, so أَيْمَن „dex-ter“ أَيْسَر „sinis-ter“, z.B. يُسْرَى اليدين „die linke der beiden Hände.... اليُمْنَى die Rechte“ Ḥam. 422,13; und andere komparativische Raumbezeichnungen z.B. الأَدْنَى „der Nahe“ — الأَقْصَى „der Ferne“ Ḥam. 632,11.13. الأَبْعَدِين „die Fernen“ — الأَقْرَب „der Nahe“. Ebenda Z. 23. طُخَارستان العُلْيا „das ob-ere Tocharistan“ Ṭab. II*c* 1589,9. Dann einige eminent feminine Wörter, darunter حُبْلَى „schwanger“ und das Wort für „Weib“ selbst: أُنْثَى (θηλύ-τερος). Vgl. noch Fälle wie الأَقَلُّ „die Wenig-sten“ Ḥam. 384,20 und Anderes der Art. Ursprüngliche Elative sind vielleicht auch die Farbenadjektive أَفْعَل (zunächst bei Schwarz u. Weiss?) und die ebenso gebildeten Adjektive für fest anhaftende Eigenschaften. Die unverlierbare Eigenschaft erschien

Ganz ähnlich liegen die Verhältnisse bei einigen andern jetzigen Adjektivklassen, ehemaligen Abstrakten. Wo sie attributive oder praedikative Akjektiva waren, lag eine innere Nötigung zur Ausbildung des Geschlechts und Numerus nicht vor, da ja die Kongruenz zwischen Adj. und Subst. etwas rein Aeusserliches ist. Wo dagegen diese Adjektiva wieder substantivirt und um die Vorstellung eines bestimmten Gegenstands bereichert wurden, verhinderte der Deutlichkeitszwang, dass sich die Unveränderlichkeit behauptete: dem Wort wurde eine Beziehung auf das gramm. Geschlecht des gemeinten, aber nicht ausgesprochenen Dings gegeben. Es braucht kaum ausgesprochen zu werden, dass diese ja immerhin etwas delikaten Verhältnisse nicht selten verwirrt werden, allein die Richtigkeit der Regel ist bei der grossen Zahl der Fälle, in denen sie eingehalten wird, ganz unbestreitbar, namentlich was die Veränderlichkeit der wieder substantivirten Adjekt. anlangt. Es betrifft vor allem die jetzigen Adjekt. der Form قَتُول u. قَتِيل [1]), wo jedoch die Regel eine Störung wieder insoferne erfährt als قَتُول, wenn es passivisch, und قتيل, wenn es aktivisch ist, durchgängig Kongruenz haben sollen — ob unter Einwirkung der entsprechenden u. anklingenden Partizipien مَقْتُول bezw. قاتل? Die Regel ist jedoch keineswegs durchgreifend [2]). Beispiele: إِنَّا لَجُلُوس „sieh, wir (waren) sitzend [Sing. Mask.]“ Ṭab. II*c* 1397,15.

---

als Steigerung der gewöhnlichen; das Gefühl für die Zusammengehörigkeit dieser letzteren 2 Klassen mit den Komparativen muss aber schon früh geschwunden sein, da sie anderes Fem. u. andern Plural als die Komparative haben.

Anm. 1. S. Barth (der den Zusammenhang mit den Abstrakten genauer verfolgt hat) Nominalbild. § 26*b*. 31*b*. 108*d*. 120*b*. 122*a*. 123*c*. *f*. 125*c*. 126*a*.

Anm. 2. Namentlich der Gebrauch von قليل „wenig“ und كثير „viel“ ist regellos: فَشَرِبُوا مِنْهُ إِلَّا قَلِيلًا مِنْهُم „und es tranken davon nur wenige [Sing. Mask.] von ihnen“ Kor. 2,250. كَثِيرَةٌ غُرَبَاؤُهَا „deren Fremde [Innerer Plur. = fem. Sing] viel [fem.] (sind)“ Mu'all. Lab. 70.

خَيَالَتُهَا الكَذُوبُ «ihr trügerisches [mask.] Bildniss [fem.]» Ḥam. 152,26. جَزُورٌ [mask.] «Schlachtkamel» und zwar Kamelin, wie ثُمَّ نُحِرَتْ zeigt. Ḥam. 423,10. كانت قذوفا «sie ist entfernt [mask.]» Huḏ. 18, 14. محولا وباكية «eine sich sehnende [mask.] und weinende [fem.]» Ḫansâ S. 50,4. أنتم ميّتون «ihr (seid) des Todes» [eig. «tote» plur. mask.] Ṭab. IIc 1948,14. هى طويلة «sie (ist) lang [fem.]» Ḥam. 234,27. جويرة عظيمة «ein grosses [fem.] Verbrechen [fem.]» Ḥam. 422,1. أخْبَار كثيرة «viele [Fem. Sing.] Geschichten [innerer Plur. = Fem. Sing.]». Mas. II 351,4. كريمة «(Eine) Edle» Ḥam. 344,9. أُمّى أخيذة «meine Mutter (ist) eine Kriegsgefangne» Ḥam. 251,20. الساعة قريب «vielleicht (ist) die Stunde [fem.] nahe [mask.]» Ḳur. 42,16. جالبة دهين «einer die Milch zurückhaltenden [Partiz. fem.], wenig Milch gebenden [mask.]» Ḥuṭ. 26,3. حبيب «die Geliebte [Mask.]» Nöld.-Müll. Del. 18,10 sogar männlich konstruirt, dagegen Z. 12, wo das Wort selbst nicht mehr vorschwebt, fem. Weitere Beisp. bei Barth.

Ferner die Adj. فَعَّال (s. Barth Nominalb. § 27). «Der Wein [fem.] كانت حراما war [fem.] verboten [mask.]» Ḥam. 385, 12. Die Adj. der Formen مِفْعَل, مِفْعَال und مِفْعِيل. Wenn man ihnen ungenauerweise die Bedeutung «*maschinenmässig* eine Handlung ausübend» gibt, so denkt man dabei wohl an die Instrumentivbedeutung der gleichlautenden Substantiva, mit der sie jedoch nichts zu schaffen haben; vielmehr ist auf die ältere Bedeutung sämtlicher Nomina dieser Form zurückzugehen (Barth Nominalb. § 161e. 163e. 173a), durch welche Substantivbegriffe bezeichnet werden, die völlig von einer Handlung erfüllt, in Anspruch genommen sind. مِجْذَام «wegreissend [mask.]» von einer Kamelin. Ḫansâ S. 2, 9.

Numeri.

§ 18. Der Sing. zur Repräsentirung der Gattung ist nicht selten *Singular.* أَخْلَاق ذى الفَضْل «(die) Eigenschaften des Vortrefflichen [= aller Vortr.]» ʾAbul ʿAtāh. S. 3,6. Und so sehr häufig إِنسان «Mensch» فتى «junger Mensch» رجل, مرء «Mann» (letztere geradezu wie Indefinit.pron. «Einer» «Man» gebraucht) u.s.w. u.s.w.

Von Kollektiven u. inneren Pluralen, mit denen Völker bezeichnet werden, bildet man den Sing. des Individuums mit der Endung ىّ («zu Etwas gehörig»), also von الروم «die Byzantiner» [Sing. Kollekt.] der Sing. الرومىّ = «der zu den B. gehörige» «der B.». Ferner s. die nomina unitatis § 14 S. 22.

§ 19. Der Dual bezeichnete im Semit. ursprünglich wohl die *Dual.* beiden Teile eines vorhandenen Ganzen, während das durch Summirung beim Zählen erhaltene Ganze im Plural stand. Das Arab. aber gebraucht den Dual schon von jeder Zweiheit, die Kongruenz mit dem Zahlwort «Zwei», das selbst Dual ist, ist durchgeführt (Nöldeke Z. f. Völkerps. 7, 410 unten), und dazu zählt der Dual auch ohne das Zahlwort Zwei [1]), z.B. «zwischen Nil und Kift sind ungefähr ميلَيْن (2) Meilen [Dual ohne Zahlwort]» Mas. III 50,3. دفنُ الرجلَين او الثلاثة «(Das) Bestatten (zweier) Männer [Dual ohne Zahlwort] oder dreier» Buḫ. I 337,15. Indes wird es mit dem Dual nicht so gar genau genommen, z.B. الخير والشرّ عادات «Das Gute und das Böse (sind) Gewohnheiten [Plural]». ʾAbul ʿAtāh. S. 1,3. Die Redensart على يَد «durch die Hand [Sing.]» = «durch» (Balāḏ. 165,9) findet sich auch in den Formen على يَدَىْ «durch die Hände [Dual]» (z.B. Münzen bei Stickel

Anm. 1. Übrigens liegt schon darin ein Anlass zum Übergang der ersten Art des Duals in die zweite, dass ein Ganzes der zweiten Art im weiteren Verlauf der Rede als ein Ganzes der ersten Art erscheinen kann.

S. 26) und على أيدى «durch d. Hände [Plur., von einem Menschen!]» Münzen bei Stickel S. 51).

Von den innern Pluralen und Kollektiven kommen Duale vor, ابلان «zwei Kamelherden» بين رماحَىْ مالك ونَشْهَل etwa «zwischen den (beiden) Lanzenwäldern Māliks und Naschhals». Ḥam. 15,6. Sonst gibt man aber den Dual des Plurals durch den einfachen Dual wieder أحدها ما كان من حقوق الله والثانى مَا كان من حقوق الآدَميّين والثالث ما كان مشتركا بين الحَقّين «Die eine Art (umfasst das), was unter die Satzungen Allahs fällt, die zweite, was unter die Satzungen der Menschen fällt, die dritte, was beiderlei Satzungen [Dual des Singulars] gemeinsam ist» Māv. 414,19—21 und andrerseits den Plural des Duals durch den Plural أيْدِى الرجال «die Hände [Pl.] der Männer» Kām. 178,2.

Als Duale werden von den Arabern auch die ausrufenden Akkusative لَبَّيْكَ «zu Deinen Diensten» (s. Wellhausen, Reste arab. Heidenth. S. 108. 124) حَنَانَيْكَ «Gnade von Dir» z.B. Kām. 348,7, und einige andre empfunden; als wäre es «Gnade! Gnade!» Barth ZDMG 42, 355 rückt diese Bildungen in ganz andern Zusammenhang und erklärt sie als Analogie zu إلَيْكَ u. dgl. Nur ist nicht abzusehen, auf welchem Wege sie unter den Einfluss der Praep. geraten sein sollten. Entweder haben sie sich nach irgend einem früher viel gebrauchten, jetzt nicht mehr vorhandenen Ausruf eines Nomens לִי gerichtet, oder es gab einst Formen حَنَانَا u.s.w., Singulare mit interjekzionaler Länge (s. beim Akkus. des Ausrufs), die später als Duale gefasst und zu حنانيك weiter deklinirt wurden. Auf alle Fälle fühlt das Arabische Duale darin.

Im Dual ist ein Ganzes in 2 Teile von gleicher Bedeutung

zerlegt, spezifische Verschiedenheiten der Qualität und Quantität werden vernachlässigt, die Teile als Hälften betrachtet. So können denn auch zwei verschiedene Dinge *verschiedener* Benennung im Hinblick auf ein einheitliches Ganzes, das sie bilden, als dessen Hälften erscheinen, durch Verdopplung des Einen erhält man das Ganze. Die Verdopplung wird begreiflicherweise an dem nächstliegenden, bedeutenderen Element ausgeführt — Duale a potiori [1]). So sind الأَبَوَان «die beiden Väter» = die Eltern. الفُرَاتَان «die beiden Eufrate» = Eufrat u. Tigris, القَمَرَان «die beiden Monde» = Sonne u. Mond, المَشْرِقَان «die beiden Oriente» = Orient und Occident, u.s.w. [2]).

§ **20**. Raumplurale z. B. بِلَاد «Gegend(en)» نَوَاحٍ (ebenso). *Plural.* طَرَحُوهَا الأَقَاصِى الأَبَاعِدَ «sie haben sie in die Entlegensten, Fernsten (sc. Gegenden) geschleppt» Kūm. 270, 14. Der Plural eines Personennamens kann zur Bezeichnung der Nachkommen der betr. Persönlichkeit dienen, soferne der Vorfahre in den Nachkommen repräsentirt ist. Hat ein Männername die Fem.endung, so hat er auch als Plur. die weibl. Plur.endung المُغِيرَات «die Söhne Elmuġīras» IHiš. 89, 7. Der Plural eines Sammel- oder Stoffworts bezeichnet das mehrmalige Vorhandensein der Masse bezw. des Stoffs (ist nicht etwa = dem Plur. des entsprechenden nomen unitatis) z. B. دِمَاءٌ «Blut [Plur.]» Muᶜall. Ḥār. 55. لُحُومُهَا «ihr Fleisch [Plur.]» (vom Fleisch der verschiedenen Tiere). Ḳur. 22, 38.

Anm. 1. Man darf den Umstand, dass das *wichtigere* Element verdoppelt wird, nicht zum Ausgangspunkt der ganzen Erklärung machen.

Anm. 2. Anders ist es, wenn 2 ähnliche Dinge durch den Dual des ihnen gemeinsamen karakteristischen Attributs bezeichnet werden, الأَسْوَدَان «die beiden Schwarzen» = Wasser u. Datteln Mu'all. Ḥār. 44. — Duale von Eigennamen sind wie die Plur. zu beurteilen s. § 20.

Der Plur. reverentiae wird besonders von Schriftstellern gebraucht. Z. B. هذا كتاب أَلّفناه ‚dies (ist) ein Buch, das wir verfasst haben‘ Kâm. 1, 7. Zwischenhinein steht häufig wieder der Sing. z. B. ‚Und jeder, der سَبَقَنا uns vorangegangen ist, hat nicht den Weg betreten, den قَصَدْتُها ich ins Auge gefasst habe‘ Makd. 3, 18. Anderseits wird er auch wieder hartnäckig durchgeführt مِن اشْتِراطِنا على أَنْفُسِنا الاخْتِصار ‚gedrängte Darstellung uns [näml. dem Autor] selbst [eigentl. ‚unsern Seelen‘, Plur.!] zur Pflicht zu machen‘ Mas. IV 27, 1. Plur. majestatis z. B. اِعْتَزِلْ عَمَلَنا ‚lege unser Amt nieder‘ Mas. IV 308, 8; nicht allzu häufig.

Der Plur. ist ein innerer oder ein äusserer. Der innere bezeichnet die Masse, die aus Individuen besteht, der äussere die Individuen, die zur Masse vereinigt werden. Bei dem ersteren verschwindet das Individuum fast in der Masse, bei dem letzteren bildet es die Grundlage. Die äusseren sind durch eine an das Individualsubst. tretende Endung gebildet, die inneren sind dem Sing. wurzelgleich, aber stammverschieden, man könnte sie als zugewante Plurale bezeichnen.

Während der innere Plur. kein Geschlechtszeichen hat, wenigstens kein geschlechtunterscheidendes (s. S. 22), hat der äussere Plur. männl. und weibl. Form. Folgende Arten von Nomina sind besonders zur Annahme des äusseren, männl. oder weibl. Pluralzeichens geneigt (können jedoch auch den inneren Plural. haben):

1) Die individualsten aller Individualbegriffe — die Personennamen العُمَرُون ‚die Omar's‘. Darunter auch die Buchstabennamen und Monatsnamen, beide mit fem. Plur.

2) Adjektiva hauptsächlich, wenn ihre Beziehungssubstantive vernünftige Wesen bezeichnen, und zwar die primären Adjekt. und zum Teil die zu Adjekt. gewordenen Subst. Das Adj. ist dann nicht auf die Masse als solche, sondern auf die Indivi-

duen bezogen. Andere adjektivirte Subst. (s. z. B. Barth Nombld. § 193 *a*) bilden jedoch nur innere Plurale, es sind diejenigen, die auch das Fem. Sing. auf metaplastische Weise bilden, nur die Elative haben zwar metaplastisches Fem., aber auch äussern Plur. Übrigens hält sich der Gebrauch des äuss. Plur. des Adj. innerhalb bescheidener Grenzen (vgl. D. H. Müller, über den Gebrauch des äussern Plurals mask. in den südsemitischen Sprachen, Actes du sixième congrès international des orientalistes II, 1 S. 459). Denn, ist das Beziehungssubst. einer der unzähligen inneren Plurale, so wird es entweder — und das ist das häufigste — überhaupt nicht pluralisch konstruirt, oder es kann, wenn pluralisch konstruirt, vermöge einer Art von Kongruenzwirkung das Adj. in den innern Plur. versetzen. Dagegen verhindert andrerseits bei den Partizipien der abgeleiteten Konjugazionen wohl hauptsächlich der ungemein enge Anschluss, den ihre Lautgestalt an die des Impf. hat, die Zerstörung dieser Gestalt durch die Bildung des *innern* Plurals [1]), daher hier fast nur äussere Plurale vorkommen.

3) Wie in § 6 № 15 so sehen wir auch hier wieder den in den Deminutiven liegenden Adjektivbegriff sich äussern und die Deminutive in den äussern Plur. treten, und zwar in den männl., wenn sie männl. vernünftige Wesen bezeichnen, dagegen, wenn weibl. vernünftige, oder wenn vernunftlose bezeichnet werden, in den weibl. Plural. Es sollen auch Deminutive von inneren Pluralen vorkommen, wobei denn eine Begriffsverschiebung unterläuft, da das Demin. eines innern Plur. zunächst den Umfang des Sammelbegriffs und nicht den der einzelnen Individuen verringert. Der innere Plur. الرِّجَال «die Männer», eig. etwa «die Männerschar», bedeutete im Demin. (الرُّجَيِّل) zunächst «die kleine

---

Anm. 1. Dazu kommt, dass gerade hier die Bildung des inn. Plur. ziemlich umständlich ist, siehe Müller a. a. O. S. 457. Dass die verbumähnliche Bedeutung allein nicht ausreicht, zeigen die Partiz. der ersten Konjugation. Siehe Müller ebenda.

Männerschar» und nicht «die Männchen» (also ähnlich wie «chirurgischer Instrumentenmacher»). Man soll dabei die sogenannten plurales paucitatis (s. S. 35.) zu Grunde legen.

4) Eine Anzahl von Substantiven, von denen sich einige zu einer formalen Gruppe zusammenschliessen. In der Tat ist der Gebrauch des äuss. Plur. hier auf Gründe formaler Natur zurück zu führen (s. Müller a. a. O. 448—455, Barth ZDMG 41,608 ff.) z. B. أَبٌ, أَخٌ, فَمٌ, ذو, auch سَنَةٌ (— سَنْهٌ) كُرَةٌ (— كُرٌ) u. A.

5) Die Substantive mit Fem.endung[1]); hier ist wohl durch das Vorhandensein eines äusseren Singularzeichens der Gebrauch des Pluralzeichens, das — zum mindesten für das Ohr — deutlich die Dehnung des weibl. Singularzeichens ăt ist, befördert worden. Darunter auch nomina unitatis, falls es sich um eine kleinere Vielheit (nicht über 10) handelt, s. Fleischer Beitr. X 73. vgl. S. 35.

6) Die Substantive, welche Infinitive der abgeleiteten Konjugazionen sind, haben den äussern weibl. Plur. Offenbar wird hierbei an das Einheitssubst. angeknüpft. Je mehr übrigens die Inf. in Konkreta übergehen, um so eher bilden sie innern Plural.

7) Einige Fremdwörter.

8) Die «neutra» pluralis (s. S. 19).

9) Nomina der Form فَعَّال.

10) Die Zehnerzahlen.

Es gibt Kollektiva, die sich zu einem wurzelverwanten Individualwort wie ein Plur. zu einem Sing. verhalten, aber doch nicht eigentlich die Geltung eines Plurals erlangt haben, sondern starre Massenwörter und Singulare geblieben sind (s. z. B. Fleischer, Beitr. V 81) wie عَبْد «Sklave» — عَبِيدٌ «Sklavenschaft». Ebenso sind die Kollektiva, von denen ein Nom. unit.

Anm. 1. Wird von Femininen ohne Fem.endung ein äusserer Plur. gebildet, so geschieht es selbstredend mit der weibl. Pluralendung.

gebildet wird, die gegebenen Scheinplurale [1]) zum Nom. un. (s. aber oben No. 5). Dagegen sind ausserordentlich viele Abstrakta zu Kollektiven und dann echten Pluralen (inneren Pluralen) geworden. Es ist aber ein scharfer Unterschied zwischen dem Abstr. und dem Kollektivplur. Abstrakta ohne Femininendung sind nicht weibl., aber sie werden es, sobald sie als Plurale gebraucht werden. Der Übergang vom Abstr. ins Kollekt. wird wohl hauptsächlich durch das Praedikat vermittelt worden sein. Ungemein häufig geschieht es, dass das Praedikat eines Abstraktums auch von der Gesamtheit der Träger des Abstr. gilt: Wenn das Stehlen bestraft wird, so werden auch die Stehlenden bestraft. — Zu einem Sing. können verschiedene innere Plurale ohne Bedeutungsunterschied gehören. Hat der Sing. mehrere Bedeutungen, so können sich seine inneren Plurale auf diese verschiedenen Bedeutungen verteilen. Dass von demselben Sing. der innere und der äussere Plur. vorkommt, ist bereits erwähnt.

Vier der Bildungsweisen der innern Plur. sollen vorwiegend die Bedeutung einer die Zahl 10 nicht überschreitenden Mehrheit haben (plurales paucitatis) vorausgesetzt, dass von demselben Subst. auch ein als pluralis multitudinis verwendbarer Plur. vorhanden ist, und überhaupt an die Grösse der Anzahl gedacht wird. Die Regel wird nicht strenge eingehalten, bestätigt sich aber doch in vielen Fällen اربعة أَجْبُل من جبال الجَنّة «Vier Berge [pl. pauc.] von den Bergen [pl. mult.] des Paradieses» Maḳd. 136,15, aber unmittelbar darauf واربعة أَنْهار من أنهار الجَنّة «und 4 Ströme von den Strömen des Paradieses», wo beide Male plur. pauc., obwohl es plur. mult. نُهُر und نُهُور gibt. Barth Nomnlb. § 209 macht darauf

---

Anm. 1. Überhaupt kommt bei kollektiven u. kollektivähnlichen Wörtern kühne Synesis vor vgl. z.B. «Zwischen uns und den Byzantinern (liegt) eine Stadt [Fem. Sing], die Arbasûs heist وإنّهم يخبرون und sie berichten [Plur. Mask., näml. die Bewohner]» Balaḏ. 157,2

aufmerksam, dass gerade die 3 mit dem Praefix 'a gebildeten inneren Plurale (أَفْعَال, أَفْعُل u. أَفْعِلَة) unter den plur. pauc. sind (أَفْعِلَاء wird dagegen nicht als plur. pauc. betrachtet), der vierte ist فِعْلَة. Auch die nomina unitatis sollen, wie bereits erwähnt, verschieden behandelt werden, je nachdem ihr Plur. weniger oder mehr als 10 Dinge umfasst: in ersterm Falle äusserer Plur., in letzterem innerer Plur. Vielleicht ist es im letztern Falle doch nur der Gegensatz der mehr und weniger deutlich zu unterscheidenden Anzahl, der auch in den andern Fällen irgendwie hereinspielen mag. Die Araber betrachten auch den äussern Plur. als einen Wenigkeitsplural, vgl. S. 32 Mitte.

Adjektiva. § **21**. Jedes Adj. kann ohne weiteres mit oder ohne bestimmten Artikel als Subst. auftreten, بَاكِيَة «(eine) Weinende» Ḥam. 420,20, und in der Poesie wird sogar sehr häufig ein Subst. durch seine karakteristischste, bezw. momentan karakteristischste Eigenschaft umschrieben.

Manche Substantiva werden gerne durch ganz bestimmte Adjektiva ersetzt, wobei es vorkommt, dass dasselbe Adj. zur Vertretung verschiedener Substantive feststehend geworden ist. So ist الأَسْوَد «der Schwarze» = «der Araber» (Gegensatz الأَحْمَر «der Rote» = «der Nichtaraber»), s. Goldziher Moh. Stud. I 268; aber auch = «die Schlange», z.B. IHiš. 1024,28; und im Fem. = «die Erde», z. B. Huḏ. N°. 80,5 u. A. Substantive werden häufig durch ein Ursprungsadj. vertreten, أَرْمَنِيّ «armenisches» [sc. Tuch] Iṣṭaḫrī 94,5.

Der Uebergang des Subst. in ein reines Adj. vollzieht sich nicht ganz leicht s. § 17. Auch Adjektiva der Zugehörigkeit [1]) sind nur als Ursprungsadjektive und Herkunftsadjektive von Eigen-

---

Anm 1. Von Kollektiven kann man mit ihnen einen individuellen Sing. bilden, z.B. حَرَس «Das Wachen» und «die Wächter», wovon حَرَسِيّ «der Wächter» Kām. 217,6.

namen aus weiter gebildet schon in alter Zeit geläufig, als Stoffadjektive selten. Mit Leichtigkeit dagegen geschieht die Verbalisirung des Subst. und damit die Bildung eines Partizips; sogar Elative sind auf diese Weise möglich, آهَلُ من «bevölkerter als...» (von أَهْل «Leute» aus) Maḳd. 315,14.

IV Verbalsatz 1).

§ **22.** Inversion im *freien* Verbalsatz ist weit seltener als im Nominalsatz, man denke nur an die überaus häufige Inversion bei praepositionalem Praed. Dagegen ist nun die *Abhängigkeit* des Verbalsatzes von den stets an der Spitze des Satzes stehenden Partikeln إِنَّ «sieh!» أَنَّ «dass» u. A. (vgl. § 2 g. E.), die das Subj. anziehen, die Quelle fortwährender Inversionen im Verbals., während natürlich die Stellung im Nominals. von ihnen unberührt bleibt (d. h. eventuell auch Inversion des Nom.satzes verhindert werden kann). Demgegenüber treten die andern Ursachen der Inversion im Verbals. zurück. *Inversion.*

Beispiele für إِنَّ u.s.w.: انّ بنى عبد مناف أَجْمعوا «die Banu Abd Manaf kamen überein». IHiš. 84,7. أَنَّ كُثَيِّرا دخل «dass Kuṯair eintrat» Kām. 322,5. u.s.w. Ist das Subj. eines an der Spitze eines Abschnittes stehenden Satzes der Gegenstand, über den im folgenden gehandelt wird, so drängt es sich gerne voran والأَمامةُ تنعقد من وجهين. «Das Imāmat wird auf zweierlei Weise übertragen» Māv. 6,7. Gehören zu einem Subj. manigfaltige, namentlich in Gegensatz zu einander stehende Praedikate, so wird das Subj. rascher erfasst als die durch ein mehr oder weniger vor-

---

Anm. 1. Figura etym. (vgl. S. 16) ist auch im Verbalsatz häufig, wie اذا نابت عليه النوائبُ «sobald die Schicksalsschläge ihn schlagen» Diw. Zuh. N°. 4,9. Eine besondre Bedeutung der fig. etym. zwischen Subj. u. Praed. wird beim Pronomen besprochen.

wickeltes Assoziazionsverhältniss an einander gefesselten Praedikate und häufig früher ausgesprochen: الدليل قد دلّ على أن لكن.... «Der Beweis trifft zu hinzichtlich.... jedoch....» Šahrast. 69,10. Auch wenn in mehreren Sätzen die Subjekte sowie die Praedikate (bezw. ihre näheren Bestimmungen) je unter einander gegensätzlich sind, sind öfters die gramm. Subjekte natürliche Subjekte قَوْمٌ حملونا بغير نَوْل فعمدتَ الى سفينتهم فخرقتها «Leute haben uns ohne Bezahlung mitgenommen, und Du trittst auf ihr Schiff und zerstörst es» Bul). I 44,4. جبّانة السبيع نُسبت الى ولد السبيع ....وصحراء أُثَير نُسبت الى .... «Die Wüste Essebî ist benannt nach den Kindern des Essebî.... und die Öde Utheir nach einem der Benu Asad.» u.s.w. u.s.w. Balād. 280,21. Wenn das Praed. eine Meinungsäusserung des Subj. bezeichnet, ist sehr häufig, z.B. العرب تقول «die Beduinen sagen Nawât und meinen damit 5 Dirham» Kām. 658,12. Wenn das Subj. ein Elativ ist, z.B. وايسر مما قد لقيت يشيب «sogar Leichteres, als was ich erlitten, lässt ergrauen» Ḥanās S. 5,11. Der Gegensatz zu dem vorschwebenden Positiv treibt das Subj. zuerst hervor. Ebenso bildet كُلّ «All» eine Steigerung, einen natürlichen Gegensatz zum *Teil* und kann voranstehen.... فَوَلَده كُلّهم ينسبون الى «und seine Nachkommen alle führen ihren Stammbaum zurück auf...» IḲut. 250,13.

Wie im Nominals. so ruft auch im Verbals. eine Negazion oder ein Fragewort leicht Störungen hervor. «Er sagte الطريق لا يحمل هذه الجماعة der Weg fasst diese Menge nicht.» Ṭab. IIc 1332,14. Ein Fragepronomen als Subj. steht stets an der Spitze, aber auch wenn das Subj. mit einer Fragepartikel versehen ist, steht es meist voran. Ferner im Bedingungssatz manchmal إِنْ أَحَدٌ من المُشْرِكين آستجارك «wenn Einer der Götzendiener Dich um Hilfe bittet». Ḳur. 9,6; u. in Zeitsätzen mit اِذَا u. اذا مَا (ziemlich häufig), z. B. اذا مَـا البيض يمشين «Wann die Zarten gehen» Ḫansā S. 36,2, nicht so häufig nach andern Konjunkzionen, z.B. بَيْنا رَجُل من المسلمين تحوَّل «während ein Mann von den Muslims herumzog» Balāḏ. 299,8, nach فَ, حتّى u.s.w. Häufig in koordinirten Adverbialsätzen «Er begab sich in seine Wohnung zurück والغضب يعرف indem der Zorn auf seinem Gesicht zu erkennen war» Ḥam. 421,16. Das Subjektsrelativpronomen steht stets an der Spitze. All das wird in der Lehre vom Nebensatz besprochen.

V. Verbum.

§ **23.** Jedes arab. Verb. kann, wenigstens theoretisch, in viererlei Aktivkonjugazionen erscheinen, der Grundkonjugazion und drei abgeleiteten Konjug. Zu den drei ersten Aktivkonjug. gehören vier Medialkonjug. (zur ersten zwei), zur vierten keine, dagegen besteht eine fünfte Med.konjug. zu einer im Arab. nicht mehr lebendigen Grundkonjug. Zu all diesen 9 Konjug. können an und für sich Passiva gehören. Ausserdem sind 5—7, z.T. höchst seltene, auf bestimmte Verbalbegriffe beschränkte Konjug., die kein Pass. und Med. zulassen, vorhanden. — Numeri: Sing., Plur. und Dual, letzterer erst nach Analogie des Sing. bezw. Plur. einerseits und des Nomens andrerseits entstanden (Siehe Nöldeke Z. f. Völkerps. 7,406 flg.) und ohne erste Person. — Mask. und Fem. besteht nicht nur in den dritten, sondern, mit Ausnahme des Duals, auch in den zweiten Personen. Die erste Person ist eindeutig, daher hier keine Veranlassung zur Scheidung der Geschlechter. — Was die Tempus- u. Modusbildung anlangt, so steht der Bildungsweise nach auf der einen Seite das Perf., auf der andern stehen das Imperf. mit den Modis, der Imperativ, auch die Partizipien haben zumeist Anschluss an das Imperf.; der Infinitiv aber hat keinen fühlbaren äusseren Zusammenhang mit dem verb. fin. *Grundzüge.*

Transitiva und Intransitiva.

§ **24.** Die semitischen Verba, die man Transitiva nennt, bezeichnen die durch das Subj. hervorgebrachte Handlung, die Intransitiva die am Subj. vorhandene, von ihm aber nicht hervorgebrachte Handlung, den Zustand, in dem es sich befindet. Es handelt sich also zunächst nur um ein zwischen dem Subjektsbegriff und dem Handlungsbegriff bestehendes Verhältnis, nicht um das Verhältnis dieser zu einem dritten Begriff. Die Intransitiva sind von zweierlei Art. Die eine Art (فَعِلَ — يَفْعَلُ) bezeichnet den Zustand, in den ein Subj. einmal getreten ist, den entstandenen Zustand [1]), z. B. فَرِحَ «fröhlich sein» und überhaupt viele Verba des Affekts, die andre (فَعُلَ — يَفْعُلُ) bezeichnet den Zustand als schlechthin vorhanden und in der Natur des Subj. gelegen [2]), z. B. كَرُمَ «edel sein». Bringt das Subj. eine Handlung hervor, so ist hierzu ein Substrat, an dem sie hervorgebracht wird, unerlässlich, irgend ein solcher Gegenstand lässt sich immer unbedingt denken, wäre es auch das Subj. selbst (ضَرَبَ نفسه «er schlug sich»). Diese 3 Bildungsarten gehören ausschliesslich der ersten Konjugazion an.

Die Unterschiede zwischen den 3 Bildungsarten der ersten Konjugazion sind häufig verwischt, besonders die zwischen dem Trans. und dem Intrans. des Gewordenseins, sowie die zwischen dem letzteren und dem starren Intrans. Es kömmt ja vor, dass der Bedeutungsverschiedenheit die Verschiedenheit der karakteristischen Vokale entspricht (siehe Kitāb alfasīḥ S. 9, 10 f. Barth) z. B. حَرِقَ «brennen», حَرَقَ «anzünden», لَبِسَ «gekleidet sein», لَبَسَ

Anm. 1. Es kommt meist weniger auf das Schwindenkönnen des Zustands (De Lagarde Übersicht 6,33) als auf sein Entstandensein an.

Anm. 2. «einen durch ein uns unmittelbar gegenüberstehendes Ding — ein objectum — hervorgebrachten Sinnenreiz, gegen den wir ohnmächtig sind, der einen Gegensatz gar nicht kennt» (Lag. Übers. 6, 26). Dies Verhältnis besteht aber nicht zwischen dem Sprechenden und der Verbalform, sondern zwischen dem Subj. der Verbalform und der Handlung.

„einen Tatbestand verdunkeln", aber beispielsweise nimmt gerade dies لَبِسَ (intrans.) den Akkus. des Gewands, in das man gegekleidet ist, zu sich, ohne die intrans. Gestalt aufzugeben, und so hat in vielen Fällen mit einem Bedeutungswandel der Formwandel nicht gleichen Schritt gehalten. Sonst vgl. noch ثَكُلَ „unfruchtbar sein", konstituzionsmässige Handlung; wenn daneben auch ثَكِلَ vorkommt, so ist dies von dem gewordenen Zustand gesagt = „Kinder verloren haben". Das Wort wird aber auch mit dem Akkus. verbunden, z. B. ثَكِلَتْكَ أُمُّكَ „möge deine Mutter Dich verlieren" Buḫ. I 202, 17. Bei den Intransitiven des gewordenen Zustands kann durch die im Moment des Eintritts sich ergebende Veränderung der Verhältnisse ein Obj. in Mitleidenschaft gezogen werden, auf das die Handlung nicht gerichtet war. عَلِمَ bedeutet „kundig sein"; wer nicht kundig war, erhält in dem Moment, im dem er in den Zustand des Kundigseins eintritt, Beziehungen zu Vorstellungen, zu denen er sie vorher nicht hatte, sie scheinen von dem Subj. getroffen zu werden, ein Wirken scheint vom Subj. auszugehen und an ihnen hervorgebracht zu werden. Sie geben aber in diesem Falle ihre intrans. Form durchaus nicht immer auf, z.B. eben das erwähnte عَلِمَ in der Bedeutung „etwas wissen".

Neben Trans. kann das Substrat der Handlung in suspenso gelassen werden; dann haben wir scheinbare Intrans., die sich jedoch von den echten Intrans. dadurch unterscheiden, dass sie ihrer Natur nach die Beziehung auf ein Obj. in sich tragen. Die trans. Form bleibt stets. Z.B. „Er befahl ihnen abzuziehen .... da sagte Elmuḫtār لَا تَفْعَلْ Tu (es) nicht" Ṭab. II*c* 1523, 9 und so häufig bei فعل „tun". قَتَلَ وأَسَّرَ „er tötete und nahm gefangen" Balāḏ. 248, 17 u. sonst oft. Das Gleiche geschieht auch bei den abgeleitoten Transitivkonjug., z. B. أَدْرَكَ «erreichen» dann «volljährig werden», «heranwachsen» Ḥam. 235, 28. Auch Fälle wie فَسَدَ (Impf. يَفْسُدُ) mit trans. Form aber intrans. Bedeutung «verderben» (Kitāb alfaṣīḥ 3, 1) werden mittels Annahme einer Unterdrückung des Objekts («sich») erklärt, wahrscheinlicher ist aber doch, dass es echte Intransitiva ohne Intransivform sind. Vgl. noch § 26, 3, Denominativa.

Passiva. § 25. Die Formen قَتَلَ — قَتِلَ — قَتُلَ (Trans. — veränderliches Intrans. — Starres Intrans.) stellen in dieser Reihenfolge stufenweise die Abnahme der Selbständigkeit des Subj. gegenüber dem Praed. dar. Im Trans. ist das Praed. geradezu das Produkt des Subj., in den Intrans. übt das Subj. zwar keinen Einfluss auf das Praed. aus, aber im veränderlichen Intrans. ist das Subj. doch vorgestellt, wie es auch frei vom Praed. sein kann; im starren Intrans. dagegen ist das Subj. in unlösbarer Verbindung mit dem Praed. gedacht. Nun bekommen wir eine weitere Steigerung der Unfreiheit des Subj.: die Praedikatshandlung wirkt auf das Subj. ein, oder bringt es gar hervor. Strenggenommen müsste man das Pass. قُتِلَ *neben* das Trans. und die beiden Intr. stellen, nicht *unter* sie. Also das arab. Pass. ist nicht aus einer andern Betrachtungsweise einer transitiven Aktivhandlung hervorgegangen, sein Subj. ist nicht eine andre Seite eines früheren Aktivobjekts, die arab. Passivkonstrukzion hat nicht die transitive Aktivkonstrukzion zur Voraussetzung, sie will überhaupt keine Beziehung zwischen 2 Substantiven, das Erfahren einer Einwirkung von Seiten eines Substantivs, angeben, sondern sie drückt wie die intrans. Aktiva ein Tun aus, die Tätigkeit des Leidens, eines Leidens, dem man sich nicht hat entziehen können, aber jeder Gedanke an den Urheber des Leidens muss ferngehalten werden, das Passivhandlung ist einfach da, so gut wie die Intransitivhandlung عَلِمَ «er ist kundig» da ist und es — zunächst wenigstens —

gleichgiltig bleibt, wer oder was das Kundigsein hervorgerufen hat. Auch einige Verba, die krankhafte Zustände bezeichnen, stehen im Pass., هُزِلَ «mager sein» u. Ähnl. Wenn auch ein und das andre dieser Wörter aus einem Akt. hergeleitet werden kann, wie فُلِجَ «auf der einen Seite gelähmt sein» Akt. فَلَجَ «spalten» (Kitāb alfaṣīḥ 8, 10), so ist doch im Allgemeinen das Akt. nicht Voraussetzung des vorliegenden Gebrauchs. Aus der Zusammenstellung im Kitāb alfaṣīḥ 7, 10 flg. geht hervor, dass auch die Araber diese Verba nicht als Passiva in unserem Sinne, sondern als stark intrans. Verba empfanden.

Nach dem Gesagten begreift es sich, dass man sagen kann «A schlug den B», «B wurde geschlagen», dass aber «B wurde von A geschlagen» für ein ganz barbarisches Arabisch gilt. Eine Handlung kann unter dem Gesichtspunkt des wirkenden oder des leidenden Subj. betrachtet werden, aber das Aktivsubj. darf der Passivhandlung nicht beigegeben werden. Diese Erscheinung verliert das Befremdliche, das sie auf den ersten Blick hat, wenn man sich das Verhältnis eines Intrans. («er starb») zu seinem Kausativ («er machte sterben» § 26,3) vergegenwärtigt; diese verhalten sich einigermassen wie das Pass. zum Akt., das wirkende Subj. des Kausativs gelangt neben dem Intrans. nicht zum Ausdruck. Und wie nun in verschiedenen Sprachen neben einem Intrans. kühner Weise der Bewirker des Zustands bisweilen angegeben werden kann [1]), so wird auch im Arab. ganz vereinzelt neben einem Intrans. das bewirkende Subj. durch eine Praeposizion eingeführt, wobei freilich schwer zu sagen ist, in wie weit wirklich die Praepos. rein die Urheberschaft und nicht etwa die Herkunft oder das Interesse bezeichnet أَنَّ الأُمورَ دَقيقَها مِمَّا يَهيجُ

Anm. 1. Es liegt nahe an Fälle wie ἐκπίπτειν ὑπό τινος «von einem vertrieben werden» zu denken. Die Parallele ist aber nicht genau, denn solche Konstrukzionen sind durch das Muster der Passivkonstrukzionen mit ὑπό gestützt, die es im Arab. nun einmal nicht gibt.

العظيم لهٔ «dass die Dinge — die kleinen unter ihnen (zu dem gehören), wovon die grossen Anstoss erhalten» Ḥam. 530, 6 und so wird ganz vereinzelt auch neben Passiven das Aktivsubj. durch die Praep. مِنْ «von» eingeführt, was aber, wie gesagt, verpönt ist. Einer solchen Konstrukzion nähert sich auch die Verbindung passiver Verbaladjektive von Verben der Liebe und des Hasses mit إِلَى «bei», wie بَغِيضٌ إِلَى «verhasst bei» Ḥam. 111, 3 und noch mehr die Praep. لِ «zu» «bei» «von» zur Bezeichnung des geistigen Eigentums لَهُ, قِيلَ «von ihm ist gesagt» = «es kursirt ein ihm zugeschriebenes Wort». Ferner steht nichts im Wege, das Mittel anzugeben, durch welches das Leiden zu Stande kommt (بِ «mit» «durch»). إِنْ ضُرِبَتْ بالسوط «wenn sie mit der Peitsche geschlagen wird» Ḥuṭ. 8, 29.

Abgeleitete Aktivkonjugazionen. § **26**. 1) Die Zweite Konjug. (Verschärfung des mittleren Wurzelkonson.) bedeutet: sich um die von der ersten Konjug. bezeichnete Handlung bemühen, mag die Handlung vom Subj. selbst ausgehen (intensiv) oder von einem Andern (kausativ). Wäre die Bedeutung ursprünglich «eine Handlung mit Nachdruck ausüben» oder dgl., so liesse sich von da aus nicht zu der kausat. Bedeutung gelangen, wie أَرِقَ [intrans.] «schlafen», II: أَرَّقَ العين «das Auge in Schlaf versetzen» Dîw. Ṭar. № 5, 4. In weiterem Sinne kann die Bemühung auch darin bestehen, dass eine Situazion herbeigeführt wird, die der verwirklichten Handlung entspricht; so erklärt sich die deklarative Verwendung, كذب «lügen», II: «einen für einen Lügner erklären». Die auf die Handlung verwendeten Bemühungen äussern sich in verschiedener Weise, entweder so, dass viele Objekte getroffen werden oder so, dass die Handlung wieder und immer wieder geschieht (was bei Verben des Zerteilens, Zerbrechens u. dgl. bedeutet «etwas in viele Stücke zerteilen» u.s.w.) oder endlich so, dass eine Masse in einer grossen Zahl von Individuen der Bemühung obliegt. فتّح ابوابا = eig.: «sich um das Öffnen von Türen sehr bemühen» = viele Türen öffnen, siehe Sîb. II S. 252,8. An sich könnte es ja auch bedeuten „Türen immerfort öffnen (dann schliessen) und wieder öffnen» طاف «herumgehen» II «in einem fort herumgehen»; ربّض الشاء «die Schafherde lagerte sich viel» = «die vielen Schafe lagerten sich.» Vgl. hierzu Fleischer Beitr. I 160 f.

Fast stets handelt es sich um die *Förderung* der Handlung, allein die Bemühung kann auch der *Hintertreibung* der Handlung gelten (privativ), z.B. قَذِيَ [intrans.] «einen Splitter im Auge haben», II : 1) «einem einen Splitter ins Auge treiben» 2) «einem einen Splitter aus dem Auge ziehen» (Ḳāmūs, vgl. Sîb. II S. 251,5). Bisweilen ist die Intensivbedeutung wieder verblasst, von عاض «ersetzen» z. B. werden die 3 ersten Konjugazionen als gleichbedeutend angegeben. Denominativa mittels der zweiten Konjug. gebildet erklären sich als «sich um einen Gegenstand zu schaffen machen» so صبّح «Morgens sein», «sich zu der Morgenzeit befinden», «Morgens kommen», letzteres wie die Verba der Bewegung sogar trans. (Ḥam. 302,7), حمّد Denominativ von الحمد لله «Lob (sei) Allah»: «Lob sagen» d. h. diese Formel sagen.

2) Die dritte Konjug. (Dehnung des ersten Wurzelvokals) bedeutet: nach der durch die erste Konjug. bezeichneten Handlung streben, oder mittels der Handlung nach einem Gegenstande (der in den Akkus. tritt) streben. Von der zweiten Konj. unterscheidet sie sich im erstern Fall dadurch, dass sie nur von Vorbereitungshandlungen gebraucht wird, während die zweite Konjug. Teilnahme oder Beihilfe an der Handlung selbst bezeichnet يخادعون الله وما يخدعون الّا انفسهم «sie suchen zu betrügen [III] Allah, aber sie betrügen [I] nur sich selbst» Ḳur. 2,8. Wenn قتل I «töten» bedeutet, so bedeutet III «kämpfen» قاتلوا حتّى قُتلوا «sie kämpften

[III] bis sie getötet wurden [I]» Ṭab. IIa 426, 10. قسم I «Etwas teilen», III «Durch Teilung einer Sache Einen betreffen» = Etwas mit Einem teilen [dopp. Akkus.]. Ḥam. 22,4. فرق I «trennen», III «Einen durch Trennung betreffen» = «sich von Einem [Akk.] trennen» Ḥam. 236,21. Sie bedeutet auch: streben, dass ein Andrer eine Handlung ausführt, ihn in eine Handlung versetzen und nähert sich dann den Formen mit kausat. Bedeutung. Verba, die geeignet sind, eine Reakzion bei einem Andern hervorzurufen, werden in der III Konjugazion leicht reziprok, z.B. نزع I «Etwas entreissen», III «Einem Etwas zu entreissen suchen» — der Andere wehrt sich, daher «mit einander streiten». Ḥam. 244,5; so bedeutet sie auch: eine Handlung auszuführen suchen, in der es Einem ein Andrer in Folge dessen zuvorzutun sucht = eine Handlung mit Einem um die Wette tun, mit Einem darin rivalisiren, z. B. شَرُفَ I «Edel sein», III «an Edelmut mit Einem [Akk.] rivalisiren» Denominativ z. B. von خَلِيل «Freund»: III خَالَّ «mit Einem [Akk.] befreundet sein» Diw. Ṭar. 2,2.

3) Die vierte Konjug. (Praefix 'a und Vokallosigkeit des ersten Wurzelkonson.) ist kausativ, und zwar bezieht sich die Wirksamkeit häufig auch auf die Hervorbringung eines Gegenstands, einer Erscheinung, einer Eigenschaft, auf die Erreichung eines Zustands, eines Orts, einer Zeit; gerade in dieser Konjug. sind die Denominativa zahlreich. دَخَلَ I «hineingehen» IV: z.B. أَدْخَلَ يَمِينَهُ فِي الْإِنَاءِ «er machte hineingehen [= steckte] seine Rechte in das Gefäss» Buḫ. I 53,8. Zu der verschiedenen Wendung des Kausativbegriffs beachte أَبْرَكَ «knieen lassen» = zum knieen zwingen Ḥam. 385,3, dagegen أَنْهَلَ «zum zweiten Mal trinken lassen» = Gelegenheit dazu geben, ebenda Z. 8. Für Denom. z.B. von أَخٌ «Bruder» IV آخَى «Bruderschaft stiften» Buḫ. II 1 letzte Z. Im Pass. des Impf. fallen I u. IV zusammen; es ist denkbar, dass von diesem gemeinsamen Gebiet aus Übergriffe nach der einen und andern Seite stattgefunden haben.

Von all diesen 3 Konjugazionen kann so gut wie von der ersten ein Pass. gebildet werden.

4) Die IX und XI Konjug. bezeichnen Farben u. Körperfehler, und zwar soll man die IX von der andauernden, die XI von der vorübergehenden Eigenschaft brauchen (vgl. Trumpp ZDMG 38, 581). Danach verhielten sie sich also etwa wie das starre Intrans. zum veränderlichen. Die übrigen Konjug. (XII. XIII. XIV. XV. XVI) sind ganz selten, im allgemeinen intensiv, im Einzelnen lässt sich der Karakter nicht scharf bestimmen. IX. XI. XV und XVI haben kein Pass., von XII. XIII und XIV soll es vorkommen.

§ 27. Die Flexion des Med. ist dieselbe wie die des Akt. und Pass., die Medialisirung erfolgt ausschliesslich auf dem Wege der Stammbildung. Die Bedeutung der 5 Medialformen ist: sich den Wirkungen der von der zugehörigen Grundkonjug. bezeichneten Handlung aussetzen. Dass das Subj. auch der alleinige Urheber der Handlung ist, liegt nicht im Med.; dadurch unterscheidet es sich vom Trans., denn es ist nicht = Trans. + Obj, und wo das Subj. als durchaus alleiniger und selbständiger Hervorbringer hingestellt wird, steht das Med. überhaupt nicht, und man sagt ضَرَبَ نَفْسَهُ «er schlug [Akt.] sich selbst» (eig.: «seine Person»). Es ist also nicht genau, wenn man erklärt, im Med. nehme das Subj. sich selbst zum Obj. Vom Intrans. unterscheidet es sich dadurch, dass es den Anteil, den das Subj. am Zustandekommen der Handlung hat, durchblicken lässt. *Media.*

In diesem Bedeutungsverhältnis steht die VII und VIII Konjug. zur I, die V zur II, die VI zur III, die X zu der nicht mehr lebendigen Konjug. سَقْتَلَ und zur IV [1]). Wenn hin und wieder die VII und VIII als Med. der IV erscheinen (Fleischer Beitr. I 173 f.) so sind das wohl Reste wirklicher Media der IV, die in beiden Partizipien, im Imperf. pass., ferner bei nicht ver-

---

Anm. 1. In einigen abgesprengten Wörtern (vier- und dreikonsonantigen) kommt sie noch vor. s. Stade, Über den Ursprung der mehrlautigen Tatwörter der Geëzsprache, Leipzig 1871. S. 30. Das Bildungselement sa ist wurzelhaft geworden.

schliffenem Anlaut im Perf. pass. und Infin. mit den Medien der ersten Konjug. zusammenfallen mussten, was den Untergang der Media der IV nach sich zog. Es ist nicht gesagt, dass die Modialkonjug. in allen Fällen das Vorhandensein der zugehörigen Grundkonjug. zur Voraussetzung haben, es ist sogar möglich, dass die Grundkonjug. gelegentlich eine Rückbildung aus der Medialform ist.

Einige Beispiele für den Gebrauch des Med.: ضرب I „schlagen", V „zucken" (Ḥam. 244,22) eigentl. „auf einen Schlag reagieren." شغل I „beschäftigen" V „sich beschäftigen" (Ḥam. 2,13), genauer wäre „sich einer Beschäftigung hingeben". Im Med. liegt leicht etwas Ingressives اغْتاظ, „in Zorn geraten" (Ḥam. 86,22) eigentl.: „sich dem Zorn überlassen." عَلِمَ „wissen" IV „wissen machen" X „sich wissen machen" = „Erkunden" Māv. 17,4.

Das im Med. liegende Wirken besteht nun darin, dass das Subj. direkt von der Handlung betroffen wird (akkusativisches Med.), oder nur an den Nebenwirkungen, die aber faktisch meist der Endzweck der Tätigkeit sind, beteiligt ist (datívisches Med.). Dativisch z.B. انتزعَتْ خمارَها عن راسها „sie riss sich den Schleier vom Kopf ab" (Ḥam. 422,9) eigentl.: „sie gab sich dem Wegreissen hin". In dativ. Med. unterscheidet sich öfters die Medialform in der Bedeutung nicht von der Grundform, z.B. قال صيدوا لنا منها. „Er sagte: Jaget [I] uns welche von ihnen!" und gleich darauf هل اصطَدْتم لنا منهم شيأ. „Habt Ihr uns Etwas von ihnen erjagt [VIII]?" Mas. IV 12,10. 13,3; indes lässt oft, wo wir keinen Unterschied in der Übersetzung machen, das Medium das bewusste Wirken deutlicher hervortreten. Fast alle Medialformen werden mehr oder weniger häufig dativisch-reflexiv gebraucht, namentlich aber gestattet die X Konjug. mannigfaltige Verwendungen in dativisch-refl. Richtung; sie bedeutet dann: im eignen Interesse eine Tätigkeit entfalten, im eignen Interesse Jemanden zu einer Handlung veranlassen, wozu gehört: eine

Handlung von Jemandem erbitten, z.B. حضن I «aufziehen», X mit dopp. Akk: «Einem ein Kind zum Aufziehen geben.» Ṭab. Ib 855,2, ferner: Etwas im eigenen Interesse für Etwas halten, z.B. استحسن «für schön erklären» Ḥam. 2,8, sowie: im eigenen Interesse durch ein entsprechendes Verhalten eine Handlung bewirken, z.B. وجب I «erforderlich sein», X eigentl.: «Etwas durch sein Verhalten erforderlich machen» = «sich einer Sache würdig erweisen» Ṭab. IIa 75,11. In der VI (auch V) Konjugazion findet sich die Bedeutung «sich als Etwas stellen», eigentl. «im eigenen Interesse nach einer Handlung streben (bezw. sich um sie bemühen), den Eindruck, den das Streben (bezw. die Bemühung) macht, ausbeuten» z.B. إنّى أتصبّر ولا أصْبِر «ich stelle mich geduldig [geduldig sein V], bin aber nicht geduldig [I]» Ṭab. IIa 274,18.

Die siebente Konjug. ist dagegen nicht dativisch-medial. Denn, während die andern vier Medialformen bezeichnen, dass die Wirkungen unter mehr oder weniger positivem Zutun des Subjekts zu Stande kommen, scheint bei der VII Konjug. ursprünglich die lebendige Mitwirkung des Subjekts in den Hintergrund zu treten, sie bedeutete wohl: die Wirkungen der von der I Konjug. bezeichneten Handlung unter indifferentem Verhalten über sich ergehen lassen. Der Anteil des Subjekts ist negativ. Hierher z.B. Verba, die bedeuten: sich willenlos einer Gemütsstimmung hingeben. — Mit dem ausbleibenden Eingreifen des Subjekts fehlt auch der Zweck des Subjekts, die VII Konjug. ist nur akkusativisch-medial. Aus demselben Grunde fehlt die Möglichkeit einen Akkus. zu regieren.

In der VI, VIII und V Konjug. ist aus der medialen die reziproke Bedeutung hervorgegangen, die wir schon in der III Konjug. fanden (§ 26,2). Die mediale Form gibt noch ausdrücklich zu verstehen, dass das Subj. auf die Reakzion, die seine Handlung hervorruft, eingeht. Z.B. ذكر I «Etwas erwähnen», III «Etwas Einem gegenüber erwähnen», da gibt denn ein Wort das andere, und die VI bedeutet «sich über Etwas mit Einem unterhalten»

Mas. IV 12, 9. قتل I «töten», VIII «sich einander töten» = «mit einander kämpfen» (vgl. § 26, 2), häufig. حكم I «Recht sprechen», VI «Richterspruch über einander herbeizuführen suchen» = «rechten» Ḫansā 62, 3. كلم I «reden», V «sich unterhalten» «disputiren» Ḥam. 420, 17. So erklärt sich weiterhin die gelegentlich vorkommende Bedeutung der VI Konjugazion: «mit Andern zusammen, Einer nach dem Andern, in Absätzen tun», die sich übrigens auch in III findet. Die Andern suchen den Ersten zu hindern, machen ihm den Vorrang streitig, z. B. ورد I «hinabsteigen» (speziell auch zur Tränke, Ḥam. 422, 4), III «mit Einem [Akkus.] zur Tränke hinabsteigen» oder überhaupt «zum Essen gehen», VI z. B. IHiš. 672, 20: «Die Leute تواردها setzten sich [VI] (abteilungsweise) zum Essen, so oft Einige fertig waren, standen sie auf, und Weitere kamen». Wie weit sich reziproke Verwendung erstreckt, zeigen Fälle wie تضايق (VI) «eng sein» (von einem Raum) = ضاق (I), wegen der aneinander liegenden Teile. Ḥam. 307, 3. Wie statt der einfach medialen Form die Auflösung durch Aktiv und freies Objekt anzuwenden ist, sobald es darauf ankommt, das Subj. sowohl gegenüber der Handlung als gegenüber andern Subjekten zu isoliren, so wird im gleichen Falle auch der reziproke Ausdruck zerlegt ausgedrückt, also ألّا يغزوا بعضهم بعضا «dass sie nicht befehdeten ein Teil von ihnen den andern» Ṭab. IIa 394, 5.

Denominativa verschiedener Art kommen auch von den Medialkonjugazionen vor, z. B. استعبر (X) «seinen Tränen ihren Lauf lassen» [von «Träne»] Ḫansā S. 5, 16. تبحّر V «zu einem See werden» «in einen See enden» [von «See»] Maḳd. 22, 16. استخلف (X) «zum Chalifen machen» [von «Chalife»] Balāḏ. 132, 8.

Das erwähnte Karakteristikum der vier mit t gebildeten Medialformen, dass ihr Subj. ein wirkendes ist, begründet zunächst einen Hauptunterschied gegenüber dem Passiv der zugehörigen Grundformen. Ein bekanntes Beispiel ist: علم I «kundig sein» «wissen», II «unterrichten», davon das Pass.: «unterrichtet werden», aber V (Med.) «Lehren annehmen» «lernen», eigentl. «den Unterricht auf sich wirken lassen». In den Umstand, dass sich das Subj. des Mediums, anders als das Subj. des Passivs, entgegenkommend zur Verbalhandlung verhält, wird bisweilen der Schwerpunkt eines Gegensatzes zwischen einem medialen und einem passiven Verb gelegt, so nämlich, dass sich das passive Verb zum medialen wie die versuchte Handlung zur gelungenen verhält [1]), (vgl. Fleischer Beitr. I 162 f., 167 f.). وَيُظْلَمُ أَحْيَانًا فَيَظَّلِمُ «manchmal leidet er Unrecht [Pass. I; Akt: «Einem Unrecht zufügen»] und lässt sich Unrecht zufügen [VIII; = lässt es sich gefallen]» Dîw. Zuh. № 17, 3. In Folge einer Bedeutungsverschiebung tritt jedoch der tätige Anteil des Subjekts oft zurück, das Medium verhält sich zur Grundform wie das Intrans. zum Trans., z. B. راب I «beunruhigen» «Verdacht einflössen», VIII «Verdacht hegen» Ḥam. 16, 14. So kommt das Medium des Kausativs öfters wieder der einfachen Form sehr nahe oder gleich, z. B. وسط I «in der Mitte sein», II «in die Mitte versetzen», V «in der Mitte sein» Ḥam. 629, 1. قام I «(auf)-stehen», dazu لَوْ قَوَّمْتُهَا لَاسْتَقَامَتْ «wenn ich sie aufgestellt hätte [II], so würde sie aufrecht stehen [X]» Abulʿatâh. S. 45, 7. Und jemehr das Miteingreifen des Subjekts ausser Betracht gelassen wird, um so mehr erscheint die Verbalform als ein blosses Erdulden von Einwirkungen, رزق I «spenden», VIII «Sold bekommen», «Gehalt bekommen» Kâm. 88, 5, und ein Übergang zum Pass. ist gegeben, zu dem die Verba in verschiedenem Maasse befähigt sind. Bei manchen Verben aber statuiren die Araber zwischen Medialform und Pass. der Grundform rein künstliche Unterschiede, die tatsächlich verwischt sind. Vollends die VII Konjug. bildet vermöge ihrer oben geschilderten Natur passivähnliche Verba und ist in der späteren Schriftsprache bei der Passivbildung sehr beliebt,

---

Anm. 1. Analog verhält sich das Pass. eines Kausativs zum Akt. der einfachen Form, z. B. وَإِذَا ذُكِّرُوا لَا يَذْكُرُونَ «und sobald sie gedenken gemacht werden [Pass. IV], gedenken sie nicht [Akt. I]» Ḳur. 37, 13.

z.B. سد I «verrammeln», VII «verrammelt sein» Ḥam. 522, 4. Weniger häufig ist die VIII, V und VI Konjug. passivisch und bildet dann öfters nur einen Ersatz für die VII, wo diese in älterer Zeit aus lautlichen Gründen nicht gebildet wird. Beispiele: تَأَتَّى الصنع «die Arbeit wurde erreicht [V; = ausgeführt]» Mas. IV 16, 7. Für die Bezeichnung des Urhebers vgl. z. B. لم يَجتمع شعرُه لأحَد «nicht ist seine Poesie von Einem gesammelt» Fihrist 159, 25. Von dem Med. wird übrigens auch ein Pass. gebildet, تُعُلِّم (Passiv V) «eine Sache wurde gelernt» bezw. unpersönlich (aber dann immer mit einer näheren Bestimmung) «es wurde ... gelernt» s. Fleischer, Beitr. I 163. تُحُدِّث «(es) wird sich einander erzählt» = «man erzählt sich» Buḫ. I 142, 3.

Tempora. § 28. Wenn man die Schwierigkeit syntaktischer Probleme nach dem Grad der Schwierigkeit, die syntaktischen Formen nachzufühlen, bemessen will, so ist die Tempuslehre das schwierigste Kapitel der semit. Syntax. Wir sollen Verba finita begreifen, die zeitlos sind und zumal unsere Perfekta und Imperfekta zur Übersetzung verwenden, ohne dabei etwas Praeteritales zu denken. Wie leicht ist da noch der Nominalsatz, mit seiner unausgedrückten Zeit, zu erfassen! Wir brauchen nur gleichfalls das Verbum finitum (meist die Kopula) wegzulassen, um der Beirrung durch die Zeitvorstellungen unserer eigenen Sprachen zu entgehen.

Von den beiden «Tempora» bezeichnet das «Imperfekt» genannte die in der Verwirklichung begriffene Handlung, das «Perfekt» genannte die verwirklichte Handlung. Beide geben die Stellung an, die der Träger der Verbalhandlung zu der vorhandenen Reihe von Einzelmomenten, in deren Ablauf die Verbalhandlung besteht, einnimmt: ob er als innerhalb des Ablaufs der vorhandenen Verbalhandlung befindlich vorgestellt wird (Imperf.), oder ob er mit dem bereits vollzogenen Ablauf seiner Verbalhandlung vorgestellt wird (Perf.). Ein Drittes gibt es nicht. Über die Stellung des

Redenden selbst oder eines dritten, vierten u.s.w. Gegenstands zum Verbalausdruck — sie könnte sich gleichzeitig, vorzeitig oder nachzeitig dazu verhalten — wird mittels der Verbalform keine Andeutung gemacht. In der geschilderten Natur der beiden «Tempora» liegt eine Reihe von Gegensätzen beschlossen: Das Imperf. schildert, das Perf. konstatirt. Das Imperf. bezeichnet die werdende Handlung, das Perf. die gewordene. Die imperfektische Handlung kann unterbrochen werden und unvollständig bleiben, die perfektische ist unabänderlich, das Perf. ist die Form der Gewissheit. Das Subjekt des Impf. ist noch der Ausübung der Handlung hingegeben, am Subj. des Perf. können schon die Wirkungen der verwirklichten Handlung hervortreten.

Von einschneidender Wichtigkeit aber wurde ein weiterer Gegensatz. Das Subj. des Perf. wird in einem Moment, in dem es die sich verwirklichende Handlung bereits zeitlich hinter sich hat, ins Auge gefasst, wodurch ein zeitlicher Unterschied zwischen diesem Moment und der in der Verwirklichung begriffenen Handlung dem Sprechenden fühlbar wird: Das Imperf. bezeichnet die Handlung, die man anblickt, wahrnimmt, das Perf. die Handlung, auf die man zurückblickt, die man sich vergegenwärtigt. Das ist der Keim einer Entwicklung von echten Tempora hauptsächlich beim Perf., das denn auch in der Entwicklung zum Tempus weiter gediehen ist als das Impf.: es ist, auch für das arab. Sprachgefühl, schon ein richtiges Praeteritum, allein bemerkenswerte Anwendungsweisen legen noch Zeugniss für seine ältere Bedeutung ab. —

Einige Zusammensetzungen erwecken den Schein von Verbalformen. Man sagt كان قاتلا «fuit interficientem» «er war tötend», كان يَقْتُلُ «fuit interficiebat» (Praesens Perfecti), كان قَتَلَ «fuit interfecit» (Perfectum Perfecti = Plusqpf.) u. Andre. Dennoch sind auf diese Weise nicht eigentlich neue Verbalformen erzeugt worden. Jede dieser Zusammensetzungen behält als Ganzes die Bedeutung der Summe ihrer Teile, sie bildet keine neue grammatische Kategorie. Ebensowenig füllen sie eine Lücke im

Tempussystem aus und dienen nur der präziseren Wiedergabe von Verhältnissen, die auch ohne sie leidlich ausgedrückt werden könnten und ausgedrückt worden. Die erste Form vertritt ein nominales Praed., die zweite ein einfaches Imperf., die dritte ein einfaches Perf.

Perfekt. § **29**. Die Handlung kann an sich sehr wohl dauernd oder wiederholt sein; worauf es ankommt, ist, dass ihre Erscheinungsreihe abgeschlossen ist. Z. B. «Komm heran! رأيتك, Ich habe Dich gesehen!» Ṭab. II*c* 1805, 2. وبلوت أكثر اهلها «ich habe die Meisten ihrer Bewohner geprüft» Abulʿatāh. S. 4, 15 (wiederholte Handlung). Auch kann die Handlung, die in einem gegebenen Augenblicke verwirklicht ist, hernach noch fortgesetzt werden, und es sollte blos die Verwirklichung ihres Eintritts mitgeteilt werden (Ingressive Handlung), z. B. ملك «er kam zur Regierung» (eig. «er regierte») IḪurd. 120, 1. قام «er stand auf» IHiš. 236, 14. Die verwirklichte Handlung ist zwar eben durch ihre Verwirklichung begrenzt, allein sie weist unter Umständen über ihren Abschluss hinaus auf die Resultate ihrer Verwirklichung, auf die Situazion, die durch ihre Verwirklichung geschaffen ist. Sie bezeichnet so scheinbar eine noch immer in der Verwirklichung begriffene Dauer, ruft aber die Erinnerung an das Entstehen dieser Dauer wach, indem sie die vorangegangenen Momente zusammenfasst. Z. B. دخلت «sie ist eingetreten» = «steht da» Ḥam. 248, 7. ما حوى هذا الكتاب «was dies Buch enthält» eig. «zusammengefasst hat» Mas. I 45, 5. Es ist namentlich bei Verben der Gemütstätigkeit, da hier die Gefühlserregung noch fortdauert, auch wenn die erregenden Umstände zu wirken aufgehört haben. طربت «ich bin erregt» Ḥam. 423, 14. اختلفوا «sie sind verschiedener Meinung» Ḥam. 2, 25. Resultativ auch, wenn man zwar in erster Linie den Abschluss einer Handlung konstatiren will, aber Wert darauf legt festzustellen, dass die für das Zustandekommen erforderlichen vorbereitenden Handlungen korrekt erfolgt sind, in formulae solemnes wie حلفت «ich schwöre» Nāb. N° 3, 3; bei Abschluss von Verträgen بعتك هذا «ich verkaufe Dir dies» (habe Dir dies hiermit verkauft). Zugleich liegt darin, dass das Geschäft unwiderruflich ist, denn die verwirklichte Handlung kann nicht mehr aus ihrer Richtung gebracht oder gar hintertrieben werden. Als Form der Gewissheit steht das Perf. in Anwünschungen, deren Erfüllung sich der menschlichen Macht entzieht, über deren Verwirklichung darum schlechthin keine vernünftige Vermutung besteht; um so mehr wird die persönliche Überzeugung von der Gewissheit der Erfüllung betont. Z. B. اطال الله بقاء الملك «Allah verlängere das Leben des Königs 50 Jahre» IRust. 125, 9. بورکت «Mögest Du gesegnet sein» IHiš. 1022, 15. Das Modale gelangt so wenig zum Ausdruck wie in nominalen Wunschsätzen. Das Arab. hat zwar einen finalen und auffordernden Modus, aber keinen optativen; auch imperfektisch würden obige Beispiele nicht anders als durch den Indikativ wiedergegeben, s. § 33.

In Zeit- und Bedingungssätzen steht das Perf. häufig zur Bezeichnung der rein willkürlich als gewiss gedachten Handlung, wie اذا قتل «sobald er tötet» (nicht «tötete»), إن قتل «wenn er tötet» (nicht «tötete»). Das Genauere in den einschlägigen Kapiteln.

Das Perf. ist auf jeden beliebigen Moment beziehbar. So versetzt sich im Briefstil der Schreiber in die Zeit des Empfangs und bezeichnet Handlungen als verwirklicht, in deren Verwirklichung er noch nicht einmal eingetreten ist, z. B. بعثت اليك «ich schicke Dir (anbei) ....» ISaʿd. 3, 17. Wie das Perf. dadurch zum Praeteritum wird, dass der Blick auf die gestaltende Handlung, die in der verwirklichten ihren Abschluss findet, zurückwandert, ist S. 53 ausgesprochen. So ist es denn das Tempus der Erzählung von Tatsachen, die der Erzähler von irgend einem späteren Standpunkt aus darstellt, geworden. Dazu treten oft noch irgend welche Angaben, durch welche die Zeit der Begebenheit objektiv festgelegt wird, soweit nicht der Zusammenhang allein schon hierzu ausreicht, z. B. فى اوّل من وضع «über den Ersten, der die arabische Schrift einführte» Fihrist 4, 11 Es braucht nicht von Verbum zu Verbum ein zeitlicher Fortschritt in der Erzählung zu bestehen, die Perfekte sind bisweilen gruppenweise gleichzeitig, die einzelnen Elemente der Gruppe nicht auf einander bezogen, sondern je für sich auf den vom Erzähler eingenommenen Standpunkt, z. B. أَسْلَمَ اهلُ تبالةَ فأَقَرَّهم رسول الله على ما اسلموا عليه وجعل على كلّ حالم دينارا واشترط عليهم ضيافة المسلمين وولّى ابا سفين «die Tabaliten nahmen den Islam an, und der Profet beliess sie in ihren dermaligen Verhältnissen und legte jedem Mannbaren einen Denar auf und machte ihnen Gastfreundschaft gegen die Muslime zur Bedingung und setzte den Abu Sufjān zum Statthalter ein» Balāḍ. 59, 7. Hier erzählt das 2te, 3te und 4te Perfekt Handlungen, die gleichzeitig geschehen, in gewissem Sinne gehört zu ihnen auch das erste als Teil derselben Vortragshandlung. Als Erzählungsperf. erklärt sich wohl auch die Verwendung des Perf. in Sentenzen (gnomisches Perf.): teils mögen es Ausschnitte aus Erzählungen sein, teils Wahrheiten, die aus früheren Fällen bekannt sind. Indes steht es auch frei, das Perf. hier als Form der Gewissheit, daher Allgemeingiltigkeit aufzufassen. So steht das Perf. auch in allbekannten Wahrheiten, die zum Vergleich angeführt werden, z. B. تَخْصِفُ كما أَخْصَفَ العَلْجُ «sie eilt [Impf.] wie der Esel eilt [Perf.]» Ḥuṭ. 10, 14. Das Perf. kann ferner mit Bezug auf eine praeteritale Handlung praeterital sein, sei es dass die ältere Handlung nachfolgt oder voransteht, z. B. قال الشيطان لمّا قُضِىَ الامر «der Satan sprach, nachdem die Sache entschieden war» Ḳur 14, 26.

Imperfekt. § **30**. Das Imperf. ist die zu irgend einer Zeit noch andauernde Handlung, oder die Handlung, deren Wiederholungen sich noch immer fortsetzen, soferne nämlich die sich wiederholenden Akte zu einer Gesamtanschauung vereinigt werden und als deren Ablauf erscheinen, z. B. كيف يأتيك الوَحْى «wie kommt Dir die Offenbarung zu?» (pflegt Dir zuzukommen). Buḫ. I 4, 10. Ebenso erklärt sich die gnomische Verwendung: es ist die unbegrenzte Handlung, deren Subjekt, so lange es existirt, in der Verwirklichung der Handlung steht. In Vergleichungen, wie سارت رِجال كما تَمْشى الجِمال الدَّوالِح «Männer gingen [Perf.], wie die gebeugten Kamele gehen [Impf.]» Dîw. ʿAnt. 7, 10.

Das Imperf. spielt wie das Perf. in jeder Zeitsfäre. Praesens Praesentis: .... أَتَرَى «siehst Du den da auf dem Pferd?» Ḥam. 254, 20. Verba der Gemütstätigkeit stehen nicht nur im Perf. (s. S. 54), sondern auch im Imperf., also أَخَافُ «ich fürchte» Ṭab. IIc 1630, 9. Praesens Perfecti: كانت له وصيفة تُغْلِق الابواب كلَّ ليلة وتأتيه بالمفاتيح ثُمَّ تنام ويُقْبِل داوُدُ على وِرْده فى العبادة فأَغْلَقت ذات ليلة الابواب وجاءت بالمفاتيح ثُمَّ ذهبت لتنام فرأَت رَجُلا «Er hatte [Perf.] eine Sklavin, die jede Nacht die Türen verriegelte [Imperf.] und ihm die Schlüssel brachte [Impf.], darauf schlafen ging [Impf.], worauf sich David an seine Beschäftigung mit religiösen Dingen machte [Impf.]. Da verriegelte sie [Perf.] in einer Nacht die Türen und brachte [Perf.] ihm die Schlüssel, ging [Perf.] darauf weg, um sich schlafen zu legen, da sah sie [Perf.] einen Mann.....» Taʿlabî 332, 20. «كَتَبَ er schrieb [Perf.] an die Mekkaner, يَسْتَنْفِرُهُم (indem) er sie zum Glaubenskrieg aufforderte [Impf.]» Balāḏ. 107, 13. In diesen Fällen wird die Nebenhandlung vom Standpunkt der Haupthandlung aus betrachtet, weit seltener ist es, dass in der Erzählung die Haupthandlung selbst ohne Weiteres als noch sich verwirklichend dargestellt wird, denn der Sprechende muss sich gewaltsam zu ihrem Zeugen machen. Am leichtesten geschieht es bei Ereignissen, die man soeben erlebt hat, und unter deren unmittelbarem Eindruck man noch steht, wie يقول لى الامير تَقَدَّمْ فما لى إن أَطَعْتُكَ من حياة «Der Emir sagt [Impf.] zu mir: ««Greif an!»» Gehorche ich Dir aber, so habe ich kein andres Leben» Ḥam. 797, 3. Aber auch ein richtiges Praes. histor. gibt es, z. B. قصدتُ لِمَوْقِف الملك الهُمام فَأَضْرِبُ راسه فهوى صريعا «da trachtete ich [Perf.] nach dem Platz, an dem der Herrscher hielt und haue [Impf.] ihm den Kopf ab, und er brach [Perf.] zusammen» Balāḏ. 361, 8.9. Wie man sieht, in raschem Wechsel mit dem Perf., ebenso bei der erstern Art, z. B. تقول ابنتى لا تشرب الخمر فقلتُ «meine Tochter sagt [Impf.] ««Trinke keinen Wein»», da sagte [Perf.] ich ...» Nöld.-Müller Delectus 27, 10.11.

Handelt es sich darum, eine Begebenheit darzustellen, die nicht mit der Darstellung gleichzeitig ist, so können verschiedene Standpunkte eingenommen werden, entweder *a*) der Zeitpunkt der Begebenheit oder *b*) der der Darstellung oder eines Moments zwischen der Begebenheit und der Darstellung. Liegt die Begebenheit *hinter* dem Darstellenden — gestern —, so ist in dem Falle *a* das Impf., als die Form der sich verwirklichenden Handlung, in dem Fall *b* das Perf., als die Form der verwirklichten Handlung, angezeigt, wie bereits erörtert ist. Liegt die Begebenheit *vor* dem Darstellenden — morgen —, so ist in dem Fall *a* wiederum das Impf. zu wählen. Für den Fall *b*, die noch gar nicht in die Verwirklichung eingetretene Handlung (amabo), hat das Arab. überhaupt keine Verbalform zur Verfügung. Das Perf. steht, wenn ein dritter Standpunkt, jenseits der Begebenheit — übermorgen — gewählt wird. Sonst pflegt man die Futurbedeutung direkt aus der Bedeutung der «unvollendeten» Handlung abzuleiten. Eine arge Begriffsverwirrung; allerdings ist die unvollendete Handlung eine solche, deren Vollendung ins Bereich der Zukunft fallen muss, allein «unvollendet», von der imperfektischen Handlung gesagt, bildet einen konträren Gegensatz zur «vollendeten» Handlung und bezeichnet etwas ganz Positives, eine bestehende Handlung, in deren Ausübung sich das Subjekt befindet, nicht aber bildet «unvollendet» einen kontradiktorischen Gegensatz, es kann nicht unter Anderm die Handlung bezeichnen, die deshalb noch nicht «vollendet» ist, weil sie überhaupt noch nicht besteht! Beispiele: يوما سوف يحمد «eines Tages lobt er schliesslich» (= wird er loben) Ḥam. 529, 13. إنّكم سترون ربّكم كما ترون هذا القمر «Ihr seht einst Euren Herrn wie Ihr diesen Mond seht» Buḫ. I 148, 9. Und so ist oft durch eine Partikel das Künftige angedeutet, aber nicht immer, z. B. ألا أحْصِبُه «Wahrlich ich werde ihn mit Kies werfen» Kām. 215, 17.

§ **31**. Einige Verba sind in verhältnissmässig später Zeit aus Partikeln bezw. Nomina entstanden, bilden also ursprünglich Nominalsätze. Das Grundwort nahm Konjugazionsendungen an, d. h. wurde — da das Impf. durch *Prae*fixe gebildet wird — zu einem Perf., dessen nominaler Ursprung sich jedoch noch darin zeigt, dass es nie zum Ausdruck eines Zeitverhältnisses dient, sondern stets praesentisch ist und höchstens auf Umwegen praeterital zu machen ist (s. Abschnitt XVI). Imperf., Imperat. und Partiz. bildet man nicht von ihnen, z. T. fehlt die Personalflexion und es ist blos die Geschlechts- und Numerusflexion vorhanden, ja auch diese kann fehlen bezw. verloren gehen. [1]) *Defektive Verba.*

§ **32**. Das Anwendungsbereich der beiden modi obliqui (Subjunktiv und Jussiv), besonders des Subjunktivs, fällt zum gros- *Modi.*

Anm. 1. Am vollkommensten ist ليس «er ist nicht» ausgebildet, wogegen das gleichbedeutende لات völlig flexionslos ist, wie auch ليس selbst als Partikel und flexionslos vorkommt und so später immer häufiger wird. Von نِعْمَ und بِئْسَ (gleichfalls ursprünglich Nomina!) scheint Dual und Plural nicht lebendig zu sein, die 3te Person Sing. Mask. dient meist für beide Geschlechter.

sen Teil in das Gebiet des Nebensatzes. Im Folgenden ist nur der Gebrauch im Hauptsatze berücksichtigt. Ursprünglich waren beide Modi wohl auch frei in Verwendung, der Subjunktiv ist jedoch jetzt stets, der Jussiv meist von Konjunkzionen abhängig. Am Perf. gibt es keine Modi, eine Handlung kann zwar als verwirklicht vorgestellt werden, auch wenn sie es nicht ist (Perf. in Bedingungssätzen, auch irrealen, in Zeitsätzen, in irrealen Wunschsätzen wie يا ليتنا قد متنا «o wären wir gestorben [Perf.]» Ṭab. *Ib* 536, 5. s. S. 55), aber sobald sie als verwirklicht gesetzt ist, entzieht sich ihr objektiver Verlauf der subjektiven Auffassung. Durch Umschreibung lässt sich das Perf. scheinbar modalisiren (أَنْ يكون قتل «dass er sei er hat getötet» = dass er getötet habe), genau genommen betrifft aber die Modalisirung die Umstände, unter denen sich die perfektische Handlung ereignet.

Indikativ des Imperfekts. § **33**. Es ist auf einige Fälle aufmerksam zu machen, in denen der Indik. steht, obwohl keine Fakta ausgesprochen werden, sondern Möglichkeiten, Wünsche, Befehle u. A. So كيف ارجو حبّها «wie hoffe ich auf ihre Liebe?» = wie kann ich hoffen? Dīw. Ṭar. N°. 5, 3. أأهجو الانصار «Werde ich auf die Anṣārs Schmähgedichte verfassen?!» = ich sollte ....?! Kām. 101, 19. يا ليت قومى يعلمون «o wüsste doch mein Volk!» Ḳur. 36, 25. تتّبعون «Ihr müsst Folge leisten» (Wellhausen). ISaᶜd. 2, 20. [1]) أيأتى «Kommt er?» = darf er kommen? Buḫ I 111, 17. Final übersetzen wir Sätze der Form جاء يعوده «er kam [Perf.] er besuchte [Impf.] ihn» = um ihn zu besuchen, was dem Sinne des arab. Ausdrucks nicht ganz gemäss ist; die Handlung ist nicht erst beabsichtigt, sondern ein Teil von ihr bereits vorhanden, es ist

---

Anm. 1. Ebenso ist das einem Imperf. gleichkommende Perf. in Bedingungs- und Zeitsätzen manchmal auffordernd, z. B. اذا خرجت الى الناس فدعوتهم الى البيعة دعوتنا مع الناس «sobald Du zu den Leuten hinaustrittst und sie zur Huldigung aufrufst, rufst Du [Perf.] uns mit den Leuten auf» Ṭab. II*a* 217, 14.

so viel verwirklicht, wie die Haupthandlung angibt, der Indik. ist sozusagen eine Form de conatu.

§ 34. Der Subjunktiv ist der modus finalis. Einen Subjunktiv *Subjunktiv.* zur Milderung der Behauptung gibt es nur in sehr eingeschränkten Grenzen, Genaueres bei den Absichtssätzen. Höchst selten, und nur poetisch noch, ist freier Subjunktiv, wie اللّائمي أَخْضُرَ الوغى «der mich Tadelnde, (dass) ich im Kampf zugegen sei [Subjunktiv, wenigstens wird so überliefert]», gleich darauf aber mit Konjunkzion أَنْ أَشْهَدَ «dass ich anwesend sei» Muʿall. Ṭar. 56. Auch der Subjunktiv nach وَ, فَ «und» أَوْ «oder» (siehe bei den Absichtssätzen) steht einem freien Subjunktiv noch sehr nahe.

§ 35. Der Jussiv [1]) ist das Referat über einen Imperativ, einen *Jussiv (Apo-* ausgesprochenen oder als ausgesprochen vorgestellten. Die Form *kopatus).* des Befehls ist dadurch gemildert, dass der Adressat des Befehls nur von der Existenz des Befehls in Kenntniss gesetzt wird, womit freilich stets implizite auch gesagt wird, dass er die Folgerung zu ziehen und den Befehl auszuführen hat. In allgemeinen Vorschriften liegt im Jussiv, dass der Befehl vorkommenden Falls in Betracht kommt und zu befolgen ist, denn man braucht ja nicht jeder Zeit in der Lage zu sein, den Befehl auf sich beziehen zu müssen, aber von der Existenz des Befehls soll man Kenntniss nehmen und sich so verhalten, als sei der Befehl ausgesprochen. Dass der Befehl wirklich einmal ausgesprochen worden ist, ist nicht nötig, er wird eben als vorhanden *gesetzt.*

Es gibt keinen Imperativ der dritten Person: für einen Abwesenden bestehen Befehle nur in Gestalt einer ihm werdenden Mitteilung, des Jussivs. Die erste Person des Jussivs dient der Selbstaufforderung, der Sprechende betrachtet sich als Einen, an den ein Befehl gerichtet ist. Auch die erste Person hat keinen Imperativ: man vergegenwärtigt sich einen Befehl, aber man befiehlt sich nicht, z. B. أُخْبِرْكَ «ich will Dir verkünden, dass....»

Anm. 1. Jussiv nach der Bedeutung, Apokopatus nach der Form genannt.

(genauer etwa: ‚ich fühle mich gedrungen Dir zu v.‘) Diw. Ṭar. Nr. 10, 3.

Diese selbe Stelle diene zugleich als Beispiel für den freien Jussiv. Weniger selbständig schon ist der Jussiv nach einem Imperativ, wie .... قل لِلّذين آمنوا يَغْفِروا للّذين ‚sprich zu denen, die glauben, sie sollen verzeihen denen, die ....‘ Ḳur. 45, 13. وادْعُ عباد الله يأتوا مددًا ‚und rufe die Diener Allahs auf, sie sollen zu Hilfe kommen‘ IHiš. 806, 4. سَلِي تُخْبَرِي ‚Frage, (so) sollst Du erfahren‘ Ṭab. II*a* 340, 4. Die zunehmende Abhängigkeit des Jussivs in diesen Beispielen, wenn auch nicht von einer Konjunkzion, so doch von einem syntaktischen Verhältniss, ist unverkennbar. Sie nähern sich stark Bedingungssätzen, in denen der Gebrauch des Jussivs, als der Aufforderung, einen Fall zu setzen, von höchster Wichtigkeit geworden ist, was hier nur angedeutet werden soll. Im Vordersatz des Bedingungssatzes steht er abhängig von der Bedingungskonjunkzion [1]), im Nachsatz äusserlich frei, als Aufforderung, die Folgerung zu setzen oder in Folge einer Art von Moduskongruenz.

Abhängig steht er in Hauptsätzen nach der Konjunkzion لِ, z. B. لِيَهْنِئ ‚es bekomme gut!‘ IHiš 176, 4. لِيخلقْ ما شاء أن يخلق فلن يخلقَ خلقا ‚Mag er schaffen, was er will, so wird er doch sicher kein Geschöpf schaffen ....‘ Ṭab. I*a* 99, 17, ist schon fast Nebensatz eines Bedingungssatzes. Der Imperativ darf nicht negirt werden, dafür steht die Negazion لا mit dem Jussiv (vgl. § 36. 48, 1.). Ebenso tritt der Jussiv für den nicht vorhandenen passiven Imperativ ein. — Der Jussiv gehört nach Ausweis seiner Form dem Zeitgeschlecht des Imperf. an, der Redende versetzt sich in den Moment, in dem das Inkrafttreten des Befehls verwirklicht wird. Wie nun der Indik. des Imperf. bei einer gesteiger-

---

Anm. 1. إِنْ weist lebhaft auf das Folgende hin, إِنَّ : إِنْ etwa = sic: si.

ten Tätigkeit der Fantasie eine im Moment des Sprechens tatsächlich schon verwirklichte Handlung bezeichnen kann (Praes. hist.), so hat, scheint es, in gleicher Weise der Jussiv vermöge seiner Eigentümlichkeit, die Vorstellung einer Situazion aufzunötigen, einst perfektisch auftreten können, ist aber so im Arab. nur noch nach den Negazionen لَمْ «nicht» und لَمَّا «nicht», «noch nicht» im Gebrauch, und zwar vertritt er das Perf. in dessen verschiedenen Bedeutungen, namentlich auch der praeteritalen. Z. B. لَمَّا يَنْجُ «entkam nicht» Ḥam. 284, 20. لم تُوَدِّعْ «Du hast nicht Lebewohl gesagt» Dîw. Nâb. N°. 7, 5. لم يَبْقَ «nicht ist übrig» Aġ. I 37, 19. كان يصلّي ... والشمس لم تخرجْ «er pflegte zu beten, als die Sonne noch nicht herausgekommen war» Buḫ. I 146, 16. «Der, wenn ich ihn um (so viel wie) ein Stäubchen im Auge bäte [Perf.], لم يُنْلِبْ (es mir) nicht gäbe [Juss.]» Ḥam. 619, 3 (vgl. § 29).

§ 36. Die beiden Energici des Impf. sind mit der Endung ăn, bezw. ănnă (vgl. S. 64 Anm. 4) gebildet, die wohl eine Partikel und zwar mit der Deutepartikel ăn(nă) (= der nachmaligen Konjunkzion «dass») identisch ist. Die Bildung des Energ. geht vom Jussiv aus [1]). Wie der Jussiv ist er ein Modus der Gedachtheit, die Endung ăn(nă) weist nachdrücklich auf die Wortbedeutung hin und lässt sich öfters durch «wirklich» wiedergeben. Dinge, deren Tatsächlichkeit nicht über allen Zweifeln fest steht, pflegt man ja gerne durch Beteuerungen der Gewissheit zu stützen. Die Handlung des Energikus ist stets zukünftig. Dieser verschärfte Jussiv ist weit seltener als der einfache und fast stets von Partikeln abhängig. Besonders steht er nach der Bekräftigungspartikel لَ, nach Negazionen (vgl. § 35. 48, 1.), Frage- und Wunschparti- *Energikus des Imperfekts.*

Anm. 1. Poetisch tritt ăn(nă) auch sonst an emfatisch gesprochene Wörter, an das Perf. und an Verbaladjektiva.

keln, nach der indefinirenden Partikel مَا „irgend“ (die Gewissheit des Eintritts der im Praedikat ausgedrückten Handlung wird um so grösser, wenn das Praed. nicht nur in einem bestimmten Falle, sondern in jedem beliebigen seine Geltung bewahrt). Beispiele für den Energ.: لَتُبَايِعُنَّ او لَأُحَرِّقَنَّكُمْ „Ihr werdet huldigen [Energ. = sollt unbedingt], oder ich werde Euch verbrennen lassen [Energ.]“ Kām. 597, 13. لا أَعْرِفَنْ „O lernte ich nicht kennen!“ [= möchte ich nicht kennen lernen] Dīw. Nāb. N°. 11, 3. هَلْ يَنْعَمَنْ „befindet sich Einer wohl?“ [= kann sich Einer wohlbefinden?] Dīw. Imrulḳ. No. 52, 1. لا تَقْذِفَنِّي „triff mich nicht!“ Dīw. Nāb. No. 5, 43. إِمَّا تَثْقَفَنَّهُمْ „Wenn Du sie triffst“ Ḳur. 8, 59.

Imperative. § 37. Nur die zweite Person ist vorhanden. Sing. und Plur. haben Maskulinum und Femininum, der Dual ist auch hier eingeschlechtig. Die Endungen sind Genus- und Numeruszeichen, nicht Personalzeichen. Er ist nicht negirbar und kommt nur vom Aktiv vor (s. § 35). Wie zum Jussiv, so gehören auch zum Imperativ 2 Energici auf ăn(nă)[1]), verschärfte Imperative, z. B. تَعَلَّمَنْ „lerne!“ Dīw. Zuh. 10, 31.

Verbalnomina. § 38. Das Arab. besitzt in ungemein hohem Grade die Fähigkeit, Handlungen unter dem Gesichtspunkte des Nominalbegriffs zu betrachten. Es unterscheidet häufig und scharf zwischen der an einem Subjekt wahrgenommenen kontinuirlichen Betätigung und einerseits der Eigenschaft eines Subjekts, Träger einer solchen Betätigung zu sein, sowie andrerseits der Tatsache, dass ein Subjekt Träger einer solchen Betätigung ist. In den beiden letztern Fällen (Partizip und Infinitiv) fasst das Arab. die karakteristischen Merkmale der Handlung ins Auge, ohne sich um ihren tatsäch-

---

Anm. 1. In Pausa ā, ebenso beim Energ. des Imperfekts, so dass diese Formen wie Duale aussehen. Ist vielleicht *hier*aus die Gewohnheit der Dichter, mit ihren Gefühlsausbrüchen *zwei* Gefährten zu apostrofiren, entstanden?

lichen Ablauf zu kümmern, im erstern Fall (Verbum finitum) begleitet es die Handlung in ihrem Ablauf. Das Partizipium hat aktivische oder passivische Form, der Infinitiv nur aktivische. Beide kommen von sämtlichen Konjugazionen vor, indes gehört bisweilen ein Inf. der ersten Konjug. zu einer der abgeleiteten Konjugazionen. Ferner bildet man Elative zu den Partizipien der abgeleiteten Konjugazionen, von denen Elative zunächst nur durch Umschreibung gebildet werden («stärker in Bezug auf Kämpfen») häufig vom Partiz. der ersten Konjug. aus.

§ 39. Namentlich in der Verwendung des Partizips ist das Arab. durch Ausnützung des Unterschieds gegenüber dem Verbum finitum in der Lage, feine Züge anzubringen: Das Partizip zeigt die beharrliche Eigenschaft, das Verbum fin. die sich ablösenden Momente. Gerade hier liegt es nahe, im Verb. fin. die *sich entwickelnde* Handlung zu finden, indes wäre diese Bezeichnung leicht misszuverstehen, da man dabei unwillkürlich an eine sich verändernde Handlung denkt, die jedoch keineswegs zum Wesen des Verb. fin. gehört. Für die meisten Intransitivhandlungen braucht dies nur ausgesprochen zu werden, aber auch für diejenigen Transitiv- und Intransitivhandlungen, die sich ihrer Natur nach fortwährend ändern, ist die Veränderung nicht das karakteristische. «Der Mann schlägt» will nicht aussagen, dass er jetzt die Hand erhebt — jetzt sinken lässt — einen Gegenstand trifft und ein Geräusch hervorbringt, sondern allgemein, dass er in jedem Augenblick eine Handlung hervorbringt, die als Schlagen zu bezeichnen ist; jeder einzelne Moment ist typisch für alle. Ebenso wenig bezeichnet das Partizip die stillstehende oder andauernde Handlung, es bezeichnet überhaupt keine Handlung, sondern eine Eigenschaft, in der der einzelne Moment der Handlung ganz ausser Betracht bleibt. *Partizipien.*

Es hätte nun weiterhin noch von dem jeweiligen Hervortreten der Eigenschaft abgesehen und eine Wortkategorie geschaffen werden können, die — es klingt etwas absonderlich — die Qualifikazion zur Qualifikazion, eine Handlung auszuüben, bezeichnet. Dass es dem Arab. nicht ganz am Verständnis für eine solche

Unterscheidung fehlt, zeigt z. B. die Behandlung von Partizipien wie «säugend» u. dgl., S. 29, allein von erheblicher Bedeutung sind Weiterbildungen in dieser Richtung nicht geworden [1]), wenigstens nicht im Arabischen.

Sobald ein Ding in einem Stadium einer Betätigung verharrt, ist es für den Araber nicht mehr handelnd, sondern geeigenschaftet. Ein gutes Beispiel hat Fleischer Beitr. II 274: Der trinkende Mensch und das trinkende Kunstwerk. Vom Erstern sagt man je nach Umständen «er trinkt» oder «er (ist) trinkend», die trinkende Statue aber ist nur «trinkend»; höchstens kann Jemand, der unter der vollen Macht der Illusion steht, auch von der Statue sagen «sie trinkt». Es ist aber selbstverständlich, dass die Eigenschaft auch eine sich fortwährend erneuernde Handlung betreffen kann, z. B. مُلْكُ صاحِبِ المُلْتان متوارث قديما. «Die Herrschaft des Regenten von Multan (ist) sich vererbend von Alters her». Mas. I 207, 8. Ob ein Vorgang als Tätigkeit oder als Eigenschaft betrachtet wird, hängt mitunter ganz von der individuellen Auffassung des Sprechenden ab, und bei Dichtern eventuell von den Anforderungen des Metrums oder Reims. Auch wechselt das Partiz. mit dem Verb. fin. vornehmlich dann, wenn hervorgehoben wird, dass eine Handlung nicht blos zu einer andern einzelnen Handlung eines Dings weiterführt, sondern sogar zu einer dem Ding anhaftenden Eigenschaft, eine Handlung auszuüben, beziehungsweise wenn umgekehrt hervorgehoben wird, dass eine Handlung nicht blos einer bestimmten zweiten entspringt, sondern überhaupt

---

Anm. 1. Ähnlich denkt sich die stufenweise Erweiterung de Lagarde, Übersicht S. 18. 194. 198. vgl. 88 Indes ist zu betonen, dass die Erweiterung nicht extensiv, sondern intensiv geschieht. So ist also «der Erleuchter» ܡܢܗܪܢܐ nicht «derjenige, der jedes Mal dann erleuchtet, wann zum Ausüben des Erleuchtens [es müsste mindestens heissen: zur Entwicklung der Eigenschaft des Erleuchtens] Gelegenheit da ist», sondern derjenige, dessen Wesen es ist, ein ܡܢܗܪ, ein Erleuchtender zu sein. Vgl. de Lagarde selbst S. 70 mit Bezug auf fa'ōl, es diene dazu «Adjektiva zu bilden, welche die gewissermassen zur andern Natur der sie Besitzenden gewordenen Eigenschaften» bezeichnen.

der Eigenschaft, diese zweite auszuüben. Beispiele für den Gebrauch des Partiz.: ما يُؤْخَذ من اغنيائهم فهو موضوع فى فقرائهم «was abgenommen wird [Imperf.] von ihren Reichen, so (wird) es zugewiesen [Partiz., = das erlangt damit die Eigenschaft, zugewiesen zu werden] ihren Armen» Maḳdisī 310, 2. انّ القوم كانوا لك ولقومك مستقلّين فزادهم ذلك جُرْأةً عليكم «Die Leute waren [Perf.] Dich und Deine Leute geringschätzend [Partiz.], und dies mehrte [Perf.] ihnen die Verwegenheit gegen Euch» Ḥam. 253, 12. هو قائل لكم انّى حُرّ «er (ist) sagend [= hat die fixe Idee zu sagen] zu Euch: ich bin ein freier Mann» Ḳut. 167, 18 (von einem Sklaven). ما كنت صانعا اذا عزلك «was bist Du tuend [= im Stande zu tun], sobald er Dich absetzt?» Ṭab. IIc 1656, 13. هل انت حالب لى «(Bist) Du mir melkend? [= bereit mir zu melken]» Buḫ. II 97, 4. انّ الرجل آتيكم «der Mann (ist) ein zu Euch Kommender» [fast = wird zweifellos zu Euch kommen]» Huḏ. I S. 55, 1.

Das Partiz. enthält Nichts von Zeitstufe, aber auch Nichts von Zeitart. ضارب ist Einer, der die *Eigenschaft* des Schlagens hat, wann er die *Handlung* des Schlagens ausübt, und ob er sie verwirklicht hat oder noch in der Verwirklichung steht, ergibt nur der Zusammenhang, soweit es überhaupt einen Zweck hat, hierüber etwas Bestimmtes zu denken. Wann er die *Eigenschaft* hat, hat mit der Natur des Partizips Nichts zu schaffen, sondern berührt das Wesen des Nominalsatzes, bezw. der Tempora, von denen das Partiz. abhängt. Tatsächlich stehen nun aber die Verhältnisse so, dass das adjektivische Praedikatspartizip fast stets die Eigenschaft zur Ausübung einer imperfektischen Handlung, meist einer praesentischen oder futurischen, bezeichnet. Dagegen wird das attributive Partiz. (wozu auch das substantivirte Partiz. zu rechnen ist) auch mit Bezug auf praeteritale Handlungen gebraucht. All dies gilt sowohl vom aktiven als vom passiven Partiz.; nicht selten ist Ersteres praeterital und nach viel häufiger Letzteres praesentisch oder futurisch. Beispiele: لستم فاعلين «Ihr seid nicht Tuende [= Tunwerdende]» Ḥam. 197, 1. الكسْف الساقط من السماء «das vom Himmel gefallene [Part. akt.] Stück» Šahrast. 136, 2. المدينة الداخلة «die innere Stadt» eig. «die hineingegangene [Part. akt.]», resultativ: «die drinnen befindliche». IḤauḳ. 315, 3. علم أنّ القاتل مقتول «er wusste, dass der Mörder getötet (wird)» Mas. I 67, 5. حمانا غير معروب «unsrer Weide (darf) nicht genaht (werden)» Dîw. Näb. N^0. 2, 2. بماء غير مشروب «mit nicht getrunkenem [= trinkbarem] Wasser» ebenda Vers 6.

Infinitiv. § **40.** Im Partiz. ist das Subj. der als Eigenschaft gefassten Handlung der Substantivbegriff, dessen Eigenschaft durch das Partiz. angegeben wird. Das Partiz. ist — soweit es nicht seinen Substantivbegriff selbst in sich trägt, substantivirt ist — etwas Abhängiges, Bezogenes. Der Inf. ist von Anfang an selbst Substantiv und betrifft die Verbalhandlung an sich, als unabhängig vom Subj. der Handlung. Das Subj. der Handlung wird zwar ausgedrückt, erscheint aber als nähere Bestimmung des Infinitivs. Der Infin. steht z. B. auch manchmal, wenn der materielle Inhalt des Worts gleichgiltig oder aus dem Vorhergehenden mehr oder weniger genau bekannt ist und nur Modalitäten noch in Betracht kommen, wie حدّثنا فقير وكان سماعنا من فقير بمدينة اسوان «Fakir erzählte uns, und unser Hören von Fakir war in der Stadt Aswan» Mas. VII 50, 10. 51, 1. Von allen Konjugazionen werden besondere Infinitive gebildet, auch von den intransitiven Stämmen, dagegen wird kein Unterschied zwischen dem Inf. der Handlung, die von einem Subj. hervorgebracht wird und dem Inf. der Handlung, von der ein Subj. getroffen wird, gemacht, d. h. die Form des aktiven Infin. dient zugleich für den passiven Infin. [1]) قتْل زيد «(Das) Töten Zeids» kann also gefasst werden als 1) Genet. subj. akt. = das von Z. ausgehende T. 2) Genet.

Anm. 1. Einige zum Teil zweifelhafte Spuren s. bei Barth Nominalb. § 43bββ Anm. 50c. 88aγ.

obj. = das den Z. treffende T. 3) Genet. subj. pass. = das Getötetwerden Zeids. N°. 3 ist für den Araber dasselbe wie N°. 2, der Genetiv wird von der Handlung des Inf. affizirt.

VII. Kongruenzverhältnisse zwischen Subjekt und Praedikat.

§ 41. 1) Nach dem in der Lehre vom Nomen Ausgeführten sind grosse Massen arabischer Plurale kollektiv gewordene Abstrakta, Singulare weiblichen Geschlechts. Sie werden noch als solche empfunden und konstruirt, werden aber auch ad sensum mit dem Plur. konstruirt, wenn sich die Individuen aus der Masse herausheben. Allein *Stellung Praedikat-Subjekt.*

2) Die Beziehung des Praedikats auf Genus und Numerus seines Subjekts ist doch nur mangelhaft durchgebildet, verhältnissmässig am vollkommensten noch bei voranstehendem Subj. Ist das Subj. einmal ausgesprochen, so ergeben sich auch die Einflüsse seiner grammatischen Natur am leichtesten, wird dagegen vom Praed. ausgegangen, so ist vom Subj. vorerst nur eine vage Vorstellung vorhanden. Plurale erscheinen als ungegliederte Massen, das voranstehende Praed. eines pluralischen Subjekts steht sehr selten im Plur., wie يقولون ابناء البعير «es sagen [Plur. Mask.] die Söhne [innerer Plur.] des Kamels» Ḥam. 628, 22. Dies gilt selbst für Subjekte im äussern Plur., obwohl sie aus Individuen aufgebaut sind, z. B. غيّب الدافنون «(Es) verbargen [Sing. Mask.] die Begrabenden [äuss. Plur. Mask.]» Kām. 404, 4. تخرج منها الطوالات «(Es) gehen [Sing. Fem.] heraus aus ihr die Langen [äuss. Plur. Fem.]» Dīw. ʿAnt. N°. 16, 5; und, was das Allermerkwürdigste ist, es gilt selbst für den Dual, z. B. تنازعنى الرجلان «(es) stritten [Sing. Mask.] mit mir die beiden Männer [Dual.]» Kām. 273, 14. Sonstiges: ... ظعن الذين «(Es) zogen weg [Sing. Mask.] (diejenigen,) welche ... Dīw. ʿAnt. N°. 13, 1. تطابق هاؤلاء «(Es) kamen überein [Sing. Mask.] Diese» Balāḏ. 106, 7.

3) Entschiedener macht sich das Geschlecht geltend, namentlich das natürliche, obwohl häufig auch das Praed. eines folgen-

den Femininums im genus proximum, dem Mask. steht. Männliche Singulare haben auch das voranstehende Praed. im männl. Singular. Weibliche Singulare oft ebenfalls, ganz besonders, wenn es nicht natürliche Feminina sind, wogegen das voranstehende Praed. eines natürlichen Fem. Sing. nur, wenn es vom Subj. getrennt ist, bisweilen im Mask. vorkommt, wie denn auch die nichtnatürlichen Feminina hauptsächlich in diesem letzteren Falle männlich konstruirt werden, sonst z. B. ما كان صلوتهم «nicht war [Sing. Mask.] ihr Gebet [Sing. Fem.]» Ḳur. 8, 35. Die innern Plurale werden weiblich oder männlich konstruirt, Letzteres besonders, wenn sie Personen bezeichnen und zwar zunächst wohl bei gemischten Geschlechtern (genus potius), dann aber auch bei ausschliesslich weiblichen Wesen, z. B. ما اغتزل نساءكم «was spannen [Sing. Mask.] Eure Frauen [innerer Plur.]» ISaʿd. 17, 4, dagegen bei Balāḏ. 20, 11 «spannen» im Sing. Fem. Für männl. Personen: روّح رعيان «(Es) hatten [Sing. Mask.] Hirten [innerer Pl.] die Tiere in die Ställe getrieben». Kām. 381, 16. Bei den Dichtern gibt oft das Metrum den Ausschlag, vgl. تبرّز النُّجُب وقامت الكُذُب «(Es) treten hervor [Sing. Mask.] die Edlen [inn. Pl.], und (es) stehen da [Sing. Fem.] die Lügner [inn. Pl.]» Ḥuṭ. 5, 20.

Weiblich werden auch die Kollektiva nach § 13 konstruirt, also تأكل الطير منه «(es) essen [Sing. Fem.] davon die Vögel [Kollekt; Sing.]» Ḳur. 12, 36. Personenkollektiva aber sind Mask., also رآهم اهل الشام «(es) sahen [Sing. Mask.] sie die Leute Syriens [Kollekt. Sing.]» Ṭab. IIa 423, 9. Die Stammnamen u. dgl. indes sind meist Fem., z. B. فدته بنو شبابة «(es) lösten [Sing. Fem.] ihn aus die Benū Schebāba» Ḥam. 244, 4. عملت اليهود «(es) arbeiteten [Sing. Fem.] die Juden [Sing. = die Judenschaft].» Buḫ. II 50, 9. Selten werden männl. äussere Plurale weiblich konstruirt; sobald sie aber zugleich eine innere Veränderung aufweisen, werden sie wie die innern behandelt. Weibliche äussere Plurale haben das Praed. im weiblichen oder männlichen Singular, bei Personen allerdings Letzteres selten,

z. B. رمته الحادثات «es haben ihn getroffen [Sing. Fem.] die Geschicke [äusserer Pl. Fem.]» Ḥansā S. 53, 5. تَعاوَرَه بنات الأَخْدَر «die verwischt haben [Sing. Mask.] die Wildesel [äuss. Pl. Fem.]» Ḥuṭ. 28, 3. جاءكم المومنات «(es) kamen [Sing. Mask.] zu Euch die gläubigen Frauen [äusserer Plur. Fem.]» Ḳur. 60, 10.

Der männl. Dual wird mit dem männl. Sing. konstruirt, z. B. بَنَى الاحوصان «(es) erbauten [Sing. Mask.] die beiden Ahwase» Ḥuṭ. 16, 21; wenn er Sachen bezeichnet, aber auch mit dem weibl. Sing., der weibl. Dual mit dem männl. oder weibl. Sing.

4) Die gleichen Regeln gelten, wenn das Praed. ein Adjektiv ist, doch besteht hier die weitere Möglichkeit, das Adj. in den inneren Plur. zu setzen, z. B. أَيْقاظٌ أُمَيَّةُ ام نُوَّام «(Ist) etwa wachend [innerer Plur.] Omajja [Sing. Fem., = das Geschlecht Omajja, die Omajjaden] oder schlafend [innerer Plur.]» Mas. VI 62, 4.

Übersicht über die Kongruenzverhältnisse bei voranstehendem Praedikat.

Subjekt.	Praedikat.
Sing. Mask	Sing. Mask.
Natürliches Fem. Sing.	Sing. Fem.; eventuell
Nichtnatürl. » »	Sing. Mask. (s. oben).
Äusserer Plur. Mask.	Sing. Mask., seltener Sing. Fem.
Äusserer Plur. Fem.	Sing. Fem. oder Mask.
Äusserer Plur. Fem. von weiblichen Personen.	» », selten »
Dual Mask.	Sing. Mask., eventuell Fem. (s. oben).
Dual Fem.	Sing. Fem. oder Mask.
Innerer Plur.	Sing. Fem. oder Mask.
Innerer Plur. von Personen	Sing. Mask., seltener Fem.
Kollektiva	Sing. Fem., eventuell Mask. (s. oben).
	Ein Adj. steht eventuell im innern Plural.

Stellung: Subjekt-Praedikat.

§ **42.** Die Kongruenzregeln sind ziemlich die gleichen wie beim voranstehenden Praed., nur ist hier die Kongruenzwirkung viel durchgreifender, namentlich wenn vernünftige Wesen Subj. sind. Und was für das Praed. desselben Satzes gilt, gilt auch auch für alle spätern Praedikate. Die innern Plurale regieren also hier sehr häufig den Plur., und ebenso haben die echten Kollektiva Synesis; fortwährend begegnet man Fällen wie اتى الناس الى ابى بكر ..... فقالوا «(es) kamen [Sing. Mask.] die Leute [innerer Plur.] zu Abū Bekr .... und sagten [Plur. Mask.]» Buḫ. I 93, 3. Verschiedene Beispiele: الانْبآء تنمى «die Nachrichten [innerer Plur.] verbreiten sich [Sing. Fem.]» Ḥam. 449, 24. عُرْضتها طامس الأعلام «die vor ihnen liegende Gegend [Sing. Fem.] (ist) verwischt [Adj. Sing. Mask.] in Bezug auf Zeichen» IHiš. 890, 9. اشكالهم ذو شعر «Ihre Körper [innerer Plur.] (sind) behart [Sing. Mask.]» Mas. II 49, 9. اخلاق ذى الفضل معْروفة «Die Eigenschaften [innerer Plur.] des Trefflichen (sind) kenntlich [Sing. Fem.]» Abul ʿAtāh. S. 3, 6. آل ليلى ازمعوا «Die Familie [Kollekt.] der Lailā dauert aus [Plur. Mask.]» Ḥuṭ. 16, 1. اذا الخفرات اجلين «wann die Züchtigen [äuss. Pl. Fem.] beschleunigen [Pl. Fem.]» Huḏ. II N⁰. 165, 5. ديار لسلمى عافيات «Wohnungen [innerer Plur., der Sing. ist ein Fem.] der Salmā (sind) verwischt [Adj. Plur. Fem.]» Dîw. Imr. N⁰. 52, 4. اذا معاشر نُبِلوا «Wann Scharen [inn. Plur.] getroffen werden [Plur. mask.]» Huḏ. I N⁰. 9, 16. نساءنا يندبن «Unsere Frauen [inn. Pl.] beklagen [Pl. Fem.]» Ḫansā S. 11, 2. اصحابى علىّ وقوف «während meine Genossen [inn. Pl.] bei mir stehend [inn. Pl.] (waren)» Ḥuṭ. 13, 4.

Ist das Subj. eines Nominalsatzes ein substantivisches Demonstrativpron. oder ein Personalpron. der dritten Person, so bietet es eine Anschauung, in der auch das Praedikatsnomen, um dessentwillen auf sie hingewiesen wird, unausgesprochen enthalten ist. Das Subj. kann hier das Geschlecht des Praedikatsworts, mit dem es benannt wird, annehmen. Doch scheint sich blos weibliches Geschlecht, nicht aber Plur. und Dual in dieser Weise bemerkbar machen zu können [1]) (vgl. § 41, 3 Anf.), z. B. «Dies [Sing. Mask.] (geschieht), damit Ihr an Allah und seinen Boten glaubt, وتلك حدود الله und dies [Sing. Fem.] (sind) die Bestimmungen [innerer Plur.] Allahs» Ḳur. 58, 5. هذه صورة الارض «dies [Sing. Fem.] (ist) die Gestalt [Sing. Fem.] der Erde» Iṣṭaḫri 4, 3. So selbst, wenn sich das Pron. auf ein im Vorangegangenen vorhandenes Mask. bezieht, z. B. «So oft wir al-maschrik [Mask.] sagen, فهي دولة آل سامان so ist das [eigentl. «sie», Sing. Fem.] das Reich [Sing. Fem.] der Samaniden» Maḳdisī 7, 20. Das Umgekehrte, mask. Form bei maskulinem Praed. und vorangegangenem Femininum, kommt wohl nicht, oder doch nur scheinbar vor. So heisst es z. B. Mas. I 312, 4 «Ich bestrafe Dich بعقوبة in einer Weise, die, wenn Du Verständniss für sie hast, فهي اكبر so (ist) sie [Sing. Fem.] härter [= härter ist] als Hinrichtung, وهو und das [Mask.!] (ist): ich mache Dich u. s. w.» Hier ist هو auf den ganzen vorangegangenen Gedanken zu beziehen, und nicht durch den maskulinischen Praedikatssatz veranlasst.

VIII. Frage.

§ 43. Zwischen Fragesatz und Behauptungssatz besteht hinsichtlich der Wortstellung kein grundsätzlicher Unterschied. Die Form der Frage kann auf ihre Äusserung im Tonfall beschränkt *Bestätigungsfragen.*

Anm. 1. Man darf Synesis zu einem vorangegangenen Sammelwort u. dgl. nicht hierherziehen, wie فصارت منهم طائفة متيمّنين وهم النوبة «und (es) wandte sich [Sing. Fem.] von ihnen ein Teil [Sing. Fem.] nach Rechts, und das [Plur. Mask.] (sind) die Nubier [Sing. Fem.]» Mas. III 1, 8. So auch die häufigen Fälle mit مَن «wer», wie ومن يتعدّ حدود الله فاولائك هم الظالمون «wer die Bestimmungen Allahs überschreitet: das [Plur.] (sind) die Sünder» Ḳur. 2, 229.

bleiben, besonders wenn die Frage etwas Missbilligendes hat — man nimmt eine Tatsache wahr, stellt sie aber doch in Frage, weil man lieber nicht daran glauben möchte, die förmliche Fragepartikel vermeidet man, da ja im Grunde Nichts fraglich ist.

Von den Fragepartikeln أ und هَلْ (dialektische Nebenform أَلْ) ist Erstere fast uneingeschränkt im Gebrauch, nur wird mit Bezug auf Künftiges meist هل mit Imperf., und zwar gerne Energikus gewählt, z. B. هل ترجعن آلليالى «Kehren die Nächte zurück?» Ḥansā S. 62, 1, obwohl das Imperf. nach هل nicht notwendig futurisch ist, z. B. هل يبكى مسلم «weint ein Muslim?» Dīw. Ḥuṭ. N⁰. 13, 5. هل bewirkt nicht leicht Inversionen und steht nur vor affirmativen Sätzen (weil aus hā bezw. 'a + der Negazion lā?) [1]). هل scheint übrigens nachdrücklicher als ا das log. Praed. in dessen ganzem Umfang in Frage zu stellen; so wird es gerne mit dem die Indeterminazion verstärkenden مِنْ verbunden, z. B. هل لكم من اب كأبينا «Habt Ihr einen Vater wie unser Vater?» Kām. 526, 6. — In Fragen, auf die eine bejahende Antwort erwartet oder gewünscht wird, steht gerne أَلَا: الا تُحَدِّثينى «willst Du uns nicht erzählen ....? قالت بلى sie sagte: Doch!» Buḫ. I 179, 2.

Fragepronomen. § 44. Die Fragepronomina stehen, soweit nur irgend möglich, an der Spitze, also stets, wenn sie Nominative oder Akkusative sind. Ganz selten sind Fälle wie فتريد منّى ما ذا «Du willst also von mir was?» Mas. VII 263, 7. Da der Genetiv unter keinen Umständen die Stellung hinter seinem Regens aufgibt, so behalten auch die Fragepronomina als Genetive diese Stelle, z. B. مَوْلَى مَنْ انت «Der Klient wessen [wessen Klient] bist Du?» Kām. 284, 3. Selten treten sie absolut im Nominativ an die Spitze

Anm. 1. Daneben das unverkürzte أَلَا wie neben كَمْ : كَمَا; بِمْ : بِمَا.

des Satzes, und die Stelle des Genetivs wird durch ein auf sie zurückweisendes Pron. ausgefüllt, vielmehr ist das Fehlen des rückweisenden Pronomens beim Interrogativum (wie beim Indefinitum) ein hervortretendes Unterschied gegenüber dem Relativum, wo es eine so grosse Rolle spielt.

Das Fragepronomen مَن fragt nach vernünftigen Wesen, ما nach Vernunftlosem, nach Gattungsbegriffen, Eigenschaften und Tätigkeiten, selten nach vernünftigen Wesen und zwar nur, wenn sie auf die Stufe von unvernünftigen herabgedrückt oder als Gattungsbegriff behandelt werden. Nach Personennamen fragt man nicht mit dem persönlichen Fragepron., also ما اسمك «was (ist) Dein Name?». ISaʿd. 40, 15. Nach der Persönlichkeit selbst aber fragt man natürlich mit dem persönlichen Fragepronomen. Die Fragepronomina مَن u. ما haben keine Deklinazion; wo aber مَن das einzige Wort eines Satzes zu bilden hätte (selten auch im Kontext) wird es nach Genus, Numerus und Kasus flektirt. أَيٌّ hat die Kasus, ist aber ursprünglich genus- und numeruslos. Dann nahm es Genus- und Numerusunterschiede an; also nach älterer Weise بَأَيِّ علاقتنا «welche [Mask.] Gewährung [Fem.] unsererseits?» eigentl. «was an Gewährung ...», Dīw. Imr. Nº. 14, 6; nach jüngerer Weise أَيَّةُ أَكْلَةٍ «welche [Fem.] Speise [Fem.]?» eigentl. «welche an Speise?» Kām. 86, 17. Eine Zusammensetzung aus أَيّ mit مَن, ما ist أَيْمَنْ, أَيْما.

Alle Fragepronomina sind nur substantivisch, nie adjektivisch, vgl. die soeben angeführten Beispiele. Der Gegenstand, nach dem gefragt wird, erscheint also als eine nähere Bestimmung des Fragepronomens [1]), ما und مَنْ können aber auch nicht einmal einen Genet. regieren [2]).

Anm. 1. Von مَن und أَيّ werden vollständig deklinirbare Nomina der Zugehörigkeit gebildet: مَنِيّ u. أَيِّيّ «ein wozu Gehöriger?» «was für Einer?». Ersteres fragt mehr nach der genealogischen, Letzteres mehr nach der geographischen Zugehörig-

Fragende Adverbien. § 45. Sie sind sämtlich durch Zusammensetzungen teils mit ما teils mit اى gebildet, ohne dass diese selbst als fragende Adverbien vorkämen [1]). Dabei sind mancherlei Verkürzungen eingetreten.

1) Mit ما: الى ما «zu was?» = «wohin?» بما «für was?» = «warum?» «wie?» حتّى ما «bis was?» = «bis wann?» «wie lange?». على ما «auf Grund wessen?» = «weswegen?» عمّا «von was?» = «wovon?» «worüber?» فيما «in was?» = «warum?» لما «zu was?» = »wozu?»; «wegen wessen?» = «warum?»; ممّا «von was?» = «weswegen?» All diese auch in der verkürzten Gestalt بِمَ u. s. w.; بِمَ und لِمَ weiterhin auch zu بِمْ und لِمْ; das fragende *كَمَا nur als كَمْ «das wovon?» «der Betrag wovon?» = «wie viel?» «wie weit?» «wie oft?» «wie lange?» s. Fleischer Beitr. VIII 126.

2) Mit اى: أَيْنَ «wo?» seltener «wohin?», z. B. اين تذهب «wohin gehst Du?» Ṭab. IIa 277, 2.] من اين «woher?» الى اين «wohin?» أَيَّانَ (auch إِيَّانَ) «wann?» (aus أَىَّ آنٍ «zu welcher Zeit?» angeblich nur mit Bezug auf noch nicht Eingetretenes); كيف (aus kā + ai + fā, Nöldeke bei Fleischer Kleinere Schrif-

---

keit. Beide sind nur Substantive; sie werden mit dem Artikel versehen, wenn nach der genaueren Beschaffenheit eines von Jemandem determinirt gebrauchten Wortes gefragt wird, z. B. «Der Bote kam zu mir» المَنِّىّ eigentl. «Der was für Einer?»

Anm. 2. (S 75) Wird nach dem Träger eines von Jemandem erwähnten Eigennamens gefragt, so soll der Eigenname in der selben Kasusform, in der er vorher angewendet war, auch in der Frage erscheinen können, also قتل زيدا «er tötete den Zeid» — من زيدا «wer (ist) Zeid [Akkus.]?» Das Übliche und bei Appellativen ausschliesslich Gebräuchliche ist jedoch der Nominativ.

Anm. 1. Vgl. aber die Negazion ما § 48, 2. — Sätze wie ما سوالك «Was (ist) Dein Fragen?» = warum fragst Du? Ḥam. 40, 20 enthalten doch nur scheinbar ein Frageadverbium ما.

ten S. 381 Anm. 1), wofür poëtisch auch كَيْ, «wie?» «wie beschaffen?» Vielleicht auch أَنَّى «wo?» «woher?» «wann?» «wie?» (z. B. Ḥam. 22 letzte Z.) und متى «wann?» الى متى «bis wann?»

§ 46. Am lebhaftesten ist die Frage, wenn vor die stärkere Partikel هل noch die leichtere ا tritt. Ein andres Mittel die Frage zu verstärken ist das leichthin der Frage ein- bezw. angefügte ذا «da», das irrigerweise von den Arabern für ein Relativum erklärt wurde, s. Prym, de enuntiationibus relativis semiticis S. 79. 80. 85. Fleischer Beitr. V 144. Nöldeke GGA 1868, 1139. Seine nichtrelativische Natur ergibt sich deutlich aus Fällen wie مثل ما ذا «wie was denn?» Mas. VI 272, 5. oder او أَنْساكه تَقلُّب ذا الزمان «oder hat Dich es vergessen lassen der Wandel der Zeit?» Nöld.-Müller Del. 23, 8 (zwischen Stat. konstr. und Genetiv! Das kann nur ein Flickwort sein). Am gewöhnlichsten ist es nach من, ما «wer?» «was?». Eine andre Verstärkung ist die durch و, ف «und», z. B. أَوَليس قد مدحهم النبى «Und hat sie denn nicht schon der Profet gelobt?» Maḳd. 448, 13. Oder durch إِنَّ «ecce» nach أَ, aber nicht nach هَلْ. Endlich kann das letzte Wort der Frage einen interjekzionalen Ausgang erhalten, wie أَأَبو عُمَراه «Etwa Abu Omar?» Lane I 2*a* unten. أَرَجُلُوهْ «Etwa ein Mann?» Lane I 2*b* oben. u.s.w.

Verstärkung der Frage.

§ 47. Beispiele für rhetorische Fragen: ما لى لا أَجُود بكسب دَمْع «Was (ist) mir, (dass) ich nicht reichlich Tränen vergiesse?» Mas. I 66, 1. كيف يكون هذا «Wie ist das (möglich)? Mohalhil ist ja ein Beduinendichter!» Ḥam. 420, 10. أَوَعينهُ مثلُ عينى «Und ist denn sein Auge wie mein Auge?!» Balaḏ. 136, 8.

Erstarrte Frageformen.

اسلّم عليكم امير المومنين فلم تردّوا عليه شيئا «Hat Euch der Fürst der Gläubigen seinen Gruss entbieten lassen und Ihr antwortetet ihm nicht?» Kâm. 216, 6, drohend.

Dies waren Fragen, die eine etwaige entgegengesetzte Behauptung zurückweisen. Eine besondere Bewandtniss hat es nun aber mit den Negazionen ما und لا, die mit Fragepartikeln versehen häufig bedeuten, dass die Bejahung oder Verneinung des Satzes durch scheinbares Entgegenkommen völlig der freien Wahl des Hörenden überlassen wird und bewirken, dass ihm Zweifel an der Richtigkeit der verneinenden Entscheidung erregt werden. Er soll sich überzeugen, dass keine andre Möglichkeit bleibt, die bejahende Entscheidung des Hörenden soll als dessen eigenstes Werk erscheinen, er soll die Folgen der Entscheidung sich selbst zuzuschreiben haben u.s.w. Die Verwendung dieser Form ist angezeigt, wenn sich Jemand über die Ausführung einer Handlung schlüssig machen soll, das Verbum steht im Imperf. und zwar gerne im Energikus. So steht أَلا, heftiger أَلَّا, wohl aus *'al + lā [1]) und هَلَّا (*hal + lā). Ob der Satz den Frageton noch hat (also ungefähr «nicht wahr?») lässt sich nicht ausmachen; in vielen Fällen wird er ihn verloren haben. Man hat auch mit der Möglichkeit zu rechnen, dass obige Partikeln direkt antreibende Interjekzionen sind, ohne durch das Mittel der Fragepartikeln hindurchgegangen zu sein. الا ist geradezu Interjekzion (geworden?) in Fällen wie [2]) الا ابن المحامون «Ach, wo sind die Verteidi-

---

Anm. 1. Ein anderes, gleichfalls exklamatives أَلَّا ist aus 'an + lā «dass nicht» entstanden, also zunächst aussagend. Es wird in Verwunderungsfragen gebraucht und ist daran zu erkennen, dass es den Subjunktiv regiert, z. B. الا يسجدوا «dass sie nicht niederfallen?!» Kur. 27, 25.

Anm. 2. Auch einfaches ا kommt interjekzional vor, أَلَهْفي! «O, Schmerz!» Ḥam. 19, 6; اعبدَ بن يربوع «O Abd ibn Jarbû» Ḥut. 56, 1. Stärker ايا und هيا, z. B. ايا غمّي «Ach mein Kummer!» Aġ. V 10, 6. Auch هل und هلا kommen vor, für Letztere Fleischer Beitr. V 143.

ger?» Ḥam. 48, 1. الا رِفْقا «Ach, Barmherzigkeit!» Ḥam. 252, 20. الا أَبْلِغْ «O, Verkünde!» Mu'all. Zuh. 26. Stärker الا يا, z. B. الا يا لَهْفَ نفسى «O Schmerz meiner Sele!» Ḫansâ S. 62, 2. [1])

Mit dem Perf. verbindet man die stärkeren أَلَّا und هَلَّا, um Jemandem eine Tatsache vorzuhalten, die nicht abgeleugnet werden kann, meist mit dem Nebengedanken, dass eine Rechtfertigung erfolgen oder Versäumtes nachgeholt werden soll, z. B. هَلَّا تلا = «warum hat er nicht gelesen?!» Mas. IV 324, 7. (eig. «er hat nicht gelesen?»)

Die schwächeren الا und اما vor Aussagesätzen haben die Wirkung, die Aufmerksamkeit auf das Folgende zu lenken, seine Tatsächlichkeit zu betonen, z. B. الا إِنَّ الناس قد صلّوا ثم رقدوا وإنّكم «Die Menschen haben gebetet und sind schlafen gegangen, Ihr aber ....» Bul. I 158, 16. Häufig steht الا am Anfang von Gedichten und führt rasch in die Situazion ein. Selbst eine rechte Fragepartikel kann folgen, z. B. الا هل أتاها أَنَّ «Ist zu ihr (die Nachricht) gelangt, dass ....?» Dîw. 'Ant. N°. 15, 1. Beispiele für اما: اما إنّى لا أَدَعُكم «Wahrlich, ich lasse Euch nicht in Ruhe, bis ich Hundert von Euch getötet habe.» Ḥam. 244, 7, und so häufig الا und اما vor إِنَّ; auch vor Schwüren sind sie beliebt اما والله «Bei Allah!» Balâḏ. 119, 15.

Wie أَلَّا und هَلَّا werden auch لَوْلَا und لَوْمَا konstruirt, z. B. لوما تأتينا بالملائكة «Warum bringst Du uns nicht die Engel?» Ḳur. 15, 7. لولا يُكَلِّمنا الله «Warum redet Allah nicht zu uns?» Ḳur. 2, 112. Ein unmittelbarer genetischer Zusammenhang mit

---

Anm. 1. Zur Verstärkung tritt noch ما hinzu, wie الا يا عينى ما «O mein Auge» Huḏ. N°. 165, 11.

dem kondizionalen oder optativen لو ist ausgeschlossen, da sonst die Sätze mit unserm لولا u. لوما gerade das Gegenteil von dem bedeuten müssten, was sie tatsächlich bedeuten. Übrigens weisen sie auch nicht die karakteristische Konstrukzion der Bedingungs- und Wunschsätze auf. Sie enthalten ein لو, das — wenigstens ursprünglich — den Fragoton gehabt haben muss und im letzten Grunde allerdings die selbe Partikel ist, die andrerseits kondizional und wünschend [1]) wurde, nämlich eine aus den Elementen lā und wū zusammengesetzte Bekräftigungspartikel.

Eine besondere Entwicklung nahm der Gebrauch von رأى „sehen“ mit der Fragepartikel أ, dem Fleischer eine ausführliche Besprechung gewidmet hat, Beitr. VII 103—114. Danach dient die zweite Person des Perf. von رأى „sehen“ (teils transit., teils intrans.) bezw. „Etwas für Etwas halten“ mit der Fragepartikel dazu, um in strengem Ton auf ein Faktum hinzuweisen, mit der Aufforderung, sich eine Lehre daraus zu nehmen. (Der Übergang ähnlich wie in „Siehst Du, Du hast Unrecht!“ aus „Siehst Du? Du hast Unrecht!) Das Perf. ist resultativ. Die zweite Pers. kann sich in Genus und Numerus nach dem Angeredeten richten, doch hat sich daneben die zweite Pers. Sing. Mask. (ارايت) für *alle* Geschlechter und Zahlen im Gebrauch festgesetzt, ist geradezu Partikel geworden und kann (wie إِنَّ u.s.w.) mit dem Objektssuffix des Angeredeten versehen werden, was bei den übrigen Formen, die noch reine Verbalformen sind, nicht vorkommt. Z. B. ارايت الذى يكذّب eig. „Siehst Du den, der für Lüge erklärt?“ = sieh doch nur den....! Ḳur. 107, 1. Häufig folgt auf den zu ارايت u.s.w. gehörigen Satz ein zweiter Fragesatz, der sich zum ersten Fragesatz verhält, wie das natürl. Praed. zum natürl. Subj., z.B. افرايتم اللاتَ والعُزّى أَلكم الذَّكر وله الأُنْثَى eigentl. „Habt Ihr gesehen die Lāt und die Ussā? .... Habt *Ihr* die männ-

Anm. 1. Die hebräische, aramäische und assyrische Form lū gehört gleichfalls hierzu, der Vokal u steht nur scheinbar entgegen.

lichen (Kinder) und *Er* die weiblichen?» Sinn etwa «Also die Lât und die Uzzâ! Da habt *Ihr* wohl die männlichen Kinder und *Er* die weiblichen?!» Kur. 53, 19—21. ارايت إن هو قام وحرّك راسه كيف .... تعلم «Ja aber, wenn er stehn bleibt und den Kopf bewegt, wie weisst Du denn dann, dass er den Mühlstein nicht dreht?» Ṭab. II*a* 204, 14 [1]). Das Imperf. von رأى mit oder ohne Fragepartikel wird zwar in der spätern Sprache (s. Fleischer a. a. O. 109 ff.) wie das Perf. konstruirt, hat aber das Objektssuffix nicht in der Weise wie das Perfekt ارايت nach Partikelart, sondern als lebendigen Objektsakkusativ [2]) (Fleischer 112). In der älteren Sprache wird nicht das Imperf. der I Konjug., sondern das Imperf. Pass. der IV verwendet, eigentl. «wirst Du schon gemacht?» *Die* imperfektische Ausdrucksweise ist nicht so gewichtig wie die perfektische. أفتُراكم آخذِىَ «Nicht wahr, Ihr wollt mich gefangen nehmen?» Ḥam. 36, 21.

Von andern exklamativ gewordenen Fragewörtern [3]) ist noch zu erwähnen كيف «wie?!» tadelnd und abwehrend, z.B. كيف أعيبُه «wie sollte ich ihn schmähen?!» Ṭab. II*c* 1722, 4 كَأَىٍّ (كَأَيِّنْ) mit den daraus entstandenen Nebenformen kajajjin, kai'in, ka'jin, kä'in und kâ'in «wie Viele!» «wie Manche!» u. s. w. kommt als Fragewort überhaupt nicht mehr vor. Z. B. كائن ترى

Anm. 1. Es ist doch gezwungen, رأى auch in diesen Fällen als verbum cordis (§ 61) mit dopp. Akkus. zu fassen, den zweiten Fragesatz als zweiten Akkusativ. Auch in Fällen wie ارايتك هذا الذى كرّمت علىّ = «Also der da, den Du mehr als mich geehrt hast!» Kur. 17, 64, ist رأى «sehen», nicht «für Etwas halten» mit dopp. Akkus., wovon der zweite weggelassen wäre.

Anm. 2. Gerade nach den verba cordis ist ein auf das Subj. zurückbezügliches Objektssuffix als erster Akkus. durchaus unanstössig.

Anm. 3. Die exklamativen أىّ und أيّها sind nicht durch das Medium der Frage hindurchgegangen.

مِن صامِتٍ «Wie viel Schweigende siehst Du!» Mu'all. Zuh. 61. Über كم sowie auch über dies كَأَيِّن s. Genaueres § 65. Endlich vgl. § 50.

VIII. Verneinung.

Satzverneinung. § 48. Das Arab. ist reich an Negazionen. Im Nominalsatz wird durch إِنْ, لا, ليس und ما negirt, im Verbalsatz ausser durch diese vier noch durch لَنْ, لَمْ und لَمَّا; im Grunde führen aber doch ليس, لن, لم und لمّا auf لا zurück. Die Unterschiede zwischen den Negazionen lassen sich in der deutschen Übersetzung nicht nachahmen und sind im Arab. selbst stark verwischt.

1) لا verneint Handlungen, die noch in der Verwirklichung begriffen oder als verwirklicht nur vorgestellt sind, aber nicht tatsächlich verwirklichte Handlungen. Es wird mit dem Indik. des Imperf. in dessen gewöhnlichen Bedeutungen verbunden, darunter auch Praes. hist., z. B. فلا يقبله «aber er nimmt es nicht an» Mas. VII 239, 3. Namentlich das allgemeine Praes. hat gerne لا. Mit dem Perf. steht es nur dann, wenn es durch وَ «und» an ein Perf. oder an einen perfektgleichen Jussiv (s. S. 63), die durch irgend eine Negazion verneint sind, angeschlossen wird (vgl. No. 2 Ende), z. B. لم يذكر ولا اوضح «er erwähnte [Juss.] nicht und legte [Perf.] nicht dar» Makd. 4, 11. Nachdem man sich gewöhnt hatte in solchen Fällen ولا «und nicht» mit dem Perf. zu konstruiren, übertrug man diese Konstrukzion von لا auch in das erste Glied einer kopulativen Verbindung, deren zweites Glied aus ولا mit Perf. bestand, z. B. فلا انت ما امّلت فىّ رايته ولا انا لُبْنى حويتُ «Nicht sahst [Perf.] Du die Hoffnung, die Du in mich setztest, (in Erfüllung gehen,) und nicht umarmte [Perf.] ich die Lubna» Nöld.-Müller Delectus 8, 1. Selten steht لا allein mit dem Perfekt, s. Fleischer Beitr. VII 69. Sonst

steht dagegen das Perf. nach لا nur in Wunsch- und Beteuerungssätzen im Sinne eines Praes. oder Fut. (s. S. 55), z. B. لا عادت هذه الناقة في هذه الابل «diese Kamelin komme [Perf.] nicht unter diesen Kamelen wieder!» Ḥam. 421, 18. Mit dem Subjunktiv steht لا nach Konjunkzionen der Absicht. Mit dem Jussiv oder Energikus des Impf. steht es prohibitiv (vgl. § 35. 36. 37), z. B. لا يَدْعُنِي قومي «Mein Volk rufe mich nicht!» Ḥam. 119, 26 لا تَهلِكْ «Komme nicht um!» Dîw. Ṭar. N⁰. 4, 2. لا تُكْثِرَن «Mache nicht viel!» Mas. IV 186, 8. لا اكذبنك «Ich will dich sicher nicht belügen» IHiš. 216, 4.

2) ما ist vielleicht ursprünglich das Fragepronomen ما «was?» also ما يقتل eigentlich «Was? Er tötet?» Danach hätte es ursprünglich zur Zurückweisung einer Aussage, von der der Augenschein das Gegenteil lehrt, gedient. So würde sich erklären, dass ما vorwiegend, aber nicht immer, im Hinblick auf die Gegenwart negiert (s. Fleischer Beitr. VII 67), nämlich mit dem Imperf. eine sich gegenwärtig nicht verwirklichende Handlung, mit dem Perf. eine gegenwärtig nicht verwirklichte Handlung bezeichnet. اما سمعت «Hast Du den Profeten nicht sagen hören ....?» Mas. IV 303, 4. رُوِّعت حتى ما أُراع «Ich wurde (so häufig) erschreckt, dass ich nicht (mehr) erschreckt werde» Ḥam. 136, 1. Mit Perf. gnom.: ما كرّم المرء الّا التُّقى «nicht ehrt den Mann (Etwas) ausser der Gottesfurcht» Abul ʿAtâh. S. 3, 5. So würde sich ferner erklären, dass ما gerne gebraucht wird, wenn auch der positive Gegensatz ausgesprochen wird oder doch vorschwebt, wenn von 2 Möglichkeiten die eine negirt wird, wenn die Verneinung nur von dem Teil eines Ganzen gilt u. dgl. Andrerseits wird die Negazion لا gerne gebraucht, wenn die Verneinung zu andern Verneinungen hinzukommt.

3) إِنْ gehört zu إِنَّ »ecce« und der Bedingungspartikel إِنْ

«wenn», die negirende Bedeutung ist jedoch nicht aus der kondizionalen entstanden, die Konstrukzion von ان «nicht» weist auch nicht die Spur von der Konstrukzion der Bedingungspartikel ان auf. [1]) Es ist nun auffällig, wie häufig die Negazion ان zusammen mit der Negazion ما gebraucht wird, so dass eine Doppelnegazion, aber eine nichtaffirmative, entsteht, also ما ان لنا مَطْمَع «Nicht (ist) uns ein Wunsch» Ṭab. IIc 1555, 2. ما ان اری «Nicht sehe ich» Muʿall. Imr. 27. ما ان جزعت «Ich bin nicht betrübt» Ḥam. 83, 23. Die Vermutung drängt sich auf, dass ان zunächst überhaupt nicht verneinend war, sondern vermöge seiner ursprünglichen stark bejahenden Bedeutung erst mit ما zusammen eine starke Verneinung ergab [2]), worauf die der *Verbindung* ما ان eignende verneinende Bedeutung an beiden *Elementen* haften blieb [3]), also ان ادری «ich weiss nicht» Ḳur. 21, 109.

4) لَيْسَ, aus لا «nicht» und *يس «Existenz (?)», eigentl. «er ist nicht», wird aber vielfach wie eine Negazionspartikel verwendet und kommt flexionslos vor. Beispiele: الحسن ترى «Siehst Du nicht [flektirt]?» Dîw. Imr. No. 52, 21. ليس عن هذا سألتك «Nicht [flexionslos] das habe ich Dich gefragt» Ṭab. IIc 1564, 15. Es ist meist stärker als لا, bedeutet mehr «keineswegs» und steht gerne, wenn ein affirmativer Gegensatz folgt, wie ليس يمرّ على وجه الارض مرّا مستقيما وانّما «es nimmt seinen Lauf nicht gerade an der Erde entlang, sondern ....» IHauḳ. 133, 22, oder eine Begründung, wie لسنا نكثر فى ذكر ملوك الفرس لانتشار «Wir gehen

Anm. 1. So auch Fleischer Beitr. VII 70. — Hebr. אַיִן, אֵין «nicht» gehört zu اين «wo?»

Anm. 2. Das erste Beispiel hätte also eigentlich die Bedeutung «Nicht (ist) uns da ein Wunsch» oder noch früher «Was? Uns ist) da ein Wunsch?»

Anm. 3. Für den Araber war es eine Doppelnegazion geworden, nach deren Muster vielleicht die gleichfalls nichtaffirmative Doppelnegazion ما لا (Fleischer Beitr. VII 71) gebildet ist.

nicht weiter auf die Geschichte der Perserkönige ein, weil ....» Iṣṭaḫrī 140, 10. Weiteres § 63.

5) لَنْ aus lā + 'an «nicht (ist der Fall,) dass» gleichfalls eine stärkere Negazion, mit dem Subjunktiv und auf Künftiges bezüglich, z. B. أَجِدَّكم لن تزجروا عن ظلامة سفيهها «(Ists) Euer Ernst? Ihr wollt einen Toren nicht vom Unrecht abbringen?» Dīw. Nāb. N⁰. 15, 2. لن ترثّوا مثله «Ihr werdet (sicher) keinen ihm Gleichen betrauern» IHiš. 181, 13.

6) لَمْ aus lā + mā «nicht (ist der Fall,) dass» (wie bimā > bim), vgl. N⁰. 5 [1]); لَمَّا aus lām + mā «noch nicht» «nicht». Uber ihre Konstrukzion S. § 35.

§ 49. Mit der Negazion لا werden konträre Ausdrücke gebildet, z. B. لا متعتّب «tadellos» Dīw. Imr. 4, 63, hauptsächlich aber gebraucht man die Genetivkonstrukzion mit غير «Anderes als» u. ähnlichen Wörtern (s. § 82), z. B. غير ممتنع «nicht unmöglich» eigentl. Anderes als unmöglich. Mas. IV 16, 1. لغير جناية «wegen Nichtvorgehens»=grundlos. Ṭab. IIa 151, 13. عدم كونه «Sein Nichtvorhandensein» Mas. IV 15, 8. *Wortverneinung.*

§ 50. Zur Doppelnegazion siehe § 48, 3. Sonst vgl. noch das als selbständiger Satzteil auftretende لا غير, ليس غير «nicht anders» = «so ist es», لا .... اِلّا «non .... nisi» = «nur», ليس اِلّا «nicht ausser» = «so ist es»; ferner die beliebte Wiederaufnahme der Negazion in einem koordinirten Satzglied, wie ما أنفيك لِلأمّ من ابيك ولا أذلّ «nicht vertreibe ich Dich zu einem Tadelnswerteren als Dein Vater und nicht einem Niedrigeren» Ham. 155, 1. *Erstarrte Verneinungsformen.*

In Beteuerungen, dass Etwas *nicht stattfindet*, vermisst man manchmal die Negazion, der Sinn war ursprünglich abwehrend (vgl. § 47), z. B. تفتؤ تذكر يوسف eig: «Du hörst auf Josefs zu gedenken, bis Du siech wirst?!» = «Du hörst nicht auf....»

Anm 1. أَنْ: ما etwa wie dtsch «dass»: frz «que». Weiteres bei den Dassätzen.

Ḳur. 12, 85. So besonders in Schwüren لَعَمْرُكَ أَنْسَى روعتى[1] «Bei Deinem Leben, ich vergesse mein Entsetzen?!» = «ich vergesse mein Entsetzen nicht.» Huḏ. N°. 113, 1. Diese Sätze haben keinen Frageton mehr. Andrerseits kann in Beteuerungen, dass Etwas *stattfindet* die Negazion stehen, die ursprünglich eine entgegenstehende Meinung zurückwies, z. B. «Er sagte: Was ist Das? Da antwortete sie: لا وقرّة عينى لهى الان اكثرُ منها قبل ذلك Nein, bei der Kühlung meines Auges, sie ist jetzt mehr als sie vordem war!» Buḫ. I 159, 17. Hierher auch die Redensart لا جرم «es ist unbedingt nötig» eig. «nein, es ist nötig.» (S. Fleischer Beitr. VII 72, bei dem gleichfalls das Beispiel aus Buḫ.) لا أُقسم بيوم القيامة «Ich schwöre beim Tag der Auferstehung» eig: «nein, ich schwöre....». Ḳur. 75, 1. Verba des Hinderns können statt eines zu erwartenden affirmativen Satzes einen negierten regieren, z. B. الم أنْهكم ألّا تدعوا العامّة يدخلون «Habe ich Euch nicht verboten, die Menge hereinzulassen?» eig: dass Ihr die Menge nicht hereinlasst. Mas. VI 220, 7. Und andrerseits regieren manchmal Verba des Abbringens einen affirmativen Satz statt eines zu erwartenden negirten, z. B. اذا تنحّوا أن يصيبهم الظُبات «Wann sie sich abwenden, dass die Schneide der Spitzen sie (nicht) treffe» Ḥam. 48, 17 Die Verba des Hintertreibens kann man sich nämlich in 2 Klassen zerlegen. Die Einen bedeuten: eine auf ein Ziel gerichtete Bewegung zum Stehen bringen, die Andern: einer auf ein Ziel gerichteten Bewegung eine andre Richtung geben. Zwischen beiden Klassen findet nun im Hinblick auf das beim Hintertreiben ins Auge gefasste Resultat Kontaminazion statt, derart, dass erstere Verba die Vorstellung der Ablenkung auf das vom Hintertreibenden gewollte Ziel, letztere Verba die Vorstellung der aufgehaltenen Bewegung in sich aufnehmen. — Wie die Verba des Hinderns werden bisweilen auch die Verba des Fürchtens konstruirt.

Anm. 1. Fehlt im Druck.

§ 51. Nomen wie Verbum können auf zweierlei Weise näher bestimmt sein, je durch ein Attribut und durch ein Regimen; das Nomen durch das nominale Attribut und den Genetiv, das Verbum durch das verbale Attribut und den Akkusativ. Sowohl das bestimmte Wort als das bestimmende Wort dieser verschiedenen Verbindungen konnte unter Umständen in einer seiner Verwendungen erstarren; so entstanden Adverbien, Praeposizionen, Hilfszeitwörter und weiterhin einige Ansätze zur Kopula, nämlich einer verbalen, nominalen, praeposizionalen und pronominalen Kopula. Auch okkasionell erhalten manchmal einzelne Satzteile, besonders Adverbien und praeposizionale Ausdrücke den Wert einer Kopula. Das Zeichen der Attribuirung ist eine unvollkommen ausgebildete Kongruenz mit dem Leitwort. *Grundformen der Satzerweiterung.*

Was die Endungen der beiden Kasus Genitiv und Akkus. ursprünglich bedeuteten, lässt sich zur Zeit nicht feststellen. Von einer lokalen Bedeutung des Genitivs ist keine Spur da, eher liesse sich der Akkusativ als lokaler Kasus auf die Frage «wohin?» fassen, obwohl auch hierzu (trotz des Hebräischen) eigentlich kein zwingender Grund vorliegt [1]). Der Genitiv stünde eventuell auf die Frage «wo?» und bezeichnete den Gegenstand, an dem sich ein andrer befindet. Es ist aber zu bedenken, dass das Semitische keine *post*posizionalen Verhältnisswörter kennt, da ist es denn nicht gerade wahrscheinlich, dass die Endungen des Genit. und Akkus. ursprünglich ein lokales Verhältniss zwischen dem regirenden Wort und dem abhängigen Nomen bezeichneten, auch nicht als pronominale Adverbien. Dagegen könnten diese beiden

---

Anm. 1. Wo späterhin eine fakultative Auflösung des Akk. durch eine Praeposizion eintritt, ist dies nicht die Praep. der *räumlichen* Richtung (إِلَى), sondern die der *begrifflichen* Richtung, des Zugehörens (لِ). In den meisten sem. Sprachen sind allerdings beide zusammengefallen.

Endungen ı und ā (hı und hāʔ, s. Philippi, Wesen und Ursprung des status constructus im Hebräischen, S. 175) ursprünglich als Deutewörter so auf den Gen. und Akk. zurückgewiesen haben, wie das Personalpronomen auf das Subjekt zurückweisen kann, عمر هُوَ فى الدار «Omar, *er* (ist) im Hause», und wie dieses daneben seine emfatische Kraft verlieren und Beziehungswort, pronominale Kopula werden konnte, عمر هو القاتل «Omar er (ist) der Tötende», so mögen auch die Ausgänge des Gen. und Akk. zu Beziehungsexponenten herabgesunken sein. Sie hätten also zunächst nicht direkt eine Verbindung zwischen Regens und Regimen hergestellt, sondern den Hörer darauf hingewiesen, dass dies und kein andres Wort unter den spezifischen Differenzen für die nähere Bestimmung des regirenden Wortes in Betracht kam.

IX. Attribut.

Adjektivisches Attribut. § 52. Die Stellung des Adjektivs ist durchaus unverrückbar *hinter* dem Beziehungssubstantiv [1]), von dem es manchmal, namentlich in der Poesie, durch Etwas getrennt ist, wie على صراط اذا اعوجّ الموارِدُ مستقيم «auf einem Pfade, wann sich die Wege krümmen, einem geraden» Kām. 311, 10. خبر ما نابنا مُصْمَئِلّ «Eine Botschaft hat uns betroffen, eine arge» Ḥam. 383, 5. Über die Stellung des Demonstrativpronomens s. bei diesem.

Das Adj. kongruirt mit seinem Subst. hinsichtlich der Determinazion; ist das Subst. irgendwie determinirt, so erhält das Adj. den bestimmten Artikel, also الرجل القاتل «Der Mann der tötende», زيد القاتل «Zeid [als Eigenname durch sich selbst det.] der tötende», اخو الرجل القاتل «(Der) Bruder des Mannes der tötende», اخوه القاتل «Sein Bruder der tötende». Sobald das Adj. neben einem

---

Anm. 1. Auch hier gibt es etymol. Figur; die Araber führen z. B. an موت مائت «Ein totseiender Tot» = ein schauderhafter Tot, يوم أيْوَم «Ein sehr tagender Tag» = ein hochwichtiger Tag, s. z. B. Sīb. II S. 89, 16.

determ. Subst. nicht determ. ist, ist es Praedikat (§ 6) oder Praedikativ (§ 61), wie فَآبُوا بالرماح مُكَسَّرَاتٍ وأُبْنَا بالسيوف قد انحنَيْنَ wörtl. «Und sie kehrten mit den Lanzen gebrochenen zurück, und wir kehrten mit den Schwertern, indem sie verkrümmt waren, zurück» Ḥam. 221, 19. Ferner besteht Kongruenz hinsichtlich des Kasus, so lange das Adj. wirklich Attribut ist [1]). Genus- und Numeruskongruenz ist ähnlich wie die des Satzes mit nachstehendem Praed. (§ 42). Es ist zu beachten, dass das Adj. einen äusseren und inneren Plur. bilden kann, den äusseren besonders, wo es sich um vernünftige Wesen handelt.

Übersicht über die Kongruenzverhältnisse zwischen Subst. und adjektivischem Attribut.

Substantiv.	Adjektivisches Attribut.
Sing. Mask.	Sing. Mask.
Sing. Fem.	Sing. Fem.
Dual Mask.	Dual Mask.
Dual Fem.	Dual Fem.
Äusserer Plur. Mask., vernünftige Wesen	Plur.
Äusserer Plur. Mask., Vernunftloses	Sing. Fem. oder Plur.
Äusserer Plur. Fem., vernünft. Wesen	Plur., selt. Sing. Fem.
Äusseror Plur. Fem., Vernunftloses	Sing. Fem., selt. Plur.
Auss. Plur. Fem., männl. vernünft. Wesen	Plur.
Innerer Plur., vernünft. Wesen	Plur., selt. Sing. Fem.
Innerer Plur., Vernunftloses	Sing. Fem., selt. Plur. [2])
Kollektivum, vernünft. Wesen	Plur. und Genus der betr. Wesen, selten Sing.
Kollekt., Vernunftloses	Sing. Fem. oder Mask., Plur. (Fem.)
Stammesnamen	Sing. Fem., Plur.

Anm. 1. Wo ein regelwidriger Nominativ oder Akkus. steht, ist die Kontinuität des Satzes unterbrochen, s. Abschn. XVII und XX.

Anm. 2. Auch äusserer Plur. Fem., z. B. بالدموع المستهلات «mit den strömenden Tränen» Hansa S. 10, 3.

Gattungswort, wovon kein nomen unitatis bildbar	Sing. Fem. oder Mask.
Gattungswort, wovon nomen unitatis bildbar.	Sing. Mask. oder Fem., Plur. (Fem.).

Substantivisches Attribut.

§ 53. Welches der beiden Substantiva Leitwort wird, ist häufig gleichgiltig, es kommt nur darauf an, welches von beiden dadurch, dass es einfacher oder an etwas Bekanntes angeknüpft ist, rascher erfasst wird. Hier wirkt wieder ein schon beim Nominalsatz (S. 3) berührtes wichtiges Wortstellungsgesetz des Arabischen, das bei der Lehre vom Akkus. und von den Praeposizionen wieder begegnen wird, dass sich nämlich *ein Satzteil, der eine durch ein Pronomen irgendwie fixirte Beziehung zum Vorangehenden oder zur Situazion enthält, vordrängt*, soweit überhaupt der Wortstellung eine gewisse Freiheit gelassen ist. Dies Gesetz erleidet da und dort einmal eine Störung, die sich aber von Fall zu Fall aus dem Zusammenhang verstehen lässt.

Weitaus am häufigsten begegnen *Eigennamen* in substantivisch-attributivem Zusammenhang. Beispiele für die Stellung: ربّه كسرى «seinen Herrn den Perserkönig» ISa'd 3, 7. اخوه مسروق «sein Bruder Masrūk» IHiš. 41, 15. ابن عمّى حجرا «den Sohn meines Oheims Hudschr [Akk.]» Ṭab. II*a* 139, 15. عمّاك طالب وعقيل «Deine beiden Oheime Talib und Akīl» Kām. 790, 4. بلغ كلامُهُ عمَّ الغلامِ الحارثَ «Sein Wort gelangte zu dem Oheim [Akk.] des (erwähnten) Jünglings Harith [Akk.]» Ḥam. 251, 24, Anknüpfung an das Vorangehende. هذا الحجازىّ عثمان «Dieser Hedschasit Othman» Kām. 625, 3. Eigenname als Leitwort: مسعودا سيّد القوم «Masūd den Häuptling des Volks» Huḏ. II. S. 12, 5. اخوه خفاف وحريث ...... الشاعر «sein Bruder Chufāf und Huraith .... der Dichter» Ḥam. 15, 27. موسى النبىّ «Moses der Profet» Buḫ. I 43, 6. الصمصامة سيفه «Sumsāma sein Schwert» Balāḏ. 119, 2, Zeile 5 aber doch umgekehrt. Verwandschaftsbezeichnungen, von denen ein Eigenname abhängt, bewirken gewöhnlich, dass der Eigenname Leitwort etwaiger Attribute wird, denn der Eigenname besitzt hier einen Anknüpfungspunkt in der Verwandschaftsbezeichnung, deren Korrelat er bildet. Z. B. امراة باذام ملكهم «der Frau Bādhāms ihres Königs» Balāḏ. 105, 18, trotz des Pronomens.

Sehr allgemeine Bezeichnungen stehen gerne voran, wie المرء صخر «des Mannes Sachr» Huḏ. II No. 208, 2. Mit den Titeln wird es verschieden gehalten, ein Blick auf die Münzen lehrt, dass z. B. Chalīfe, Imām, Emīr voranzustehen pflegen, Emīr elmuminīn aber nach Indes ist das nicht ausnahmslos. — Bei der Aufzählung der Eigennamen, deren im Arab. Jedermann mehrere haben kann, pflegt an der Spitze der mit ابو «Vater des .....» gebildete zu stehen, es folgt gewöhnlich der bei der Geburt verliehene Name (das «nomen») mit dem etwaigen Spitz- oder Ehrennamen [1]), dann folgt بن «Sohn des ....» mit den Namen des Vaters, Grossvaters u. s. w., also «Sohn des A, Sohnes des B» u. s. w. [2]), und schliesslich kommen etwaige Benennungen nach dem Beruf, der Heimat u. s. w., auch nach einem hervorragenden Vorfahren, z. B. Masūdī = «der von Masūd stammende» [3]). Manchmal werden auch

---

Anm. 1. Dieser Beiname steht im Genetiv, wenn die Genetivregeln dies gestatten, wenn also der vorangehende Name nicht mittels des Artikels gebildet ist, und wenn der Beiname unmittelbar auf sein eigentliches Regens folgen kann, also زيدُ بَطَّةَ «Zeid die Flasche [Genet.]», andernfalls Attribut, also الحارث بَطَّةُ, عبدُ الله بطّةُ. Übrigens soll man, auch wo Genet. möglich ist, Attrib. anwenden können. S. 7. B. Sīb. II § 313.

Anm. 2. Ein Stammbaum kann natürlich beliebig lang sein, z. B. wird so Mohammeds Stammbaum IHiš. 3, 5 bis auf Adam zurückgeführt. Zwischen hinein kann von Neuem eingesetzt und eine mit dem Stammbaum nicht direkt in Beziehung stehende Bestimmung zu dem Namen eines Vorfahren gegeben werden, z. B. ebenda «Mohammed (ist) der Sohn Abd Allahs, Sohnes Abd elmuttalibs, und der Name Abd elmuttalibs (ist) Schaiba, Sohnes Haschims, und der Name Haschims ist Amr, Sohnes Abd Manafs u. s. w.»

Anm. 3. Andre Stellungen kommen besonders in der Dichtung vor, z. B. عمير بن ضابي «Omair ibn Dabi» Kam. 217, 2, Prosa, dagegen Zeile 8 umgekehrt, Vers.

Einzelne der Namen in einer besonderen Bemerkung nachgetragen ‹und er hatte den Verwandschaftsnamen Abulhasan›, ‹und er ist bekannt unter (dem Namen) Jakūbī›. Jeder der Namen kann ohne Rücksicht auf seine Stellung der eigentliche Rufname sein. — Orts- und Flussnamen stehen nicht als Attrib. sondern im Genetiv, also nicht المدينةُ دمشقُ ‹urbs Damascus› sondern مدينةُ دمشقَ ‹urbs Damasci›.

Erläuterndes Attribut ist häufig, indes ist die Grenze zwischen erläuterndem und bestimmendem Attribut schwer anzugeben, erläuternde Attribute können bestimmende werden. Beispiele für verschiedene erläuternde Attribute: ثلثة رجال خالد .... وشرحبيل ..... وعمرو ‹drei Männern, (dem) Chalid ... und Schurahbil ... und Amr› Balāḏ. 107, 15. كان له بنون معبد ولقيط وحاجب. ‹Er hatte Söhne, (nämlich den) Mabad und Lakit und Hadschib u. s. w.› Kām. 273, 6¹). اربعة عشر الف دينار سبعة الف للمسلمين وسبعة الف للروم 14000 Denare, 7000 für die Gläubigen und 7000 für die Byzantiner› Balāḏ. 157, 18. شوان اعلاه واسفله ‹Schawak, seinen oberen Teil und seinen unteren Teil› I Saʿd 14, 24. يَسْأَلُونَكَ عن الشهر الحرام قتال فيه ‹Sie fragen Dich in Betreff des heiligen Monats, (nämlich) Tötens in ihm› Ḳur. 2, 214. Manchmal wird das Leitwort wiederholt und mit einer näheren Bestimmung versehen, das Attribut ist aber im Ganzen doch erläuternd; z. B. شنئتُ العقرَ عقرَ بنى شلَيل ‹Ich hasse die Behausung (die) Behausung der Benu Schulail› Huḏ. I N°. 1, 10. فالمَرج مَرج الصفَرَّين ‹und Merdsch,

---

Anm. 1. Indes kommt auch die deutlichere Ausdrucksweise mit أَعْنِى ‹ich meine› vor, z. B. بين هذين البحرين اعنى بحر الروم وبحر اقيانس ‹Zwischen diesen beiden Meeren, ich meine das byzantinische Meer und den Ozean› Mas. I 257, 8. نصرا اعنى ابا الطمّاح ‹den Nasr, ich meine den Abuttammah› Huḏ. II N°. 195, 1.

Merdsch essufarain» Nöld.-Müller Del. 98, Vers 2. بالناصية ناصية كاذبة «bei der Stirnlocke, einer lügnerischen Stirnlocke» Kur. 96, 15, 16. همين همّا مستكنّا وظاهرا «Zwei Kummer [Dual, = zweierlei K.], einen verborgenen Kummer und einen offenbaren» Dîw. Nâb. N°. 8, 1. Verwant sind Fälle wie أَلْحَنُ الناس كُلِّ الناس «Der beredeste der Menschen, aller [eig. des Kreises der] Menschen» Kām. 21, 1. Ferner Wiederholung einer Praepos., z. B. قد قالت لساعدة لسيّدها «Sie hatte zu Saida, zu ihrem Herrn gesagt» Huḏ. II S. 47, 2. انّا من هذه الحيّ من ربيعة «Wir sind von diesem Stamme von Rabia» Buḫ. I 142, 10

Es kommen folgende Arten von attributivem Verhältniss zwischen zwei Substantiven vor (vgl. Fleischer «Über das Verhältniss und die Construction der Sach- und Stoffwörter im Arabischen» Vrhdl. d. sächs. Ges. d. Wiss., phil. hist. Cl. 1856, 1—14 = Kleinere Schr. II 1—15. Derselbe «Ueber einige Arten der Nominalapposition im Arabischen», ebenda 1862, 10—66 = Kl. Schr. II 16—74): Gattung und Art, z. B. الشجر الزيتون «der Baum der Ölbaum» = der Ölbaum. Träger eines Eigennamens und Eigenname, sowie das Umgekehrte (s. o.). Form und Stoff, z. B. الصنم الذهب «das Götzenbild das Gold» = das Götzenbild aus Gold. Stoff und Form, z. B. ثوب مزق «Ein Kleid Fetzen» = ein Kleid aus Fetzen. Maass und Inhalt, z. B. رطل زيت «Ein Ratl Öl». Inhalt und Maass شُعَب عدة «Verzweigungen (in grosser) Zahl». Ding und seine Eigenschaft oder Tätigkeit, z. B. الموازين القسط «Die Wagen die Richtigkeit» = die richtigen Wagen. Die Beziehungen sind dieselben wie die zwischen Subjekt und Praedikat des Nominalsatzes, s. § 7.

Kongruenz zwischen subst. Attribut und Leitwort besteht hinsichtlich des Kasus [1]). Hinsichtlich des Genus und Numerus ist

---

Anm. 1. Vgl. S. 89 Anm. 1.

sie nur in sehr beschränktem Maasse möglich, und in der Determinazion ist Kongruenz, sobald das Attribut erläuternd ist, überhaupt nicht erforderlich, doch pflegt ein indeterminirtes subst. Attribut zu einem determ. Leitwort wenigstens eine nähere Bestimmung irgend welcher Art zu haben, wie بنى شبابةَ حيًّا من فهم «die Benu Schebaba, einen Stamm von Fahm» Ḥam. 244, 2. الى السرو ارضٍ ساقه نَحْوها «nach Serw, einem Lande, nach dem ihn trieb....» Dîw. Ṭar. 13, 18. Sonstige Beispiele: البلد القَفْر «die Gegend die Wüste» = die Wüstengegend, Ḥam. 670, 7. الى صراطٍ مستقيمٍ صراطِ الله «zu einem geraden Wege, dem Wege Allahs» Ḳur. 42, 15.16. Wo Formsubst. und attributives Stoffsubst. indeterminirt sein sollten, gebrauchte man für letzteres lieber den Genetiv oder Umschreibung mittels der Praeposizion من «aus», also صنمُ ذهبٍ «ein Götzenbild Goldes», oder صنم من ذهب «ein Götzenbild aus Gold», s. Fleischer a. a. O. S. 17 = 23.

Zum attributiven Gebrauch von نَفْس, كُلّ u. s. w. s. § 81.

X. Akkusativ.

Wesen und Arten des Akkusativs. § 54. Der Akk. ist der adverbale Kasus, er bezeichnet die allgemeinste Beziehung der Handlung eines Subjekts auf ein Nomen. Der Akk. nach reinen Adjektiven ist sekundär, s. § 66.

Die materiale Bedeutung der regirenden Verba und des regirten Akk. darf man im Arabischen nicht als Einteilungsgrund für die Arten des Akk. verwenden (Verba der Bewegung, des Hervorbringens u. s. w.), da dasselbe Verbum und derselbe Akk. in verschiedenartigem Akkusativverhältniss zu einander stehen können, z. B. «er schlug (einen) Fliehenden» und «er schlug fliehend [Akk., s. § 61]». Besser unterscheidet man daher formal.

Im arab. Verbum lassen sich absondern und gelangen mittels des Verbums zu akkusativischer Rekzion:

1) Die dem betr. Verbum eigentümliche bestimmte Tätigkeitsvorstellung.
2) Die allgemeine Vorstellung einer ausgeübten Handlung.
3) Die Zeitvorstellung.
4) Die Vorstellung des Raums, innerhalb dessen sich die Handlung abspielt.

Hierzu gesellt sich eine akkusativische Rekzion indirekter Natur: der Akk. bezieht sich auf ein Nomen des Verbalsatzes, ist aber dem Verbum angegliedert. Dies ist

5) das praedikative Verhältniss eines Nomens zu einem andern Nomen des Verbalsatzes.

Aus diesen 5 Grundformen lassen sich alle Gebrauchsweisen des Akk. verstehen. Ein Teil der Akkusative wird im Abschnitt XIX (Akk. im Nominalsatz), XX (Akk. des Ausrufs) und XXI (Akk. nach Partikeln) besprochen.

§ **55.** Es ist nochmals zu betonen (§ 24), dass die Bezeichnung semitischer Verba als «transitiv» und «intransitiv» nicht «objektregirend» und «nichtobjektregirend» bedeutet. Die Zahl der arab. Verba mit Objektsakk. ist sehr gross [1]), es sei blos Einiges, was besondre Aufmerksamkeit verdient, erwähnt [2]): Einige viel gebrauchte Verba des Nützens und Schadens, Verba des Dienens, Genügens (Jemandem), Strebens (nach Etwas), die allermeisten der für das Arabische in ihrer grossen Zahl karakteristischen Verba, die sich um den Begriff des Widerwillen-habens bewegen, die *Objektsakkusativ.*

Anm. 1. Zu beachten, dass es im Semitischen keine Komposita gibt («einen bedienen»). Bisweilen tritt übrigens die schärfere praeposizionale Ergänzung neben die akkusativische oder an ihre Stelle.

Anm. 2. Die arab. Grammatiker führen Fälle an, in denen das Obj. im Nominativ und das Subj. im Akk. steht. Zum Teil verdanken solche Kuriositäten wohl dem Reimzwang und seinen Rückwirkungen ihre Entstehung, zum Teil könnte eine höchst nachlässige Kontaminazion mit der Vorstellung des Zusammentreffens vorliegen, «das Glas zerbrach den Stein», Kontam. mit «das Glas stiess (auf) den Stein», ebenso «das Kleid zerriss den Nagel».

Verba für Beweinen, sich Beschweren (über Etwas). Objektsakkusativ steht auch nach Verben der Bewegung, also اتوا ماء «sie kamen (zu) einem Wasser [Akk.]» Ḥam. 15, 19; passivisch أُتِيَتْ «man kam zu ihr» eig: sie wurde gekommen, IHiš. 102, 3. Von den Verben der Bewegung breitete sich der Akk. aus über Fälle wie يريد الصفا «indem er (nach) Essafa wollte» IRust. 50, 7. عَلَتْه النار «Das Feuer überfiel ihn», von علي «hinaufkommen», Ḥuṭ. 61, 3. اطرحوه ارضا «Vertreibet ihn (in) ein Land» Ḳur. 12, 9. Auch sonst werden Verba, die eigentlich praepozizionale Konstrukzion haben, nach dem Muster bedeutungsverwanter objektregirender Verba behandelt, z. B. كالوهم «sie messen ihnen [Akk.] zu», nach Analogie der Verba des Verleihens (wie رزق, اعطى, انل, منح), Ḳur. 83, 3. جنى «Einem [Akk.] (Früchte) einsammeln» (ebenso), Baiḍ. II 391, 20. Ebenso امرني بعشرة الاف درهم «Er befahl (für) mich 10,000 Dirhem» = befahl mir zu geben. Mas. VII 223, 1. لقضى «Er hätte (gegen) mich beschlossen» (nach Analogie von «treffen» oder «schädigen») Kam. 21, 5 u. s. w.

Einen häufigen Anlass für die Entstehung objektregirender Verba bildete die Versetzung eines Verbums in die II, III oder IV Konjugazion (§ 26), z. B. قد عاجل الدهر بؤسكما «das Geschick hat Euer Unglück beschleunigt [II]» (I: eilen) Ḥuṭ. 35, 2. ساكن «(mit) Einem [Akk.] zusammenwohnen [III]» (I: wohnen) Balāḍ. 352, 6. ذاكر «Etwas Einem [Akk.] (gegenüber) erwähnen [III]» (I: erwähnen) Ṭab. II *b* 674, 17. اظهر «Einem [Akk.] zum Siege verhelfen [IV]» (I: siegen) Balāḍ. 136, 6.

Über Objektslosigkeit von Verben, die sonst ein Obj. zu regiren pflegen s. S. 41. Die rhetorische Wirkung ist oft ähnlich der, die entsteht, wenn statt eines determ. Substantivs ein indeterminirtes gewählt wird: die Handlung ist unbeschränkter, gewaltiger, geschieht unaufhörlich, berufsmässig u. s. w.

Innerer Objektsakkusativ. § **56**. In einem jeden Verbum liegt ausser der spezifischen Wortbedeutung der allgemeine Tätigkeitsbegriff, der isolirt zur Wirksamkeit gelangen und sich mit einem Objektsakk. (nicht notwendig einem Infin.) verbinden kann. Bei einer solchen inneren Spaltung des Verbums tritt die Wurzelbedeutung desto schärfer hervor, der ganze Ausdruck stellt häufig den Vorgang der Verbalisirung des Nomens dar. Der innere Akk. ist im Arab. nicht blos in einigen besonders beliebten Redensarten vorhanden, sondern ganz gewöhnlich, so dass sein rhetorischer Effekt nicht so sehr erheblich ist. Das regirende Verbum ist sehr oft nicht gewichtiger als Eines der allgemeinsten mit dem Akk. konstruirten Verba wie hervorrufen, bewirken, ausüben u. s. w., häufig ist durch derartige Verba zu übersetzen. Z. B. جَرَّ جريرةً عظيمةً «er beging [eig. verbrach] ein grosses Verbrechen» Ḥam. 423, 1. وبُوذِى اذًى شديدًا «er tat [eig: schadete] grossen Schaden» I Hiš. 473, 20. u. s. w. So werden auch Denominativa von Konkreten mit dem inneren Akk. ihres Grundworts verbunden, z. B. يَدَيتُ يَدَ الكريمِ «ich verfuhr mit der Hand des Edlen» wörtl. ich handete die Hand des Edlen. Ham. 90, 4. Vgl. § 57.

Jede Konjugazion kann als inneren Akk. den Infin. einer passenden andern Konjug. erhalten, z. B. اقتتلنا قتالا شديدًا «Wir kämpften mit einander [VIII] ein heftiges Kämpfen [III]» Ṭab. I*a* 559, 20. تَبَتَّلْ اليه تبتيلا «Widme Dich [V] ihm ein Widmen [II]» Ḳur. 73, 8. أَنْبَتَكم نباتًا «Er liess Euch hervorsprossen [IV] ein Sprossen [I]» Ḳur. 71, 16. Der Akk. kann ein relativisches Pronomen sein, z. B. اوّلُ وقعةٍ واقعها المسلمون «das erste Treffen, das die Muslime lieferten [eig. trafen]» [unverbunden] Balāḏ. 138, 8. لِعهدِ اللهِ الذى عهد اليهم «das Bündniss Allahs, das er mit ihnen geschlossen hatte» [verbunden] Ṭab. I*a* 93, 9. افتتح من ارض فارس ما افتتح «Er eroberte in Persien, was er eroberte» = er machte seine Eroberungen in Persien. Balāḏ. 403, 9.

Der innere Akk. kann im Arab. den Begriff des Verbums wie er ist wiedergeben oder einen andern Inhalt als das Verbum haben. Hat ein innerer Objektsinfinitiv keine nähere Bestimmung und ist indeterm., so macht die Indeterminazion bisweilen das Dunkle, Bedrohliche, Gewaltige anschaulich, die Handlung tritt unerhörter Weise oder mit voller Wucht ein. Auch wird damit betont, dass die Handlung vollkommen und nicht blos stückhaft, oder dass sie im eigentlichen und nicht im übertragenen Sinne vollzogen wird. Im Grunde liegt also hier im Akk. doch etwas mehr als der reine Inhalt des Verbums. Die Bereicherung, die der Akk. geben kann, ruht in der verschiedenen Wortbedeutung des Akk. oder in einer näheren Bestimmung, die in Gestalt besonderer Worte zu ihm tritt, oder in seiner Bildungsweise (nomen unitatis, nomen speciei, Dual, Plural).

Beispiele für gleiche Wortbedeutung ohne nähere Bestimmung: رَشِّقُوا الخَيلَ تَرشيقا «Lasst saufen die Pferde ein Saufenlassen» Ṭab. II*a* 296, 15. وَرَدْنَ ورودا «sie stiegen herab ein Herabsteigen» Dîw. Imr. 13, 6. — Für verschiedene Wortbedeutung: أَوجَعَنى الدهرُ قَرْعا وغَمْزا «Das Schicksal quälte mich (mit) Zerschlagen und Kneifen». Ḫansâ S. 47, 3. قُتِلَ خَنْقا «er wurde (durch) Erwürgen getötet» (s. § 65) Mas. VIII 11, 9. لا تَبكِين تسكابا «Du weinst nicht Fliessen» Ḫansâ S. 1, 3. لم يصحّ وُجُودُه حَسّا ولا خَبْرا «Seine Existenz steht weder (durch) Beobachtung noch (durch) mündliche Mitteilung fest» Mas. IV 10, 4. لا تَضُرُّوه شيئا «Ihr schadet ihm nicht irgend Etwas» Ḳur. 9, 39. قال ثَلثا يا محمّد «Er sagte drei (Mal): o Mohammed» Kâm. 519, 6. — Für nähere Bestimmungen: يصبر صبرا حسنا «er entwickelt [eig: geduldet sich] eine schöne Geduld» Ṭab. II*b* 1209, 5. لَتَعودَنّ عودا على بَدْءٍ «Sie soll wiederkehren ein Wiederkehren zu Anfangen» = sie soll wiederkehren wie zuvor. Ḥam. 421, 20. إن نَظُنُّ الّا ظَنّا «Wir meinen blos Meinen» = wir meinen blos. Ḳur. 45, 31. لَأُوقِعَنّ بكم ايقاعا اكون

اشدّ عليكم «ich werde über Euch herfallen ein Herfallen, (indem) ich ärger mit Euch umspringe als dieser Feind» Ṭab. II*b* 930, 9. Die nähere Bestimmung kann grammatisch der eigentliche Akk. des Inhalts sein, wie قاتلوهم اشدَّ قتال wörtl. «Sie bekämpften sie ein sehr Heftiges von Bekämpfen» = sie bekämpften sie sehr heftig. Balāḏ. 115, 10. من يعبدنى حقّ عبادتى «die mir das Richtige meines Dienstes dienen» = die mir mit richtigem Dienst dienen. Ṭaʿlabī 47, 5. Und mit Relativsatz: صبر بعضهم لبعض اشدَّ ما يكون من الصبر! «die Einen von ihnen waren standhaft gegen die Andern das Stärkste (dessen), was es an Standhaftigkeit gibt» Ḥam. 254, 32. Zahlangaben und erstarrte Genitivverbindungen (s. § 80 ff.): فاجْلدوا مائة جَلْدة «peitschet hundert [Akk.] Peitschenhiebe [Gen.]» Ḳur. 24, 2. جُرِّبوا كلَّ التجارب «sie wurden geprüft alle Prüfungen» Dīw. Nāb. N°. 1, 20, und andrerseits اجتهدت جهدى كلّه «ich eiferte meinen Eifer ihn ganz» I Saʿd 16, 2. — Für Wortbildungsweise: يضرب القفل ضربة «er schlägt auf den Türriegel ein einmaliges Schlagen [nomen unitatis]» I Ḫurd. 167, 7.

§ 57. Die Wortbedeutung des regirenden Verbums kann mit der des inneren Akk. in Vergleich gesetzt werden; meist steht dabei das Subj. des regirenden Verb. dem Subj. der einem abhängigen Infin. zu Grunde liegenden Handlung gegenüber. Beispiele: سموت سُمُوَّ حباب الماء «Ich stieg empor (wie) das Emporsteigen der Wasserblasen» Dīw. Imr. N°. 52, 26. يَثِبْنَ وَثْبَ السعالى «Sie springen (wie) das Springen der Silats» Nöld.-Müller Del. S. 44, 2. Vgl. noch oben S. 97. Mit Relativsatz: كان يشبّ شبابا لا يشبّه الغلمان «Er wuchs heran ein Heranwachsen, das die andern Knaben nicht heranwuchsen» I Hiš. 105, 6. لحا لحْوَ العصى «die entrinden (wie) das Entrinden von Stöcken» Ḥuṭ. 31, 4. *Fortsetzung Akkusativ des Vergleichung*

Fortsetzung: Akkusativ des Motivs und Zwecks. § 58. Auch dieser Akk. ist ein Akk. des inneren Objekts, setzt also voraus, dass das Objekt — wie jedes Objekt — vom Subjekt der Handlung betroffen wird, und dass in einem und demselben Akt die Handlung ausgeübt und das Objekt betroffen wird. Daher die Regel, dass die das Motiv und den Zweck bildende Handlung vom Subj. der Haupthandlung ausgehen [1]) und zur Zeit der Haupthandlung vorhanden sein müsse, also nicht جاء خوف زيد «er kam Fürchten Zeids» = weil sich Zeid fürchtete. Die äussere Ursache wird seltener durch den Akk. angegeben. Beispiele: كانت في دار واحدة ارادةَ الطاعةِ «Sie waren in einer Wohnung (wegen) des Wollens [Akk.] des Gehorsams» = weil sie gehorchen wollten. Ḥam. 421, 4. كادت تموت فرحا «sie starb beinahe (vor) Freude» Mas. VI 407, 4. يرعش كِبَرا «der (vor) Alter zitterte» Kām. 216, 20. من يَشرِى الحياةَ تقرُّبا الى ملك «der sein Leben verkauft, um sich einem Könige zu nähern» I Hiš. 614, 12.

Akkusativ des Raums § 59. Der Akk. steht zur Bezeichnung der räumlichen Erstreckung und des Raumunterschieds. Zur Bezeichnung der Lage im Raum stehen nur die allgemeinen Raumbestimmungen im Akk., nicht die speziellen Ortsbestimmungen, man sagt nicht صلّيت المسجدَ «ich betete (in) der Moschee [Akk.]» Übrigens ist der Akk. des Raums, wenn man von den aus ihm entstandenen Praeposizionen absieht, nicht allzu häufig. Besonders kommt das Wort مكان «Ort» selbst als Akk. der Lage vor. Beispiele: ينزل الناس اليه نيّفا وعشرين مرقاة «Die Leute steigen zu ihm hinab (auf) etlichen und zwanzig Stufen» I Rust. 81, 10. رفعنا بعضهم فوق بعض درجات «Wir erhoben die Einen von ihnen über die Andern (um) Stufen» Ḳur. 43, 31. قف مكانك «Bleibe an Deiner Stelle» Ṭab. II*b* 919, 12.

Anm. 1. Dies trifft auch beim Akk. der Vergleichung zu, selbst wenn der Akk. scheinbar ein anderes Subj. als das regirende Verbum hat, der Ausdruck bedeutet dann «eine Handlung ausüben, die (sonst) ein Andrer auszuüben pflegt» oder dgl.

§ 60. Der Akk. steht zur Bezeichnung der zeitlichen Lage und der zeitlichen Erstreckung, aber nicht des Zeitunterschieds ‹um wie lange?› (Fleischer Beitr. X 136). Er ist häufiger als der Akk. des Raums. Beispiele: مطلع الشمس ‹(beim) Aufgang der Sonne› Ḫansā S. 17, 8. آخر عمره ‹(im) letzten Teil [= gegen Ende] seines Lebens› I Ḳut. 240, 6. يوم الاثنين ‹(am) zweiten Tage› Balād. 114, 14. العام المقبل ‹(im) folgenden Jahr› Huḏ. II S. 11, 13. ذلك الدهر ‹(zu) jener Zeit› Ḥam. 4, 14. — سنة ‹ein Jahr (lang)› Buḫ. II 96, 17. اقمنا اقامة ‹wir blieben (während) seines Bleibens [Akk.]› Farazd. 227, 3. *Akkusativ der Zeit.*

§ 61. Das syntaktische Verhältniss des nominalen Praedikats zu seinem Subj. ist lockerer als das des Attributs zu seinem Beziehungssubstantiv: tritt im Nominalsatz das Subj. in den Akk., so bleibt das Praed. im Nominativ إنّ الرجلَ ضاربٌ ‹ecce virum verberans (est)›. Dagegen besteht Kongruenz in Genus und Num. auch in diesem Falle. Offenbar bringen die realen Merkmale des Subj. (ob Einer, Zwei oder Mehrere — männlich oder weiblich) einen stärkeren Eindruck hervor als die syntaktisch-formalen (die Kasus). So richtet sich denn auch das Praedikativ im Verbalsatz hinsichtlich des Kasus nicht nach seinem Beziehungsnomen, sondern es wird zum Hauptpraedikat, dem Verbum, als dessen Ergänzung geschlagen, d. h. tritt in den Akk. Aber wiederum besteht Kongruenz mit dem Beziehungsnomen in Genus und Num. *Praedikativ.*

Die Geltung des Praedikativs ist an die des Praedikats geknüpft; es ist meist ein Adj. bezw. Partizip [1]), seltener ein Infin. und noch seltener ein Konkretum, immer aber bezeichnet das

---

Anm. 1. Nach § 39 ist hiermit jedoch keineswegs gesagt, dass die *Handlung*, die im praedikativen Partizip als Eigenschaft erscheint, auf die Dauer des Vorhandenseins des Praedikats beschränkt ist, vgl. z. B. يُدخله نارا خالدا فيها ‹er führt ihn in ein Feuer (als) einen darin weilenden› Kur. 4, 18. Häufig müssen wir durch Nebensätze oder sonstwie auflösen, wofür Beispiele folgen.

Praedikativ eine an sich wandelbare Eigentümlichkeit. Beisp. für Subst.: طاروا اليه زرافات ووحدانا «Sie flogen zu ihm (in) Scharen und Einzelne [= einzeln]» Ḥam. 6, 16. Gewöhnlich ist das Praedikativ indeterminirt, was bei einem determinirten Beziehungsnomen ein wichtiges Unterscheidungsmittel des Praedikativs gegenüber dem Attribut werden kann (§ 52), z. B. نظرن الى النبيذ مصفّى فى قنانيه «sie gewahrten den Dattelwein geklärt in seinen Flaschen» Aġ. VI 49, 1.

Praedikativum zum Nominativ: دخل بلاد الروم مرتدًّا «Er trat auf byzantinisches Gebiet (als) Abtrünniger über» Balâḏ. 136, 9. لا بجير اغنى قتيلا «Nicht nützte Budschair (dadurch dass er) getötet (wurde)» Ḥam. 252, 6. خرجا غازيين «sie zogen zu einem Raubzug [eig. einen R. unternehmend] aus» Ḥam. 40, 12. اخرج مذؤما «Gehe [1]) verachtet hinaus» Ḳur. 7, 17. — Zum Genitiv: أُتيت بأميّة اسيرا wörtl. «Zu mir wurde gekommen mit Omaia [Gen.] (indem er) gefesselt (war)» Ḥam. 303, 29. تردّ علىّ الريح ثوبى قاعدا الى صدفىّ «Während der Wind [Fem.] mein Gewand auf mich trieb, (als ich) neben einem sadafitischen Kamel sass» eig: sitzend [Mask.] neben. Dîw. Ṭar. N°. 10, 9. ان ياكل لحم اخيه ميتا «dass er das Fleisch seines Bruders, (wann dieser) tot (ist) esse» Ḳur. 49, 12. — Zum Akkus.: من يترك اخاه محاربا «wer seinen Bruder kämpfend verlässt» Huḏ. N°. 48, 5. — Für etymol. Figur und Verwantes: قمت قائما «ich stand aufstehend auf» Huḏ. II S. 71, 7. تبسّم ضاحكا «er lächelte lachend» Ḳur. 27, 19.

Anm. 1. Sobald beim Imperativ die Bestimmung soviel ist wie «alle», soll man sie nicht als Praedikativ sondern als Attribut behandeln und in den Nominativ setzen, also ادخلوا الاوّلُ والآخرُ «Tretet ein der Erste und der Letzte» u. dgl. Sîb. I § 96.

§ 62. Gewisse Verba entäussern sich ihrer selbständigen Bedeutung und werden in Verbindung mit dem Praedikativ [1]) zu Exponenten für die Art der Beziehung zwischen Subjekt und Praedikat. In diesem Fall ist auch die Verwendung der verschiedenen Nominalarten als Praedikativ uneingeschränkt. Dabei sind zweierlei Fälle zu unterscheiden: manche Verba stellen sich als Wiedergabe des Imperfektbegriffs, andre als Wiedergabe des Perfektbegriffs durch ein besondres Wort dar. *Fortsetzung: Hilfsverba.*

Imperfektiv [2]) sind: بقى «übrig bleiben», دام «verharren», برح, رام, زال, فتئ (فتأ), انفكّ und ونى «aufhören»; die letzteren Sechs sind also ihrer Bedeutung nach eigentlich perfektiv, stehen aber stets in Sätzen verneinenden Sinns und sind damit imperfektiv. Die Verba جار, تحوّل, استحال, رجع, ارتدّ, عاد, آض eigentl. «als Etwas zurückkehren», صار eigentl. «(hin)gehen» und ذهب eig. «weggehen» haben die Bedeutung «werden» angenommen. Man muss hierbei ein Umspringen der Bedeutung aus der räumlich-mechanischen Weiterbewegung in die qualitative annehmen, denn in geradliniger Bedeutungsentwicklung müsste «er kehrte krank zurück» ergeben: «er war krank geworden» oder resultativ «er war krank», aber nicht «er wurde krank». Entsprechend haben auch einige Verba, die bedeuten «die Nacht, den Tag u. s. w. zubringen» den Übergang aus dem Begriff des zeitlichen Fortschritts in den Begriff des qualitativen Fortschritts vollzogen und die Bedeutung «werden» angenommen; sie bedeuten aber auch ohne Weiteres «sein» und sind dann perfektiv. Es sind dies die Verba ظلّ «den Tag zubringen», بات «die Nacht zubringen», اضحى «den Vormittag zubringen», اصبح, غدا «den Morgen zubringen», راح,

---

Anm. 1. Über einen andern Gebrauch der Hilfsverba s. Abschn. XVI.

Anm. 2. Wem es seltsam erscheint, dass die imperfektiven Verba in perfektischer Gestalt erscheinen können und umgekehrt, der erinnere sich der Konstruksionen كان يقتل und يكون قتل (Abschn. XVI); der perfektischen *Form* von دام u.s.w. entspricht hierbei die Perfektform كان und der *Bedeutung* von دام die Imperfektform يقتل.

امسى «den Abend zubringen», اسفر «die Dämmerung zubringen». Selten werden auch die sog. «Verba der Annäherung» (wie «beinahe sein» «sich an Etw. machen» und dgl.) mit einem Praedikativ verbunden; sie sind nicht etwa imperfektiv sondern perfektiv, sie bezeichnen die verwirklichte Vorbereitungshandlung.

Beispiele [1]: ما دام بادنا «so lange es fett ist» Dîw. Imr. 4, 28. لم يزل معتزلا «Er blieb fern» Ḥam. 251, 15. يمين الله ابرح قاعدا «Bei Gott! Ich harre aus!» (eig: ich sollte aufhören ausharrend?!) Dîw. Imr. N°. 52, 22. عاد رمادا «er wurde zu Asche» Ṭab. II b 671, 10. ذهبت مثلا «es wurde zum Sprüchwort» Ḥam. 251, 15. يظلّ لهم سجودا «sie fallen vor ihnen nieder» (eig: sind Niederfallende) Huḏ. N°. 1, 9. اذا هو امسى شاتيا «wann er den Winter zubringt» (eig: überwinternd ist) Huḏ. N°. 6, 4. اصبحت عسيرا «sie wurde schwierig» Muʿall. ʿAnt. 6. ظلّ وجههم مسودّا «ihr Gesicht wird dunkel» Ḳur. 16, 60.

Fortsetzung: Verbale Kopula. § **63**. Schon die Beispiele im § 62 zeigen z. T. Verba, die Etwas von der Natur einer Kopula haben, noch mehr ist das bei dem ungleich häufiger gebrauchten perfektiven Verbum كان eig. «aufstehen», resultativ «stehen» = «vorhanden sein» der Fall [2]. Es ist als Existenzialwort [3]) nicht selten, z. B. لا يكون ذلك «dies

---

Anm. 1. Diese Verba kommen auch in ihrer ursprünglichen Bedeutung vor, z. B. بات حتى اصبح «er brachte die Nacht zu, bis es Morgen wurde» (eig: bis er Morgens war) Ṭab. II b 919, 18. u. s. w.

Anm. 2. Die Bedeutung «aufstehen» ist nur aus den verwanten Sprachen zu entnehmen, im Arab. selbst weist keine unzweifelhafte Spur mehr darauf hin, auch in diesem Punkte unterscheidet sich كان von den andern Hilfsverben. Doch folgt das Wort, wenn man von dem öfters vorkommenden Abfall des n im Jussiv absieht, ohne eine Ablenkung oder Schwächung zu erleiden, der Bildungsweise aller Verba gleicher Klasse.

Anm. 3. Weitere Existenzialverba: وُجِدَ «gefunden werden, sich finden» (weil es nämlich gesucht wird, nachdem die Frage seiner Existenz angeregt ist), بقى «übrig sein, vorhanden sein» «ausser etwas Anderem noch vorhanden sein» هل بقى «gibt es auf der Welt Etwas, das Du noch wünschest?» Ṭab. II c 1464, 19. جاء «vorkommen, stehen» (z. B. Ḥam. 14, 25), قعد «sitzen, sich in einer Situazion befinden» (z. B. Ḳur. 17, 23) وقع «vorfallen, eintreten» (z. B. Ḥam. 249, 25).

wird nicht geschehen» Mas. VI 34, 10. الذى كان «was vorgefallen war» Ṭab. II*c* 1312, 13. لـمّـا كانت الـلـيـلـة الثانية «als die zweite Nacht da war» Ṭaʿlabī 9, 17. لمّا كان يزيد «als Jezid war» = regirte. Balāḏ. 158, 6 وإن كان امر فظيع «Wenn auch eine schauderhafte Sache ist» = wenn es sich auch um eine schauderhafte Sache handelt. I Hiš. 621, 6. Eine reine Kopula hat aber das Arab. schon um deswillen nicht, weil es nicht das Bedürfniss hat, sich der kopulaähnlichen Wörter unter *allen* Umständen in der normalen Rede zur Verbindung des Subjekts mit dem nominalen Praedikat zu bedienen. Speziell der *verbalen* «Kopula» haftet meist noch eine bestimmte Zeitvorstellung an [1]), und in einem Satze wie «Der Löwe ist ein Tier» wird man keine verbale Kopula antreffen. Beispiele: مـن يـك عن شأنه سائلا «wer nach seiner Sache fragend [Akk.] ist» Dīw. ʿAnt. No. 3, 2. كـنـت آخـذا «ich war fassend» = hielt gefasst. Ṭab. I*a* 61, 11. بأن تكون لقوحه ربّا عليه «weil sein Milchkamel Herr über ihn ist» Ḥam. 173, 12. لا تكن اخاها «sei nicht ihr Bruder» Ḥam. 660, 1. اذا كان الـمـاء زايـدا «wann das Wasser reichlich ist» Mas. II 362, 1.

Man sieht aber doch, wie weit die Entwicklung einer verbalen Kopula vorgerückt ist. Sie wird zunächst da beliebt worden sein, wo eine Partikel oder sonst ein Wort (z. B. Pronomen indefinitum) vorhanden war, das die Verbindung zwischen Subj. und Praed. betraf und so den Anstoss gab, diese Verbindung auch in Wortform hinzustellen. Zwischen Subj. und Praedikativum der Kopula bestehen die gleichen Beziehungen wie im Nominalsatz zwischen Subj. und Praed. (s. § 7). Z. B. كانت الحرب بينهم سجالا «Der

---

Anm. 1. Vgl. z. B. auch Fälle wie وكيف كان ابتداء خلق الله آيّاه وكيف يكون فناؤه «wie der Anfang ihrer Erschaffung durch Gott war [Perf.], und wie ihr Untergang sein wird [Impf.]» Ṭab. I*a* 5, 19.

Kampf zwischen ihnen war Unentschiedensein» = war unentschieden. Mas. IV 354, 8. كانوا بنو مرّة عشرة رهط «Die Benu Murra waren zehn Stämme» = bestanden aus 10 St. Huḏ. N°. 31 Einl. 2. u. s. w. Zwischen Subj. und praepositionalem Ausdruck: يسمّون كلّ ما كان وراء الفرات شاما «Sie nennen Alles, was jenseits des Eufrats ist, Syrien» Makd. 152, 10. من كانت هجرته الى الله ورسوله فهجرته الى الله ورسوله «Wessen Hedschra zu Allah und seinem Boten ist, dessen Hedschra (ist) [ohne Kop.!] zu Allah und seinem Boten». Buḫ. I 23, 2.

Eine mit der Negazion zusammengewachsene Kop. ist ليس, das als zweites Element wohl ursprünglich ein Nomen hat, also eine nominale Kop. bildet. Es wird wie ein Perf. konjugirt, bezeichnet aber immer die Gleichzeitigkeit (§ 31). Z. B. لسنا فاعلين «Wir sind nicht Tuende» Ṭab. *Ia* 237, 12. Eine höchst selten vorkommende negirte Kop. ist لاتَ, das aber nie einen Subjektsnominativ und als Praedikativ nur Wörter, die Zeitbegriffe bezeichnen, haben soll. لا يكون und ليس haben auch die Bedeutung «ausser», also اتونى لا يكون زيدا wörtl. «sie kamen zu mir, (es) ist [Sing. Mask.] nicht Zeid» = ausser Zeid. Sîb. I S. 323, 13 folg. Mit Bezug auf weibliche Wesen soll man aber auch sagen können ما اتتنى امراة لا تكون فلانة wörtl. «nicht kam zu mir eine Frau, sie ist [Sing. Fem.] nicht die und die», wo also der Prozess der Erstarrung noch nicht so weit vorgeschritten ist. Auch das affirmative كان kommt partikelartig und unveränderlich in der Bedeutung «wahrlich» oder als blosses Flickwort vor, s. Fleischer Beitr. XI 274.

Akkusativische Adverbien. § 64. Akkusativische Adverbien [1]) entsprangen aus den verschiedenen Arten des Akk., ein besonderes Bildungselement für Adverbien gibt es nicht. Die Grenze zwischen gewöhnlichem Akk.

Anm. 1. Vgl. noch Abschnitt XX «Akkusativ des Ausrufs».

und Adverbium ist daher schwer zu ziehen, aber für manche Wörter gibt es doch Kennzeichen, an denen zu sehen ist, ob das Wort bereits Adv. ist.[1]) Ein Adv. wie جِدًّا «sehr», das eigentlich «(mit) Eifer» bedeutet, wird dadurch Adv., dass es auch von Dingen, bei denen nicht an die Entfaltung einer solchen Tätigkeit gedacht wird, gebraucht wird. Ausdrücke wie السَّاعَةَ «die Stunde» = «sofort» sind durch die alte Demonstrativbedeutung, die der bestimmte Artikel in ihnen bewahrt hat, isolirt, und andrerseits Formen wie سَوْفَ «schliesslich», سَحَرَ «morgens» u. s. w. dadurch, dass sie keinen unbestimmten Artikel haben, wogegen das Diptoton أَوَّلُ ein Adverbium أَوَّلًا «zuerst» (Triptoton wie أَخِيرًا «zuletzt») bildet [2]). Die Entwicklung echter Adverbien wird durch ihr Eindringen in den Nominalsatz, wo sie nicht als *adverbale* Ergänzungen auftreten, befördert worden sein, ferner dadurch, dass viele dieser Bestimmungen weniger dem Praedikat als dem Satzganzen gelten, und endlich haben nicht wenige Adverbien die Form فَعِيلٌ, die nur unvollkommen ausgebildetes Geschlecht hat (s. S. 27) und sich leichter von der Kategorie des Nomens loslösen konnte.

Neben der adverbiellen Ausdrucksweise steht übrigens eine andre, in der dem Adverbium eine Kausativkonjugazion, und dem Verbum ein Infinitiv entspricht. Bei der infinitivischen Ausdrucksweise denkt man sich die im Mittelpunkt der Aussage stehende Handlung als Tatsache ohne hervorstechende Merkmale, die von einer modifizirenden Handlung betroffen wird, vgl. S. 68 Mitte. Beispiele: أَسْرَعَتْ حِسْبَةً «sie machte schnell ein Berechnen» = berechnete schnell. Dîw. Nâb. 5, 36. أَكْثَرْتُ السُّؤَالَ «ich machte viel das Fragen» = fragte viel. Maḳd. 475, 3. أَسَأْتُ تَعَلُّمًا «ich hatte schlecht

---

Anm. 1. Dagegen sind die adverbialen Pronomina (s. besonders Abschnitt XXII) deutlich von den übrigen Pronomina unterschieden.

Anm. 2. Die Zahl der Adverbien, die jede verständliche Flexionsendung abgestreift haben, ist sehr gering. أَمْسِ ist vielleicht Nominativ.

gemacht Lernen» = schlecht gelernt. Huḏ. 221, 3. احسن ضيافته «er machte schön seine Bewirtung» = bewirtete ihn schön. Ṭab. IIa 403, 10. اطالت وقوفا «sie machte lang ein Stehen» = stand lang. IHiš. 1022, 15. اجدّدْتُ الذهاب «ich machte eifrig das Fortgehen» = machte, dass ich fortkam [Wellhausen]. Huḏ. N°. 179, 1. اشتدّ تطلّعه «sein Ausschauen war stark» = er schaute gespannt aus. Ja'ḳūbī Ta'rīḫ II 160, 18. Man übersetze nicht «beschleunigte», «vervielfachte» u. s. w., wenigstens passt das nur selten, eher entspricht «.... und zwar ...», besonders in Fällen wie ربّونا فاحسنوا تربيتنا «sie zogen uns auf und machten schön unser Aufziehen» = und zwar schön. Aġ. V 3, 10. توضّأ فاحسن الوضوء «er wusch sich [V, reflexiv] und machte schön das Waschen [I]» = und zwar ordentlich. Buḫ I 252, 12 [1]).

Unter den Adverbien überwiegen die aus ursprünglichen Substantiven entstandenen ganz bedeutend. Manche Adverbien bilden Deminutive, z. B. غُدَيّة «ein wenig Morgens» = als es eben tagte. Imr. Mu'all. 80. ضُحَيّا Dīw. Imr. 4, 5, ebenso. Die *gebräuchlichsten* Adverbien [2]) dürften sein:

1) *Räumliche.* يمينا «rechts», يسارا, شمالا «links», أماما «vorn», خلفا «hinten», برّا وبحرا «zu Wasser und zu Lande».

2) *Zeitliche.* Auf die Frage «wann?»: قبلا «zuvor», قديما «früher» «von Alters her» (Mas. I 207, 8), اوّلا «zuerst», مرّة «einmál» (Nöldeke-Müller Del. 98, 4), حديثا «neuerdings» «vor Kur-

---

Anm. 1. Auch absolut kommen diese Verba vor, z. B. لمّا اكثر عليه «nachdem er viel gemacht hatte auf ihn» = in ihn gedrungen hatte. Ham. 254, 17. قد اكثرت في «sie machten viel in ....» = befassten sich viel mit ... Ham. 423, 16.

Endlich vgl. noch die Konstrukzion سجد فأطال «er fiel nieder und machte lang» = fiel lange nieder.

Anm. 2. Mit ذو gebildete Adverbien s. § 80.

zem», الامسَ «gestern» [1]), يوما «eines Tages» «einst» (Ḥam. 151, 3); in dem Satze وان شقر يوما سألن فيه الخلاع «und wenn er eines Tages wenig gibt, verlangen sie an ihm die Scheidung» Ḥam. 242, 18, zeigt فيه, wie das Adv. wieder als Subst. fungirt; يوما ..... يوما korrelativ «bald ..... bald» IHiš 452, 20, يومئذٍ «am Tage des Da» = damals [2]), آنفا «jetzt» «soeben», auch von der näher liegenden Vergangenheit, z. B. ما بيّنّا آنفا «wie wir früher ausgeführt haben» Mas. IV 11, 7, mit Bezug auf III 323; الآن «zu dér Zeit» «jetzt», الساعة «zu dér Stunde» «sofort», اليوم «dén Tag» «heute», العام «dás Jahr» «heuer», قينةً «zur bestimmten Zeit» [3]), قريبا «kurz vorher oder nachher» (Balāḏ. 329, 17), غدا «morgen», اخيرا, سوفَ «schliesslich», الدهر «jemals» (Dîw. Nāb. 6, 16), بكرا, صباحا, ضحى, سَحَرَ [3]), بُكْرةَ [3]), غُدْوةَ [3]) «morgens», نهارا «bei Tage», ليلا «bei Nacht», مساء, عشاء, عشيّةً «abends», عَتَمةً «im ersten Drittel der Nacht».

Auf die Frage «wie oft?»: مرّةً «éinmal», مرّتين او ثلاثا «Zwei Mal [Dual] oder drei» Buḫ. I 24, 16; مرارا «zu (wiederholten) Malen» (Ṭab. I*b* 853, 3), احيانا ebenso (Dîw. Zuh. 17, 34), حالا بعد حال «ein Mal ums andre» (Nöldeke-Müller Del. 101, 18), حينا بعد حين (oder الى) ebenso (Ḥam. 13, 22. Ḥuṭ. 53, 2). Korrelativ verbunden stehen z. B. تارةً ... كرّةً .... مرّةً حينا ... طورا ....

Anm. 1. Die Angaben der arab. Grammatiker über die Form dieses Wortes s. bei Howell I S. 786 ff. Lane I 1 S 99*a b*.

Anm. 2. Entsprechend ساعتئذٍ, عامئذٍ, غداتئذٍ, عشيتئذٍ, ليلتئذٍ, حينئذٍ, وقتئذٍ «zur Stunde, im Jahre, am Morgen, am Abend, in der Nacht, zur Zeit des Da». Ob der Ausgang des zweiten Bestandteils die Genitivendung ist, ist doch zweifelhaft.

Anm. 3. Kommt auch als nominativisches Adv. auf u vor (§ 10), so dass das Wort den Anschein eines Diptotons erweckt. Übrigens kommen die meisten Adv. ohne Nunazion auch mit Nunazion vor.

«bald ... bald ... bald u.s.w.» Makd. 4, 3 ff. كثيرا «häufig» (Ḥam. 3, 11). Die Akkusative der Kardinalzahlen bilden ohne Weiteres das Kardinaladverbium («drei (Mal)»), die der Ordinalzahlen das Ordinaladverbium («zum dritten (Mal)»), indes kann man auch eines der Wörter für «Mal» hinzufügen, ثلاث مرّات «drei Male», مرّةً ثالثةً «ein drittes Mal», oder man bedient sich des inneren Objektsinfinitivs, s. § 56 S. 97. Der Akk. der Form فُعْل bildet das Periodenadv., ثُلْثًا «alle drei (Tage, Wochen u. dgl.)», اثْلَثْنَ «je den dritten Tag (die dritte Woche u. dgl.)».

Auf die Frage «wie lange?»: ابدا «in Ewigkeit» «fortwährend» (Makd. 7, 7), دائما «immer», ساعةً, زمانا, حينا (z. B. Huḏ. N°. 221 Einl. 12) «eine Zeit lang», أيّاما «(einige) Tage», طويلا «lange», قليلا «kurze Zeit» «ein Wenig» (Buḫ. I 376, 1).

3) *Modale.* كثيرا «viel», يسيرا, قليلا «wenig», غالبا «überwiegend» «meist», شيأً «Etwas» = «ein wenig», جدًّا «sehr», مَهْلًا «gelinde», غايةً «äusserst», عاجلا «schleunig» (IHiš 417, 9), سريعا «schnell», بَغتةً «plötzlich», رُوَيدا «langsam», أَصْلًا «durchaus» «überhaupt», طُرًّا «allzumal», besonders in der Verbindung طُرًّا اجمعين «alle miteinander» z. B. Mas. IV 436, 4, aber auch für sich, z. B. Ḫansā S. 62, 3; كافّةً «vollständig» (Ḳur. 2, 204), معا «zugleich» «zusammen», جميعا «zusammen» «sämtlich», قاطبةً «zu Hauf» (Kām. 21, 1), رَسَلًا, أَرْسالًا (Lane I 3 S. 1083*a*) «herdenweise», وحدَ «allein», nur mit Genitivsuffix: وحدَه «er allein» u.s.w., s. § 81; عينا «selbst», خُصوصا, خاصّةً «besonders» «namentlich», فضلا عن «abgesehen davon, dass», أَيْضا «auch»; zum Gebrauch und zur Stellung dieses Wortes: يُقال ايضا «man sagt auch» Ḥam.

385, 1. «hinwiederum» «andrerseits» Makd. 7, 21. «noch einmal» Buḫ. II 238, 20. كان من قوّاد الضحّاك ايضا «er war einer der Heerführer Dahaks gleichfalls» = war gleichfalls einer der Heerf. Dahaks. Ṭab. II*c* 1906, 9. والانسان ايضا اذا حمل «und der Mensch auch, wenn er losfährt» = und auch der Mensch, wenn er losfährt. Ham. 6, 24. ما اريد هذا ايضا «nicht will ich Dies auch» = ich will auch Dies nicht. Ṭab. II*a* 276, 6. ان يسلك ايضا طريق تبوك «er solle ziehen gleichfalls auf dem Wege nach Tabuk» = er solle gleichfalls auf dem Wege nach T. ziehen. Balāḏ. 108, 16. عوضا «vertretungsweise», محلّا «eine bestimmte Stellung einnehmend» «dem Sinne nach einer Sache gleichkommend», تقريبا, قريبا «annähernd» «ungefähr», حقّا, حقيقا, حقيقة «in Wahrheit» «wirklich», بتّة, البتّة «gewiss» «durchaus» (Genaueres bei Lane I 1 S. 148, *c*), مثلا «zum Beispiel», سرّا, باطنا «heimlich», اعلانا, جهارا, جهْرا, جهْرة «öffentlich».

§ 65. Das arab. Verbum kann mehr als einen Akk. zu sich nehmen, und zwar findet die Handlung nicht blos in den verschiedenen Akkusativen einzeln ihre Ergänzung, sondern ist auf die Herstellung eines Verhältnisses zwischen den Akkusativen gerichtet. Der dopp. Akk. hat eine weite Ausdehnung; es kommen auch dreifache Akk. vor, nämlich nach Kausativen der «Verba cordis» (s. u.), die an sich schon dopp. Akk. regiren; ferner bei inn. Akk. نبيعكه بيعا «wir verkaufen es Dir [Akk.] ein Verkaufen» Kām. 262, 19. Das Verbum spielt beim Zustandekommen des dopp. Akk. eine verschiedene Rolle: In den von Trans. abgeleiteten Kausativkonjugazionen werden 2 Objekte von verschiedenen, den Verbalbegriff zusammensetzenden Begriffen regirt, z. B. أبلغ رسالة ابا جابر «mache erreichen eine Botschaft den Abu Dschabir» Dīw. Ṭar. 6, 6. أن يُريَني النار «dass er mich das Feuer sehen lasse» = *Doppelter Akkusativ.*

mir zeige. IHiš. 268 letzte. Bei Verben wie denen des Füllens, Gebens, Entziehens, Fragens, zu Etwas Machens u. A. findet ein Zeugma der Art statt, dass ein und derselbe Verbalbegriff zwei verschiedenen Objekten zugewendet ist, z. B. اُحْشُوا عينَيَّ اثمدا „bestreichet meine Augen (mit) Antimon [Akk.]“ Ṭab. Ia 200, 12 (die Handlung des Bestreichens mit den Augen — mit dem Antimon vornehmen), كتمها خالدا „er verheimlichte es dem Chalid“ Balāḏ. 115, 6. ليمنحها اخاه „er soll ihn seinem Bruder schenken“ Buḫ. II 145, 8. باع عمر ارضا „sie verkauften dem Omar Land“ Balāḏ. 13, 14/15. سأَلْتك صرفا „ich habe Dich (um) rote Farbe geboten“ Ḥuṭ N°. 60 4. u. s. w.

Die beiden Akk. können sich zu einander wie das Subj. zum Praed. verhalten. Dies ist der Fall nach den Verben des Erschaffens zu oder aus Etwas, Ernennens u. dgl., nach den Verben „des Herzens“ (Wissen, Meinen, Sich vorstellen, für Etw. halten u. dgl.), z. B. خلقتك فرسا „ich erschaffe Dich (zum) Pferde“ Mas. IV 23, 11. قلب الزمانُ سوادَ رأسك ابيض „Die Zeit hat das Schwarz Deines Hauptes (in) Weiss verwandelt“ Abul ʿAtāh. 138, 10. بنيته بناء „so baute ich es zu einem Bau“ Ṭab. Ib 851, 7. جعل عمده حجارة „Er machte seine Säulen (aus) Stein“ Balāḏ. 6, 15. شاده مرمرا „er errichtete es (aus) Marmor“ Aġ. II 36, 21. وقد جعلنا خراسانَ تسع كُوَر „wir machten Chorasan zu 9 Distrikten“ = teilten es in 9 Distrikte. Maḳd. 295, 3. لا تحسبنّ الذين قُتلوا فى سبيل الله اَمْواتا „Halte nicht diejenigen, die auf dem Wege Allahs getötet wurden, (für) Tote“ Ḳur. 3, 163. يخال حُزونَ الارض سهلا „er wähnte, der holprige Boden [Akk.] (sei) geglättet“ Farazd. 227, 4. ما أظنّ الساعة قائمة „Nicht halte ich die Stunde (für) bevorstehend“ Ḳur. 18, 34. وجدهم مئة الف „es fand sie 100, 000“ = er fand, dass es 100, 000 waren. Balāḏ. 169, 10. دعوا هؤلاء مكانهم „Lasst Diese an ihrem Ort“ Ṭab. IIa 52, 13.

In allen andern Fällen verhalten sich die beiden Akk. zu einander wie das Subj. zum Obj., der eine Akk. nimmt in der Fantasie des Sprechenden mit dem andern irgend eine körperliche oder geistige Handlung vor, wie sie ein Subj. mit seinem Obj. vornimmt; man braucht sich dabei keine *bestimmte* Handlung zu ergänzen, ja man darf und kann es nicht einmal. سقى اللّهُ ذاتَ الغمْرِ وبْلًا «Allah tränke Dhat olgamr (mit) einem Platzregen [Akk.]» Huḏ. I No. 113, 18. Vgl. ausserdem die Beispiele im ersten Absatz. Hierher gehören auch die Ausdrücke der Form ضرب زيدا الظهرَ «er schlug den Zeid (auf) den Rücken»; das Wesen dieser Konstrukzion und ihr Unterschied gegenüber ضرب ظهرَ زيدٍ «er schlug den Rücken Zeids» besteht darin, dass das Individuum — der erste Akk. scheint gewöhnlich ein lebendes Wesen zu sein — als Ganzes von einer Handlung getroffen werden soll, obwohl direkt nur ein Glied desselben getroffen wird: das Individuum erlangt eine Empfindung seines Glieds, der erste Akk. verhält sich zum zweiten wie ein Subj. zum Obj. Nicht selten tritt ferner zu einem ersten Akk. ein zweiter des inneren Objekts, der sich alsdann zu dem ersten wie ein Obj. zum Subj. verhält, z. B. قد شرحته شرحا مستوفيا «ich hatte es kommentirt (mit) einem vollständigen Kommentar [Akk.]» Ḥam. 2, 19. ضربه ضربةً على ساعده «er schlug ihn ein Schlagen auf seinen Unterarm» Ham. 256, 2. عَرِّفْها حوْلًا «mache sie bekannt ein Herumgehen» = gehe herum und rufe sie öffentlich aus. Buḫ. II 96, 11.

Die Konstrukzion der Verba der Wahrnehmung ist der Form nach zweideutig; رايت زيدا ضاربا kann bedeuten 1) «ich sah, dass Zeid schlug», 2) «ich sah den Zeid schlagend»[1]. Im ersteren Fall ist «schlagend» Objekt, im zweiten Praedikativ, im ersteren Fall wird eine Tatsache, im zweiten ein Gegenstand wahrgenommen. Dieser Unterschied mag oft fühlbar sein, kommt aber doch kaum im-

Anm. 1. Abgesehen von der dritten Möglichkeit «ich sah schlagend [= indem ich schlug] den Zeid».

mer deutlich zum Bewusstsein. Da die Grenzen zwischen beiden Konstrukzionen so verschwommen sind, so ist unter dem Einfluss der Konstrukzion des dopp. Objektsakk. gerade das Praedikativ zu einem Akk. häufiger als sonst (s. § 61) ein Subst.

Die doppelten Akkusative hängen zwar als Ganzes vom Verbum ab, wie sehr sie jedoch immer noch auch einzeln als Ergänzungen des Verbums gefasst werden, sieht man daran, dass bei passiver Konstrukzion nicht Kasuskongruenz, nämlich dopp. Nominativ eintritt, sondern nur der erste Akk. im Nominativ erscheint, der zweite (und bezw. dritte) Akk. dagegen Akk. bleibt, also بُدِّلْتُ قَرْحًا «ich bin eintauschen gemacht worden ein Geschwür [Akk.]» = habe ein G. eingetauscht. Dîw. Imr. 30, 12. قُسِّمَ الارضُ اثلاثا «die Erde wurde (in) Drittel [Akk.] geteilt» Ṭab. Ia 200, 12. فُصِّلَتْ آياتُهُ قرآنا «dessen Verse (zu) einem Koran [Akk.] geordnet wurden» Ḳur. 41, 2. أُنْبِئْتُهُ «ich bin sie wissen gemacht worden» = sie ist mir verkündet worden. Dîw. Imr. 14, 3. Auch bei innerem Akk. häufig, z. B. قُتِلَ خنقًا «er wurde (durch) Erwürgen [Akk.] getötet» Mas. VIII 11, 9. أُفْرِدْتُ افرادَ البعيرِ المُعَبَّدِ «ich wurde allein gelassen (wie) das Alleinlassen [Akk.] des räudigen Kamels» Muʿall. Ṭar. 54.

Die Konstrukzion mit dopp. Akk. erlitt beim Kausativ von Verben der Bewegung eine Verschiebung. Man sagt in der I Konjug.: اتى الكتاب بنى اسرائل «das Buch kam zu den Kindern Israels», genauer: erreichte die Kinder Israels. In der IV Konjug. sollte es nun heissen آتينا الكتاب بنى اسرائل «wir machten erreichen das Buch die Kinder Israels», statt dessen steht «wir machten erreichen die Kinder Israels das Buch» (Ḳur. 45, 15), und im Passiv أُوتوا الكتابَ «sie wurden erreichen gemacht das Buch» (Ḳur. 2, 95). Hier wird wohl der Akk. der Person vor den der Sache getreten sein (s. zuletzt Fleischer Beitr. VIII 159), allein wahrscheinlich haben doch auch die doppelt transitiven Verba des Gebens eingewirkt [1]).

§ 66. Es war wohl die passive Konstrukzion des dopp. Akk., die den Anlass zur Entstehung dieser ganz selbständigen Art von Akkusativen, den sogenannten Akkusativen „der Beziehung“ [2]) gab. *Akkusativ der Spezialisirung.*
Stellen wir uns vor, man bildete zu ضرب زيدا الوجهَ „er schlug den Zeid (in) das Gesicht [Akk.]“ (S. 113) das Passiv ضُرِبَ زيدٌ الوجهَ „geschlagen wurde Zeid (in) das Gesicht [Akk.]“, so konnte sich diese Konstrukzion auch auf andere (§ 25) Intransitiva übertragen, wie حسن زيدٌ الوجهَ „schön ist Zeid (in) dem Gesicht [Akk.]“. Weit folgenreicher wurde die Konstrukzion des Part. pass. Wie man von „geschlagen wurde Zeid (in) das Gesicht“ aus bilden konnte مضروبٌ الوجهَ „geschlagen (in) das Gesicht [Akk.]“, wobei dieser Akk. gegenüber dem Objektsakk. schon stark isolirt war, so sagte man dann auch bei andern Adjektiven حسنٌ الوجهَ „schön (in) dem Gesicht [Akk.]“ [3]). Auf diese Weise werden Praedikate und Attribute, die einer Tätigkeit, Eigenschaft oder einem Teil eines Dings zukommen, dem Ding selbst beigelegt und lassen sich durch den Akk. der Tätigkeit, Eigenschaft oder des Teils ergänzen, wenn das Ding durch das Urteil über seine Eigenschaft u. s. w. wesentlich mitbetroffen wird. Z. B. ان طِبْنَ نفسا „wenn sie gut sind (an) Sele“ Ḳur. 4, 3.

Am gebräuchlichsten ist dieser Akk. nach Adjektiven, z. B. طيّبة نفسا „gut (an) Sele“ Dîw. Zuh. 10, 16. Indes ist nach

Anm. 1. Ewald, gramm. crit. ling. arab. I S. 35: cum facere ut res ad alium veniat idem habeatur atque offerre, donare rem.

Anm. 2. Von den Arabern tamjîz „Spezialisirung“ genannt.

Anm. 3. Vielleicht ist aber auch der Akk. nach nichtpartizipialen Adjektiven direkt aus der Konstrukzion der *zugehörigen* Verba abzuleiten. „Er machte schön den Zeid — das Gesicht“. „Zeid wurde schön gemacht das Gesicht [Akk.]“. „Schön gemacht das Gesicht [Akk.]“. „Schön das Gesicht [Akk.]“.

Positiven der Genitiv (s. § 73) weit häufiger als der Akk., wie er denn auch hier für feiner gilt, s. Sib. I S. 82, 2. Nach Elativen (komparativischen und superlativischen) aber ist der Akk. sehr häufig, um so mehr, als der Begriff, in Bezug auf den die Vergleichung stattfindet, oft nicht unmittelbar auf den Elativ folgt, und der Genitiv darum unmöglich ist. Z. B. احدثنا سنّا «der Jüngste von uns (an) Alter» ISa'd 52, 21. امرّها عودا واصلبها مكسرا «das bitterste vor ihnen an Holz und das härteste von ihnen an Bruch» = dasjenige von ihnen, dessen Holz am bittersten und dessen Bruch am härtesten ist. Kām. 216, 8. Die Elative von solchen Adjektiven, die an sich schon einen Vergleichungsgrad bezeichnen, werden in Verbindung mit dem Akk. Hilfswörter zur Bildung von Elativen, die direkt nicht bildbar sind, oder die man wenigstens nicht gerne bildet. Z. B. اكثر حديثا عنه wörtl. «mehr [Elativ von «viel»] (an) Tradizion über ihn» = reicher an Tradizion über ihn. Buḫ. I 41, 4. اكثرهم تواضعا wörtl. «der Meiste von ihnen an sich demütigen» = der demütigste von ihnen. Mas. IV 178, 1. Ebenso mit اشدّ «stärker», احسن «schöner», اقبح «hässlicher» u. A. Die Farbenadjektive haben selbst die Form von Elativen (S. 26 Anm. 1), Elative von ihnen werden mittels eines allgemeinen Elativs und des Akk. des Farbenabstraktums gebildet, also اشدّ حمرةً «stärker (an) Röte» = röter. Tab. IIa 180, 7. Selten ist das Farbenadj. ohne Weiteres elativisch. Sonst vgl. § 26 Ende, § 38 Ende. Übrigens wird die Umschreibung gelegentlich auch ohne Not angewendet; dann erscheint die Steigerung selbständiger, losgelöst von der Eigenschaft, z. B. فهى كالحجارة او اشدّ قسوةً «sie sind wie Steine oder stärker an Härte» = oder noch härter. Ḳur. 2, 69.

Von den Wörtern des Vollseins 1) aus kam die akkusativische Konstrukzion zu den Wörtern des Maasses, z. B. راقود خلًّا «ein

Anm. 1. S. S. 112. «Er füllte das Gefäss (mit) Etwas [Akk.]» — «Das Gefäss wurde (mit) Etwas [Akk.] gefüllt» — «Gefüllt (mit) Etwas» — «Voll (von) Etwas».

Fass Essig [Akk.]» s. Sīb. I S. 235, 3. كف سحابا «eine Hand Wolke» = eine Handbreit Wolke. Sīb. I S. 257, 4. مثقال ذرّة خيرا «Gewicht einer Ameise (an) Gutem» Ḳur. 99, 7. Wie die Maassubstantive werden die Zahlwörter von 11—99 konstruirt, sie regiren das Gezählte im Akk. Singul., ثلاثون رجلا «30 Männer [Akk. Sing.]» Das fragende كم («wie viel?») wird mit dem Akk. verbunden, das exklamative («wie viel!») mit dem Genitiv oder der Praepos. من «von», Sīb. I § 141; weitere Angaben der Araber, die sich sehr eingehend mit diesem Wort und den beiden folgenden Wörtern befasst haben, bei Howell I § 217 ff., auch Lane I 1, 134a, ferner Fleischer Beitr. VIII 125 ff. كأيّن «wie viel!» selten mit Akk., gewöhnlich mit من «von», Sīb. I § 142, Howell I § 226, Lane I 1, 134 a, Fleischer Beitr. VIII 128, كذا «so viel» mit Akk., also كذا رجلا «so viel Männer [Akk. Sing.]» Sīb. I § 142, Howell I § 226, Fleischer Beitr. VIII 129. — Akk. des Stoffs nach Wörtern der Form [1]): جبتك خزا «Deine Jacke (aus) Seide» Sīb. I S. 225, 8.

§ 67. Die Grundstellung ist: Verbum — Subj. mit seinen Komplementen — Akk., also ضرب زيد عمرا «(es) schlug Zeid den Amr». Doch kommen Abweichungen von dieser Stellung vor, wenn der Akk. dem Subj. gegenüber natürliches Subj. ist, wozu im Grunde auch der Fall gehört, da das Verbum mit dem Akk. zusammen eine Begriffseinheit bildet. Über die Stellung des Akk. neben praepositionalen Ausdrücken s. § 104, im Übrigen werden im Folgenden nur die Haupterscheinungen besprochen. *Stellung des Akkusativs.*

Ist der Akk. aus dem Vorhergehenden bekannt, so drängt er sich zwischen Verbum und Subj. ثمّ نهشت عامرا حيّة «darauf biss den (eben erwähnten) Amir eine Schlange» Huḏ. N°. 19 Einl. 6. فاستفزّ الشيخ الغضب «da überwältigte den (eben erwähnten) Greis der Zorn» Huḏ. N°. 31 Einl. 12. Die Verba sind aber auch ihrer

---

Anm. 1. Entwicklung: «Er machte die Jacke (aus) Seide [Akk.]» — «die Jacke wurde (aus) Seide [Akk.] gemacht» — «die (aus) Seide [Akk.] gemachte Jacke» — «die Jacke (aus) Seide [Akk.]».

Natur nach in verschiedenem Grade fähig, die Aufmerksamkeit stark auf den Akk., in dem sie ihre Ergänzung finden, zu lenken; so scheinen z. B. die Verba der Bewegung gerne alsbald das Ziel, auf das sie hindrängen, zu verlangen; ferner zieht der Akk. der Person, weil dem Menschen näher stehend, die Aufmerksamkeit vor dem Subj. der Sache auf sich, also اتى المسلمين نعيُّه «(es) traf die Gläubigen die Nachricht seines Todes» Balād. 114, 19. — Ein komplizirtes Subj. wird später als ein verhältnissmässig einfaches Obj. erfasst, daher folgen substantivirte Subjektssätze und nominativische Relativsätze gewöhnlich dem Obj. هل ينفع المرء ما قد علم «nützt dem Manne, was er weiss?» Aġ. II 27, 20. — Die Exzeptivpartikeln انّما und الّا .... لا drängen das Wort, das die Ausnahme bildet, an den Schluss des Satzes, also انّما ضرب عمرا زيدٌ «nur schlug den Amr Zeid» = nur Zeid schlug den Amr.

Das Praedikativ folgt meist unmittelbar seinem Beziehungswort, also قتلت زيدا قائما «ich tötete den Zeid stehend» = während er stand, قتلت قائما زيدا «ich tötete stehend den Zeid» = während ich stand. Indes tritt das Praedikativ auch vor das Beziehungswort, wenn letzteres indeterminirt ist, wie ja auch im Nominalsatz Inversion besonders bei indeterminirtem Subj. statt hat; das Praedikativ verhält sich zu seinem Beziehungswort, wie sich das Praedikat des Nominalsatzes zum Subj. verhält. Man könnte also auch sagen قُتِل قائما رجل «getötet wurde stehend ein Mann» = während er stand. Sogar vor das Verbum tritt das Praedikativ in Fällen wie وظالما قُتِل عثمان او مظلوما «und (ob) als Unrecht tuender getötet wurde Othman oder als Unrecht leidender» Mas. IV 395, 1. — Vorantreten des Obj. vor das Verbum: كانوا انفسهم يظلمون «sie taten sich selbst Unrecht» Ḳur. 2, 54. فريقا كذّبتم وفريقا تقتلون «einen Teil erklärtet Ihr für Lügner, und einen Teil tötet Ihr» Ḳur. 2, 81. Wo das Subj. Affix ist, ist natürlich die Voranstellung des Obj. vor das Verbum die einzige Möglichkeit, das Obj. vor das Subj. zu stellen. Das akkusativische Fragepronomen steht vor dem Verbum, من بيّتم «(über) wen seid Ihr Nachts gekommen?» Hud. II S. 37, 3, ebenso das akkusativische Relativpronomen [1]), على الأضْرُب الاربعة التى ذكرنا «nach den vier Arten, die wir erwähnten» Kām. 616, 4.

Unter einander folgen sich die Akkusative so, dass der Objektsakkusativ den andern Akkusativen vorangeht. Von den doppelten Objektsakkusativen pflegt derjenige zuerst zu stehen, der das Subj. des andern ist. — Im Allgemeinen kann man sagen, dass das Bekannte voransteht, das Neue, Wichtigere nachfolgt, weil es längere Zeit braucht, um klar erfasst zu werden, während das Bekannte zur Aussprache bereit liegt, also أن تعطيهم مكانَ كلّ شاة شاتين «dass Du ihnen (an) Stelle [Akk.] jedes Schafes zwei Schafe gebest» Balād. 157, 4.

Von einer besonderen Ursache von Inversionen ist bisher ganz abgesehen worden. Ist nämlich der Akk. ein Personal- oder Demonstrativpronomen oder enthält er ein solches, so steht er voran [2]), z. B. لمّا راى ذلك المختار «als gesehen hatte Dies Elmuchtar» Ṭab. II b 726, 2 وكان رسولَه اليهم معاذ «und es war sein Bote [der Bote seiner] an sie Maādh» ISaᶜd 6, 27. Es tritt also auch ein mit einem auf das Subj. bezüglichen Suffix versehener Akk. vor das Subj. (ضرب اباه زيدٌ «es schlug seinen Vater Zeid»), um so mehr als ja im Verbum finitum stets das Subj. schon mitgedacht ist. Ist dagegen das Subj. mit einem auf das Obj. bezüglichen Suffix versehen, so pflegt das Obj. voranzutreten (ضرب زيدا ابوه «es schlug den Zeid sein Vater»), obwohl das Subj. ein Suffix hat. Da indes doch bei einem seiner Natur nach objektregirenden Verbum ein Obj. auch

---

Anm. 1. D. h. das Relativpronomen ohne akkusativisches عائد, ein sehr häufiger Fall.

Anm. 2. Viel stärker als in dem Stellungsverhältniss zwischen Akk. und Subj. macht sich dieser Umstand in dem Stellungsverhältniss zwischen Akk. und praepositionalen Ausdrücken sowie zwischen praepositionalen Ausdrücken unter einander geltend

ohne ausgesprochen zu sein mitvorschwebt, so kommt selbst vor, und zwar verhältnissmässig nicht gerade selten, dass das Subj. mit einem auf das Obj. bezüglichen Suffix versehen ist, das Obj. selbst aber erst nachgetragen wird (ضرب ابوه زيدا «es schlug sein Vater den Zeid»), z. B. هل يلومن قومُه زهيرا «ob sein Volk den Zuheir tadelt?» Hud. N°. 34, 1. جزى بنوه ابا الغيلان «es vergalten seine Söhne dem Abul Ġailan» Ṭab. I *b* 851, 13 [1]). — Natürlich ist das Pronominalgesetz so wenig wie irgend ein Wortstellungsgesetz streng durchgreifend. Es ist ja auch nur der Ausdruck für einen besondern Fall der Tatsache, dass das Bekanntere meist voransteht; es kann also sehr wohl vorkommen, dass beispielsweise ein mit Genitivsuffix versehenes Obj. dennoch als Ganzes dem Sprechenden weniger ungesucht beifällt als das Subj. und nachsteht, z. B. لمّا احيا الروحُ عينَيه ولسانَه وراسَه ولم يبلغ اسفلَه «nachdem belebt hatte der Geist seine Augen, seine Zunge und seinen Kopf, aber noch nicht erreicht hatte seinen untern Teil» Ṭab. I *a* 115, 20. فمسح رسولُ الله صدرَه «da fuhr der Profet über seine Brust» ISa'd 70, 4. Im Obj. liegt hier das Bemerkenswerte, Sonderbare der Mitteilung [2]). Selbst das geschieht, dass der Akk. vor dem Subj.

Anm. 1 Entsprechend beim doppelten Akk.: Ist der Subjektsakk. mit einem auf den Objekts- oder Praedikatsakk. bezüglichen Suffix versehen, so steht der Subjektsakk. nach dem andern Akk. (اسكنتُ الدارَ بانيَها «ich machte bewohnen die Wohnung ihren Erbauer»); und ist der Objekts- oder Praedikatsakk. mit einem auf den Subjektsakk. bezüglichen Suffix versehen, so kann er vor dem Subjektsakk. stehen (اعطيتُ مالَه زيدا «ich gab sein Geld dem Zeid»).

Anm. 2. يومئذ «damals» und die verwanten Adverbien (S. 109), die als zweiten Bestandteil ein Demonstr. haben, schieben sich leicht nach vorn. استشهد يومئذ خالد «(es) erlitt den Heldentod an jenem Tage Chalid» Balad̲ 118, 9. اتخذ رسول الله يومئذ خاتما «(es) schaffte sich der Bote Gottes damals einen Siegelring an» ISa'd. 1, 15. يومئذ يفرح المومنون «alsdann frohlocken die Gläubigen» Kur. 30, 3. u. s. w. u. s. w. Doch finden sich auch hier Ausnahmen wie قتلتهم بنو لحيان يومئذ «(es) bekämpften sie die Banu Libjan an jenem Tage» Hud̲. N°. 87 Einl. 3. u. s. w.

steht, obwohl das Subj. pronominal ist; in einem Falle wie فغمّ ابا تمام ذلك وسرّ ابا الوفاء «da betrübte den Abu Tamām dies und erfreute den Abul Wafā» Ḥam. 2, 12, schwebt dem Erzähler schon von Anfang an fortwährend die verschiedenartige Wirkung des Ereignisses vor, auf dem der ganze Fortgang der Erzählung beruht, das Demonstr. verdeutlicht blos. Wo das Bekannte zum Selbstverständlichen wird, schiebt es sich nicht nur nicht voran, sondern wird zunächst überhaupt übergangen. — Die äusserste Konsequenz ist, dass das Personalpronomen, wenn es Obj. war, mit dem regirenden Verbum zusammenwuchs und zu einem Objektssuffix wurde, ضربه زيد «(es) schlug ihn Zeid».

XI. Genitiv.

§ 68. Bei der Bestimmung der Natur des Gen. wird nicht genügend auf den Unterschied zwischen Gen. und Attribut geachtet. Der Gen. gibt nicht direkt eine nähere Bestimmung zu seinem Regens, sondern stellt ein Subst. hin, an dem sich das Regens selbst als Merkmal befindet. Mit andern Worten: Das Regens wird dadurch mit einem genaueren substantivischen Merkmal versehen, dass man es selber zum Merkmal eines Substantivs, des Genitivs, macht. Genitivverbindungen liessen sich also etwa folgendermaassen analysiren: بيت زيد «Das Haus Zeids» = «Das Haus» — «Was für ein Haus?» — «Da, Zeid ist durch das Haus karakterisirt». يوم القيامة «der Tag der Auferstehung» = der Tag, der dadurch, dass er als zeitliche Sfäre die Auferstehung bestimmt, eine Beziehung zur Auferstehung hat, die wiederum ihn selbst kennzeichnet. *Wesen und Arten des Genitivs.*

Während so der Gen. ein Nomen durch ein Verhältniss, in dem das Nomen zum Gen. steht, bestimmt, bestimmt das Attribut sein Leitwort unmittelbar durch sich selbst. Nun gibt es aber eine Zwischenstufe. Schon seit Längerem wird ein formengeschichtlicher Zusammenhang zwischen dem Gen. und den Nomina der Zugehörigkeit (تيميّ «von Taim stammend» بغداديّ «aus Bagdad stammend» مالكيّ «Malikit» «der Schule des Malik angehörig» لغويّ

«dialektisch» فارسى «persisch» u. s. w.) vermutet [1]). Danach sind die Nomina der Zugehörigkeit nichts Anderes als erstarrte Genitive, die hinter der Genitivendung nochmals Kasusendungen annahmen. In der Tat ist die Verwandschaft zwischen dem Wesen des Gen. und der Nomina der Zugehörigkeit ganz auffallend. Ein solches Nomen der Zugehörigkeit bedeutet an und für sich gar Nichts, es geht aus einer gewissen Unbehilflichkeit hervor, aus der Unfähigkeit, für eine Eigenschaft direkt eine treffende Bezeichnung zu finden. Man verweist mittels der «Nisbe» (der Endung der Zugehörigkeitsnomina) auf ein als näher bekannt vorausgesetztes Substantiv, das als Merkmal für die gemeinte Eigenschaft dient. Die Genitivsetzung besteht in einer doppelten Verweisung 1) von dem Regens auf den Gen., 2) von dem Gen. auf das Regens zurück. Die letztere Verweisung wird während des Gebrauchs des Beziehungsnomens nicht ausgeführt sondern als bereits ausgeführt vorausgesetzt und benutzt [2]). Zu dem in dem Zugehörigkeitsnomen gelegenen Grundwort kann geradezu ein genitivisches Attribut treten, also القُرِيقِ قُرِدِ بن معاويةَ «der Kirdit [= Angehörige des Stammes Kird], (nämlich) des (Stammes) Kird ibn Moawija» Huḏ. N°. 270 Einl. 5.

Die Genitivkonstrukzion gelangt dreifach zum Ausdruck, durch die Genitivendung, durch den Ausgang des Regens (status constructus) und durch die ungemein grosse Festigkeit der Verbindung beider Worte. Die Genitivkonstrukzion ist in ihrer Verwendung weit ungelenker als die Akkusativkonstrukzion, der Gen. kann weder von dem regirenden Wort getrennt werden noch ihm voranstehen, noch kann das grammatische Regens des Gen. wie beim Akk. des Ausrufs (Abschn. XX) überhaupt fehlen [3]), noch gibt

Anm. 1. Siehe z. B. Dietrich, Abhandlungen zur hebr. Gramm. S. 90. Hupfeld, Zeitschr. f. d. Kunde d. Morgenl. II 470 Anm. Philippi, Status constructus S. 193. Praetorius, die ambar. Sprache § 247*a*. Fleischer, Beitr. IX 141. Wright, Compar. grammar S. 143.

Anm. 2. Aehnlich wie bei jeder Attribuirung eines Nomens die vorangegangene Praedizirung des betreffenden Nomens vorausgesetzt wird.

Anm. 3. Fälle von freiem Gen. sind nur scheinbar; so ist die Beziehung koordinirter Genitive auf dasselbe Regens nicht gerade selten (بيت زيدٍ وعمرٍو «das

es einen Gen. neben Verben, während es einen Akk. neben Nomina gibt. Nur die Verbindung des akkusativischen Personalpronomens mit dem regirenden Wort ist ähnlich eng wie die des genitivischen und hat in beiden Fällen zur Suffigirung des Personalpronomens geführt; doch ist auch hier wieder eine kleine Freiheit auf Seiten des Akk., soferne das akkusativische Personalpron. in dringenden Fällen dem ursprünglichen Demonstrativstamm ايَّا suffigirt und in dieser Gestalt von dem regirenden Wort getrennt werden kann (قَتْلُ زيدٍ اياه «das Töten Zeids ihn»). Dem hat das genitivische Personalpron. nichts Analoges zur Seite zu stellen.

Die Stellung des Gen. hinter dem Regens wird so streng eingehalten, das selbst das genitivische Fragepron. hinter seinem Regens steht (§ 44). Muss aus irgend welchen Gründen Inversion eintreten, so ist Auflösung des Gen. durch Praeposizionen erforderlich. — Was sich zwischen Regens und Gen. einschieben kann, ist meist nur eine Schwurformel oder ein sonstiger Ausruf. Ferner das die Indeterminazion verstärkende ما, z. B. أيا طعنة ما شيخ «O über eine Durchbohrung eines Greises» Ḥam. 270, 15, höchst selten ein andrer Ausdruck wie هما أخوا فى الحرب مَن لا اخا له «sie

---

Haus Zeids und Amrs»). Über Unterdrückung des Regens von واللهِ s. § 95. Sonst wird noch als Antwort auf die Frage «wie geht Dirs?» angeführt خيرٍ «Gut [Gen]», z. B. Mufaṣṣal S. 134, 18; es ist eine legere Ausdrucksweise für بخيرٍ «mit Gutem». — Möglicherweise waren die Zehnerzahlen von 30 an ursprünglich Genitive, die von dem später unterdrückten عشرة «Zehn» abhingen. Also z. B. خمسون «50» [5 mit der männlichen Pluralendung] ursprünglich عشرةُ خمسين «Zehn [Nom.] Fünfer [Gen.]», worauf die Zahl Zehn, da man andre Vielfache von Fünf überhaupt nicht bildete, als selbstverständlich weggelassen wurde. So hätte sich ein freier Gen. خمسين ergeben, von dem aus, wo die Zahl als Nominativ stand, der Nom. خمسون weitergebildet wurde. Indes ist eine solche Annahme nicht unbedingt erforderlich, und خمسون kann von vornherein das Vielfache κατ' ἐξοχήν von Fünf gewesen sein.

(sind) Brüder im Kampfe dessen, der keinen Bruder hat» = «sie sind im Kampfe Brüder dessen, der ....» s. z. B. Mufaṣṣal S. 42, 13. Ein Attribut zu dem Regens steht hinter dem Gen., da der Gen. nicht von dem Attribut abhängt, also بيتُ الرجل الحسنُ «das Haus des Mannes das schöne». Die zu einem Gen. gehörenden adjektivischen Demonstrativa aber (einschliesslich des Artikels), die stets ihrem Leitwort vorangehen, stehen natürlich unmittelbar hinter dem Regens, da sie selbst schon zum Gen. gehören.

So eng auch die Glieder der Genitivverbindung zusammengehören, so stellt diese darum doch kein echtes Kompositum dar (vgl. auch Philippi, Status constructus S. 44 ff.). Der erste Teil der Verbindung ist deklinabel, ja bei den Diptota gewinnt er sogar etwas an Reichtum der Flexionsformen; beide Glieder können kongruirende Attribute erhalten (gegenüber der Unmöglichkeit z. B. «dreistöckiges Haustüre» zu sagen); der die ganze Verbindung determinirende Artikel tritt nicht vor das erste sondern vor das zweite Glied; u. s. w.

Von einem Gen. kann ein weiterer abhängen, z. B. بتسمية باقي كتّاب خلفاء بنى العبّاس «mit der Namhaftmachung des Restes der Sekretäre der Chalifen der Abbasiden» Ṭab. II*b* 843, 20.

Etymologische Figur zwischen Regens und Gen. kommt öfters vor, z. B. نقيب النقباء «Oberster der Obersten» Balāḏ. 6, 3. سيّد سادات «Fürst über Fürsten» Dīw. Ṭar. 14, 4. لومة لائم «Tadel eines Tadlers» Ḥuṭ. 60, 2. اهرَبُ هارب «der Fliehendste an Fliehendem» (§ 73 Ende) = am meisten fliehend. Huḏ. 2, 10.

Zwei Substantive können in verschiedenartiger Genitivverbindung stehen: in welcher, muss der Zusammenhang zeigen, stets jedoch liegt ein bestimmtes Verhältniss zu Grunde, und diese Verhältnisse lassen sich in Gruppen zusammenordnen. Es ist aber eine missliche Sache die Gebrauchsweisen des Gen. zu schildern, denn ein befriedigendes Einteilungsprinzip für die Arten des Gen. wäre erst noch zu finden. Man darf wohl annehmen, dass die Genitivkonstrukzion ein verhältnissmässig jüngeres syntaktisches

Gebilde ist. Hiervon müsste man ausgehen und sehen, ob nicht in der Genitivkonstrukzion all die syntaktischen Verhältnisse, die überhaupt zwischen zwei Nomina bestehen, wiederkehren können. Längst spricht man von einem Gen. des Subjekts und des Objekts, also einer Genitivkonstrukzion, in der sich dar Regens zum Gen. wie ein Obj. zu einem Subj., beziehungsweise wie ein Subj. zu einem Obj. verhält. Ebenso wäre auf das Verhältniss des Praed. zum Subj. (beziehungsweise die Umkehrung?) innerhalb der Genitivkonstrukzion zu achten. Das Verhältniss des Subst. zu seinem Attribut fällt hierbei wohl mit dem des Subj. zum Praed. zusammen.

Im Folgenden ist der Versuch gemacht, in dieser Richtung vorzugehen und alle Gebrauchsweisen des Gen. nach anderweitigen syntaktischen Verhältnissen anzuordnen; der fortschreitenden syntaktischen Forschung muss es überlassen bleiben, die Beziehungen innerhalb der einzelnen Gruppen noch genauer zu ergründen. Das Verhältniss des Subj. zum Praed. erscheint in der Konstrukzion des Genitivus epexegeticus (§ 69), des Gen. der Form und des Stoffs (§ 70), des Gemessenen (§ 71), der Beschaffenheit (§ 72); das Verhältniss des Praed. zum Subj. wahrscheinlich im Gen. der Spezialisirung nach Adjektiven (§ 73); das Verhältniss des Obj. zum Subj. im Gen. des Besitzers (§ 74), des geteilten Ganzen (§ 75), des räumlichen und zeitlichen Bereichs (§ 76), des Subjekts im engeren Sinne (§ 77); das Verhältniss des Subj. zum Obj. im Gen. des im räumlichen und zeitlichen Bereich Befindlichen (§ 78) und des Objekts im engeren Sinne (§ 79).

Diese Terminologie, die zum grossen Teil herkömmlich ist, wird auch noch zu verfeinern sein. Seit vielen Jahrhunderten ist man gewöhnt, aus den Genitivkonstrukzionen dasjenige herauszuhören, was die überlieferte Terminologie verlangt: es fragt sich, ob dabei unser Sprachgefühl nicht manchmal irre geleitet ist. Die Notwendigkeit solche Unterscheidungen vorzunehmen kann aber nicht bestritten werden; es muss doch irgendwo ausgesprochen werden dürfen, dass es eine Ausdrucksweise «ein Tisch Holzes» = «ein Tisch aus Holz», «die Stadt Mekkas» = «die Stadt Mekka» gibt. Wenn auch den Gebrauchsweisen des Gen. keine Formverschiedenheiten zur Seite stehen, so weisen doch die einzelnen Arten gewisse Merkmale auf, durch die sie sich von andern Arten unterschieden, oder die sie nur mit einzelnen andern Arten gemeinsam haben (s. u.). Ferner ist es, wo (namentlich in Folge der eigentümlichen Determinazionsverhältnisse des Arabischen, § 89) Ersatz der Genitivkonstrukzion durch praeposizionale Konstrukzionen erforderlich wird, durchaus nicht ganz beliebig, durch welche Praep. man den Gen. auflösen will; während z. B. der Gen. des geteilten Ganzen meist durch die Praep. من «von» aufgelöst wird, erfolgt die Auflösung des Gen. des Besitzers meist durch die Praep. ل «zu», ein Beweis, dass die Sprache einen Unterschied zwischen beiden Arten des Gen. macht. — Es ist freilich bisweilen kaum möglich, eine klare Vorstellung von dem obwaltenden Verhältniss zu gewinnen, auch wird die Auffassung bei verschiedenen Beobachtern manchmal individuell verschieden ausfallen.

Genitivus epexegeticus. § **69**. Sinnverwant der apposizionellen Ausdrucksweise. Das Regens verhält sich zum Gen. wie die Gattung zur Art. Beispiele: نافلة القرآن «das Geschenk des Korans» IHiš. 891, 13. سورة فاتحة الكتاب «die Sure Eröffnerin des Buchs» Ḳur. 1, und so häufig, wenn der Gen. ein Eigenname ist, z. B. حَيَّيْ بغيض «die beiden Stämme Bagid» Ḥam. 224, 19, namentlich auch nach geografischen Bezeichnungen, wie بمدينة بلخ «in der Stadt Balch» Stickel Handb. N⁰. 2. من ارض العراق «aus dem Lande Irak» Dîw. Ṭar. N⁰. 13, 17. Die Namen der Wochentage يوم الاثنين «Montag», eig. «Der Tag Zwei [Gen.]», u. s. w. (s. z. B. Taʿlabî 10 vorletzte Z.). Die Monatsnamen, also شهر رمضان «der Monat Ramadan» u. s. w. Die Jahreszahlen, z. B. سنة خمس وثمنين «im Jahre 85» Münze ZDMG. 39, 18 (die Jahreszahl steht im Fem.). Namen mit Gen. des Beinamens سعيد كرز «Saîd der Ranzen» s. S. 91 Anm. 1.

Genitiv des Stoffs und Genitiv der Form. § **70**. Neben akkusativischer und apposizioneller Konstrukzion, z. B. جُبَّة صوف «eine Jacke aus Wolle» Kâm. 88, 3. صُلُب الذهب «die Kreuze aus Gold» ISaʿd 46, 18. Als Beispiel für Gen. der Form wird angeführt فضّة الدراهم «das Silber der Dirheme».

§ 71. Er hängt von Maass- und Gewichtsangaben ab; daneben kommt auch akkusativische und apposizionelle Konstrukzion vor, indes soll die apposizionelle nicht so gut sein, Sib. I § 127, رطل زيت «Ein Ratl Öl» كأس ماء «ein Becher Wasser» قارورة خلّ «eine Flasche Essig» IKut. 271, 8. مقدار ستين جزء «das Maass von 60 Teilen» Jākūt II 53, 2. u. s. w. Das ausrufende كم «wie viel!» wird mit dem Gen. verbunden, also كم ناقم «O wie mancher Rächer!» Ṭab. IIa 390, 10. Die Zahlwörter von 3—10 einschliesslich regiren den Gen. Plur. [1]), also ثلاثة أعبُد «3 Sklaven», die Zahlwörter 100 und 1000 sowie ihre Vielfachen (200, 2000 u. s. w.) regiren den Gen. Sing., ثلاثة آلاف عبد «3000 Knechte». — Einen Gen. des Maasses («das Wasser eines Bechers» = soviel Wasser wie in einen Becher geht) kennt das Arabische nicht, s. Fleischer Beitr. VIII 113. *Genitiv des Gemessenen.*

§ 72. Die Bestimmung, die der Gen. gibt, ist gewöhnlich lobend oder tadelnd. Er ist verhältnissmässig häufig. ارض جدب «ein Land der Dürre» Dîw. Imr. 34, 2. آباء صدق «Väter der Rechtschaffenheit» = rechtschaffene Väter. 'Amr Mu'all 81. ذئب السوء «der Wolf der Bosheit» = der böse Wolf. Farazd. 26, 3. خليلَيْ جنابة «zwei Freunde der Trennung» = zwei getrennte Freunde. Ḥam. 551, 21. اقوال الضلال «Die Worte des Irrtums» Ḫansā S. 11, 15. خطّتا خَسْف «zwei Angelegenheiten der Unannehmlichkeit» = zwei unangenehme Ang. Kām. 217, 9. جنّة نعيم «ein Garten des Lieblichen» = ein lieblicher G. Ḳur. 56, 88. *Genitiv der Beschaffenheit.*

§ 73. Dieser Gen. hat grosse Ähnlichkeit mit dem Akk. der Spezialisirung (§ 66). Der Entstehungsweise nach steht der Akk. der Spezialisirung nach Adjektiven zu dem ausgesprochenen oder gedachten Substantiv, dessen Attribut das Adj. ist, in engerer Beziehung als der Gen. Die Entstehung der akkusativischen Konstrukzion beruht auf einem zwischen zwei Akkusativen — dem *Genitiv der Spezialisirung nach Adjektiven.*

Anm. 1. Es ist nicht Gen. part.! ثلاثتهم «Die Drei ihrer» bedeutet nicht «Drei unter ihnen» sondern ist = sie Drei, die Drei, alle Drei.

nunmehrigen Akk. der Spezialisirung und dem nunmehrigen Leitwort des Adj. — bestehenden Verhältniss, wogegen der Gen. direkt als nähere Bestimmung zum Adj. kommt. In der genitivischen Konstrukzion trat also das innere Verhältniss, in dem der Gen. zum Leitwort des Adj. stand, weniger hervor, und der Schwerpunkt lag in der durch den Gen. erfolgenden Mitteilung des Umstands, der den Anlass zur Setzung des betreffenden Adj. gab [1]).

Der Gen. kann konkret und abstrakt sein. Das regirende Adj. ist bisweilen ein passives Partizip. Beispiele: سُمْرُ العُجَايَاتِ «dunkel von Flechsen» IHiš. 891, 1. مُمَرُّ العُقْدَتَيْنِ «fest gedreht der zwei Knoten» = «mit zwei fest gedrehten Knoten» Kām. 42, 3. لَيلٍ بَطِيءِ الكواكب «einer Nacht, einer langsamen der Sterne» = deren Sterne langsam vorrücken. Dîw. Nāb. N°. 1, 1. قليل الهموم «wenig der Sorgen» = der wenig Sorgen hat. Dîw. Imr. 52, 2. محروم الشراب «ein verbotener des Trunkes» = einer, dem der Trunk verboten ist. Dîw. Zuh. 3, 10. لذيذة المُتَبَسَّم «eine liebliche des Lächelns» = eine lieblich lächelnde. Dîw. ᶜAnt. 21, 5. دائم الخَفَقان «ein fortwährendes des Pochens» = ein fortwährend pochendes. Del. 8, 11. كبيرة مَغْرَم «eine grosse der Aufgabe» = die eine grosse Aufgabe mit sich bringt. Dîw. Zuh. 18, 11. — Nicht selten enthält das Adj. den allgemeinen Dingbegriff, z. B. لما باغك من صائب رايي «wegen dessen was zu Dir gelangt ist von dem Treffenden meines Urteils» = wegen des zu Dir gelangten Rufs meines treffenden Urteils. Maḳd. 4, 15. دسيس عداوة «Geheimes von Feindschaft» = geheime Feindschaft. Ḥam. 642, 4. كارب الموت «das Beängstigende des Todes» Huḏ. II N°. 165, 15. زَفَتْهم من حُرِّ ارضهم «sie haben sie vertrieben aus dem Freien ihres Landes» = aus ihrem freien Lande. IHiš. 216, 6.

Anm. 1. Der Akk. *muss* stehen, sobald ein Ausdruck zwischen das Adj. und das von diesem abhängige Subst. tritt.

Besonders zu bemerken ist der Gebrauch von أَىّ «was» mit dem Gen. der Spezialisirung und verschieden von أَىّ mit dem Gen. partit. Z. B. أَىّ العمل «Welche Handlung?» eig. «was an Handlung?» (Artikel للجنس). Buḫ. I 143, 11. ايّما عبد «Was immer an Knecht» = welcher Knecht auch immer. IḲut. 147, 8. ذلّت أَىّ انذلال «sie wurde zahm was [Akk.] an zahm werden!» = wie zahm wurde sie! Dîw. Imr. 52, 24. أَىّ حين «Was [Akk.] an Zeit» = zu welcher Zeit. Dîw. Zuh. 3, 30. Zunächst ist أَىّ genuslos und numeruslos, also أَىّ رجالٍ بادية ترانا eigentl. «für was [Sing. Mask.] an Männern einer Wüste hältst Du uns?» = für was für Wüstenmänner hältst Du uns? Ḥam. 170, 20. باىّ ساعة مُعْكَر «zu was [Sing. Mask.] an Stunde [Sing. Fem.] einer Rückkehr!» = zu welcher Stunde einer Rückkehr! Ḥam. 200, 25. Selten nimmt es, von Femininen gebraucht, die Femininendung an, wie ايّة أُنثى «was [Fem.] an Frau?» = welche Frau? Huḏ. N°. 201, 2.

Nach Elativen kann der Gen. stehen, wenn Nichts zwischen Elativ und Gen. tritt; auch diese Genitivkonstrukzion ist nicht mit der des Gen. part. zu verwechseln. Z. B. احدث رجل «das Jüngste an Mann» = der jüngste Mann. Ṭab. IIa 40, 9. خير مقاتل «das Beste an Kämpfer» = der beste Kämpfer. Ṭab. IIc 1377, 11. خير ساكنها «das Beste an Bewohner [Sing.] ihrer» = ihr bester Bewohner. Huṭ. N°. 64, 1. اوّل قتيل «das Erste an Getötetem» = der erste Getötete. Ṭab. IIc 1570, 11. Vgl. noch S. 26. 116.

§ 74. Der Gen. hat die Macht, das Regens irgendwie durch Eigenschaften oder Tätigkeiten zu affiziren, man darf dabei nicht die Vorstellung des Besitzens oder Habens zu Hilfe nehmen, da das Semitische den Besitzer nicht als Subj. und den besessenen *Genitiv des Besitzers.*

Gegenstand nicht als Obj. denkt, sondern den besessenen Gegenstand zum Subj. macht («mir ist ein Schwert»). Beispiele: نصارى بني تغلب «die Kristen der Banu Taglib» Balād. 181, 13 (oder partitiv?). جار بيوتهم «den Nachbar ihrer Häuser» Ḥam. 211, 24. تصغير سَهْوَة «das Deminutiv zu Sahwa» Ḥam. 628, 16. حمامها «der Taubenschwarm ihrer» = ihr Taubenschwarm; der T., zu dem sie gehört. Mu'all. Labīd. 69. سارية ورافعها «Sariba und das Rafi seiner» = den Ort Sariba und das dazu gehörige Rafi. ISa'd 9, 16. Der Gen. von Stammnamen dient zur Bezeichnung einer dem Stamm angehörigen Einzelperson oder Sippe, wie تغلب وائل «Taglib Wāils» حاتم طيّء «Hatim Tajjis» u. s. w.

Genitiv des geteilten Ganzen. § 75. Das Ganze affizirt seine einzelnen Teile durch die ihm eigentümlichen Merkmale, es handelt sich nicht blos um ein räumliches Enthaltensein des Teils im Ganzen sondern auch um wesentliche Eigentümlichkeiten, die das Ganze dem Teil zukommen lässt. Beispiele: فرسان الناس ووجوههم «die Ritter unter den Leuten und die Edeln unter ihnen» Ṭab. II*b* 930, 4. احد الابناء «Einer der Abnā» Balād. 106, 4. ظاهر اليد «das Äussere der Hand» (der Rücken der Hand). Dīw. Ṭar. 4, 1. Nach Elativen: احلم الرجلين «der freundlichste der beiden Männer» ISa'd 5, 9. اعلى الدرجة «das Oberste der Leiter» = die oberste Sprosse. IḪurd. 167, 7. اصغرهم «der Jüngste von ihnen» Ḫansā S. 16, 2. Nach ايّ: ايّ الفريقين «welcher der beiden Teile» Ḳur. 19, 74. ايّ آيات الله «welches [mask.] der Zeichen [fem.] Allahs» Ḳur. 40, 81.

Im Gen. part. liegt ein kontradiktorischer Gegensatz, der durch das Regens bezeichnete Teil A steht dem andern unter dem selben Gen. befassten, nicht ausgesprochenen Teil non A gegenüber, «die Ritter unter den Leuten» denen, die nicht Ritter sind [1]). Dieser Gegensatz braucht nicht immer herausgekehrt zu werden, geschieht das aber doch, so erscheint der durch das Regens be-

---

Anm. 1. Kam. 771, 12 heisst es يا خير اخوانه «O bester unter seinen Brüdern» (sein eigener Bruder!).

zeichnete Begriff als der im Vergleich mit dem ausgeschlossenen Begriff durch den Besitz bestimmter Eigenschaften ausgezeichnete, überlegene. Auf diese Weise kann ein Positiv elativen Sinn erhalten, نفيس الجواهر «das Edle der Perlen» = das durch edle Eigenschaften vor den andern Perlen ausgezeichnete, die edelsten Perlen.

§ 76. Er erweckt manchmal den Schein eines Gen. des Maasses, allein der Gen. ist kein Maass sondern ein blosses Gefäss. Von andern Genitivarten ist er öfters kaum zu unterscheiden [1]). — Räumlicher Bereich: سَبْى عين التمر «die Gefangenen Ain tamrs» = die in Ain tamr gefangenen. IḲut. 247, 12. قتلى احد «die Getöteten Ohods» = die am Ohod getöteten. Buḫ. I 337, 7. سوق عكاظ «der Jahrmarkt von Okaz» Aġ. VIII 80, 1. ظباء تبالة «die Gazellen von Tabala» Dîw. Imr. 17, 6. اكناف مجدل «die Gegend Madschdals» Huḏ. 200, 8. فتح الثاء «das a bei dem t» Ham. 243, 19. خمر بصرى «der Wein Bosras» Dîw Näb. 27, 9. Fälle wie دمشق الشام «Damaskus (die Hauptstadt) Syriens» Jāḳūt II 587, 11 nimmt man fast besser als Gen. obj. Das vorhergehende Beispiel könnte man auch als Gen. des Besitzers deuten, da der Konsonant als Träger des ihm folgenden Vokals betrachtet wird. *Genitiv des Bereichs.*

Zeitlicher Bereich: أنفاس نوم «Atemzüge Schlafes» = wie man sie im Schlafe tut. Ḥam. 384, 21. ظمء خامسة «Durst eines fünften Tages» = den man am fünften Tage hat. Ḫansā S. 16, 8. بعد حصار ايّام «nach einer Belagerung von einigen Tagen» Balāḏ. 116, 13. مكر الليل والنهار «die List des Tages und der Nacht» = bei Tage und bei Nacht. Ḳur. 34, 32.

§ 77. Vom Gen. possessivus unterscheidet er sich dadurch, dass in der Konstrukzion des Gen. subj. der Gen. sein Regens hervorbringt oder ausübt, und meistens das Regens selbst den Tätigkeitsbegriff, der zwischen Subj. und Obj. vermittelt, enthält. *Genitivus subjectivus.*

Anm. 1. Der Gen. des Bereichs nach Verbalnomina kommt einem Akk des Orts bezw. der Zeit gleich; natürlich kann das nicht Anlass geben ihn zu den Objektsgenitiven zu stellen.

Beispiele: قلّة اللبث «Kleinheit des Wartens» ISa'd 3, 22. نُهين النفوس وهَون النفوس «wir achten die Selen gering, und das Geringgeachtetwerden der Selen lässt sie bestehen» Ḫansā S. 74, 3. شعر نصيب «das Gedicht Nusaibs» Kām. 104, 20 u. s. w. Besonders hervorzuheben ist der Gen. subj. nach passiven Partizipien, wie قتيل الجوع «Getötet des Hungers» = vom Hunger getötet. Aġ. VIII 77, 16. صريع مُدام «hingestreckt alten Weins» = hingestreckt von altem Wein. Del. 28, 5.

Genitiv des in einem Bereich Befindlichen. § 78. Dieser Gen. ist vom Gen. des Gemessenen (des Inhalts) zu unterscheiden, wie auch seine Umkehrung kein Gen. des Maasses ist (§ 76 Anf.); er gibt an, was sich über einen grösseren oder geringeren Umfang des vom Regens bezeichneten Bereichs erstreckt, und selbst in einem Fall wie etwa فى يومِ كلّ كريهة «an einem Tag jeder Widerwärtigkeit» = voll allerhand Widerwärtigkeit, Dīw. 'Ant. 15, 6, liegt dieser Gen. und nicht Gen. des Gemessenen vor. Sonstige Beispiele: فى ايّام عثمان «in den Tagen Othmans» Kām. 130, 16. يوم حِسْى «der Tag von Hisj» (an dem der Kampf bei Hisj war) Dīw. Nāb. 4, 5, und so häufig zur Bezeichnung von Schlachttagen.

Genitivus objectivus. § 79. Da der arab. Infin. keine Diathesis hat, so ist bei infinitivischem Regens manchmal zweifelhaft, ob der Gen. ein Gen. obj. und das Regens aktivisch ist, oder ob der Gen. ein Gen. subj. und das Regens passivisch ist. — Beispiele: حديث القرد «die Überlieferung über den Affen» Mas. IV 27, 4. علم الكتاب والسنّة «die Wissenschaft vom Koran und der Sunna» Ḥam. 1, 6. لا تقبرونى انّ قبْرى محرّم عليكم «begrabt mich nicht, das Begraben mich [= mich zu begraben] ist Euch verboten» Ḥam. 242, 20. واضعى سيوفهم «Legende ihrer Schwerter» (= die ihre Schwerter legen) Ṭab. IIa 15, 4. — Das Regens ist nicht notwendig ein Verbalnomen und transitiv, so sind wohl Fälle wie مصباح زيت «eine

Lampe Öls» = eine Öllampe. Dīw. Imr. 52, 10. طريق العراق «der Weg nach dem Irak» Mas. IV 181, 1. حرب الترك «der Krieg gegen die Türken» Ṭab. *Ib* 671, 3.

Erstarrte Genitivverbindungen.

§ **80**. Hier wiederholt sich ein Vorgang, wie er analog bei den Wörtern der Zugehörigkeit konstatirt wurde (S. 121 unten). Auch die hier zu besprechenden Ausdrücke bezeichnen die zwischen den Bestandteilen einer Genitivverbindung vollzogene Verweisung; während jedoch in der Endung des Zugehörigkeitsnomens die Rückverweisung von dem Gen. auf irgend ein Regens erstarrt ist, sind die im Folgenden behandelten Wörter Exponenten für die Verweisung irgend eines Regens auf den Genitiv. Beide Ausdrucksweisen stehen auch frei für sich: wie man sagt البغدادى «der Bagdader», so sagt man auch ذو العلم «der des Wissens» = der Gelehrte. *Wechselbeziehung.*

Die Verwandschaftswörter اب «Vater» امّ «Mutter» ابن «Sohn», ابنة, بنت «Tochter», اخ «Bruder» und اخت «Schwester» wurden auch als allgemeine Beziehungswörter gebraucht, allerdings vorwiegend in der Poesie, nur gewisse Verbindungen drangen auch in die Prosa. Die Wörter für Vater und Mutter bezeichnen dabei die Urheberschaft, das einer Sache zu Grunde liegende, das, was auf etwas Anderes seine Eigentümlichkeiten überträgt, ferner das was sich einer Sache annimmt, sie beeinflusst. Die Wörter für Sohn und Tochter das Produkt, das von Etwas abhängige, durch die Eigentümlichkeiten von Etwas gekennzeichnete, ferner das unter der Obhut einer Sache stehende, von ihr beeinflusste. Die Wörter für Bruder und Schwester das, was von gemeinsamer Herkunft und gleicher Natur mit Etwas ist. Man wird sich zwar meist der Metafer bewusst gewesen sein, indes ist doch wohl öfters die Grundbedeutung mehr oder weniger verblasst und nur die Vorstellung der engen Beziehung zu Etwas oder des Karakterisirtseins durch Etwas geblieben. Beispiele: ابا مثواك «den Vater

Deiner Gastfreundschaft» = Deinen Gastwirt. Kām. 486, 3 (vgl. 490, 5). أمّ الدماغ «die Mutter des Gehirns» = das Häutchen über dem Gehirn. Kām. 64, 10. بنو الحرب «Söhne des Kriegs» = Kriegsgewohnt. Ḥam. 194, 17. بنو الغَبْراء «Söhne der Erde» = Wegelagerer. Kām. 710, 1. بنو اللكيعة «Söhne der Gemeinheit» = Gemeine. Kām. 147, 7. ابن ثلاثمائة وخمس وستّين سنة «365 Jahre alt» (Ein Sohn von 365 J.) IḲut. 11, 10. اخو الحَضْر «der Bruder von Hadr» = Jener von Hadr, der Erbauer Hadrs. Aǧ. II 36, 20. اخى الندى «des Bruders der Freigebigkeit» = des Freigebigen. Ḫansā S. 11, 5. اخى غمّرات «eines Bruders von Unglücksfällen» = eines von Unglücksfällen Verfolgten. Ḥam. 31, 27. اخو خمسين «ein Bruder von 50» = 50 Jahre alt. Ḥam. 6, 19. ما نُريهم من آية الّا هى اكبر من اختها «Wir zeigten ihnen kein Zeichen, das nicht grösser war als seine Schwester» = als das andre. Ḳur. 43, 47.

Hierzu gesellt sich eine Gruppe von Nomina, die ihrer Bedeutung nach mit Notwendigkeit auf ein Nomen hinweisen, in dem sie ihre Ergänzung finden, und auf diese Weise zu Hilfssubstantiven wurden. Von der eben besprochenen Gruppe der Verwandtschaftswörter unterscheiden sie sich dadurch, dass sie auch in der Prosa viel gebraucht sind. So verlangt صاحب «Genosse» als Korrelat die Vorstellung desjenigen, dessen Genosse man ist; es bedeutet dann mit folgendem Gen. «eng mit Etwas verwachsen» «mit Etwas versehen» «ein Merkmal tragend»; ähnlich bei den übrigen Wörtern wie حليف «Gefährte» ولِىّ «einer Sache zugewendet», اهل «Volksgenossen» «Leute» und einige seltener Gebrauchte. Beispiele: اصحاب قناعة «Genossen der Mässigkeit» = Mässige. Maḳd. 105, 12. Balād. 247, 9 ist صاحب السيرة «der Verfasser der Sira», Z. 12 صاحب القصر «der Kommandant des Kastells», Z. 14 صاحب المغرب «der durch seine Eroberung des Magrib bekannte», und so hat es öfters die Bedeutung «bekannt durch seine

Beziehung zu ....». Ḥam. 586, 23 und sonst ist صاحبه geradezu «sein Gegner». — Für حليف: حليف الندى «Der Gefährte der Freigebigkeit» = Der Freigebige. Del. 93, 8. — Für وليّ: ولى التوفيق «der Begünstiger» Mas. VI 49, 5. ولى العهد «der Tronfolger». — Für اهل (neben صاحب das am häufigsten gebrauchte und am meisten verblasste von diesen Wörtern): اهل البحث «die Leute der Forschung» Mas. VI 50, 2. Allerdings lässt sich öfters nicht mit Sicherheit ausmachen, ob das Wort schon syntaktisches Hilfswort ist, oder ob es noch seine Eigenbedeutung besitzt; so wird es z. B. ausserordentlich häufig gebraucht, um von einem Ortsnamen den Namen der Bewohner zu bilden, wie اهل تهامة «die Leute der Tihama» ISa'd 13, 9. اهل الانبار «die Leute von Anbar» Balāḏ. 246, 9 u. s. w. Ferner z. B. خلّوا المَكارم لستم من اهلها «Lasst die rühmlichen Handlungen sein, Ihr seid nicht die Leute dafür» Del. 54, 13. Wie weit aber doch die Erstarrung gediehen ist, zeigt sich darin, dass dies Kollektivum auch mit Bezug auf ein einzelnes Individuum gebraucht wird, z. B. اهل ذاك انت = «Du bist der Mann dafür» «dazu im Stande» Ṭab. II*a* 14, 13. بما انا اهله = «was mir gebührt» Dîw. Ṭar. 4, 93. هي اهل الصفاء «sie ist würdig der Aufrichtigkeit» Del. 18, 4. Und selbst von Dingen, z. B. ما كلّ ما ارجوه اهل رجاء «nicht ist Alles, was ich hoffe, Etwas zum Hoffen» Abul 'atāh. S. 2, 10.

Das wichtigste dieser Wörter ist das ehemalige Demonstrativpronomen ذو «der von ....» «einer von ....». Ein echtes Demonstr. regirt keinen Gen. Das Demonstr. ذو aber ging seines deiktischen Gehalts verlustig, wurde zu einer blos syntaktisch formalen Vertretung des Nominalbegriffs und regirte wie jedes Nomen einen Gen. Am entschiedensten bekundet sich die Loslösung vom Demonstr. darin, dass ذو auch indeterminirt sein kann, ذو علم «einer von Wissen» = ein Gelehrter. Seine ursprüngliche Demonstrativnatur hat es auch in so ferne eingebüsst, als es in seiner Flexion von der nominalen Flexion ganz besonders stark beeinflusst ist;

die drei ursprünglich promiscue gebrauchten, flexionslosen Demonstrativa ذو [1]) ذى [2]) ذا verteilten sich, wohl unter dem Einfluss der status constructi wie ابو ابى ابا, auf die drei Kasus des Sing. Mask. Das Fem. Sing. ist ausschliesslich von dem Stamm ذا und mit der nominalen Feminínendung gebildet, was sonst nur noch bei ايّة «wer» vorkommt. Im Plural metaplastisch der Pronominalstamm أُلو, aber nominal deklinirt (Gen. أُلى) und mit nominaler Femininendung أُلات (z. B. Huḏ. 244, 6). Im Dual ذَوا (wie ابوان), Fem. ذواتا, und weiterhin rein nominaler Plural Mask. ذوو, der innere Plural أذْواء war kaum lebendig, Fem. ذوات. — Dieses ذو ist nur die allgemeine Formel für das syntaktische Verhältniss, in dem das regirende Wort einer Genitivverbindung steht, es wird nicht zur Vertretung der Wortbedeutung eines Subst. gebraucht, «seine äussere Form ist die des Verbots» heisst nicht لَفْظه ذو النَّهْى, sondern لفظه لفظ النهى «seine äussere Form ist die äussere Form des Verbots» Ḥam. 243, 9. حدّ كحدّ الرمح «eine Spitze wie die Spitze des Speres» Huḏ. N⁰. 30, 7. وَخْز اليم مِثْلُ وَخْز السنان «ein schmerzhaftes Stechen gleich dem Stechen der Lanzenspitzen» Ḥam. 649, 1. u. s. w. [3]).

Aus der Konstrukzion von ذو mit dem Gen. konkreter wie abstrakter Nomina zog die Sprache grossen Nutzen und gab damit die manigfaltigsten Verhältnisse wieder. Beispiele: ذات جنبين «aus 2 Teilen bestehend» (eig. das zweier Teile) Maḳd. 312, 6. قنّسرين وانطاكية ومَنْبج وذواتها «Kinnesrin und Antiochia und Man-

---

Anm. 1. Demonstrativisches ذو noch in مُنْذُ; ausserdem kommt ذو noch als Relativ vor.

Anm. 2. Im echten Demonstr. als Fem. Sing. In dem zum Relativ gewordenen Demonstr. الذى im Mask.

Anm. 3. Vgl. auch كانت الحال بينهما الطف حال = unserm «das Verhältniss zwischen ihnen war ein sehr freundliches» Kām. 241, 7.

bidsch und was dazu gehört» (eig. das [Plur. Fem. = Neutr.] ihrer) Balāḍ. 132, 7. ذات الواح «Eine aus Brettern» (die Arche). Ḳur. 54, 13. كان ذا لسان عَضْب «es war von scharfer Zunge» Kām. 605, 2. ليس بذى سيف «nicht ist er ein Mann des Schwerts» (eig. einer Schwerts). Dīw. Imr. 52, 30. ونى اخْوَة «O einer von Brüdern» = «O wie mancher, der Brüder hatte» Ḥam. 489, 24. — ذو الوعيد «der der Drohung» = der Droher. Ḥam. 421, 27. ذو عدد «Zahlreich» (eig. eine von Zahl). Ḥam. 7, 20. ذى امتناع «eines von Verteidigung» = eines Verteidigers. Ḥam. 423, 6. أُصبِح ذا بثّ «ich werde einer von Betrübniss» = betrübt. Ṭab. IIa 36, 16. — Für «neutrischen» Gebrauch vgl. noch انّ الله عليم بذات الصدور «Allah kennt das der Herzen» = das, was in den Herzen ist. Ḳur. 3, 115, sowie adverbiale Wendungen wie ذاتَ يوم «das [Akk. Sing. Fem.] eines Tags» = eines Tages. Kām. 97, 8. ذاتَ ليلة «in einer Nacht» Ḥam. 191, 18 u. A.

In diesen Fällen stand ذو mit Gen. frei, nicht ganz so häufig ist es attributiv, z. B. يتيما ذا مقربة «eine Waise eine (aus) der Verwandschaft» Mas. VI 447, 1. مدينة ذات نخل «eine Stadt mit Palmen» IḤauḳal 149, 3. فى خضراء ذات رفيف «in einer glänzenden Herschar» (eig. einer Glanzes) Del. 93, 6. من قبيل ذوى كَرَم «aus einem Stamme, solchen [Plur. Mask., Synesis] Edelmuts» = aus einem edlen Stamme. Ṭab. Ia 237, 11.

§ 81. Etwas primitive Verhältnisse treten bei der Bezeichnung des Ganzen und des Teils zu Tage, für die eine rein attributive Form noch nicht vorhanden ist. *Ganzes und Teil.*

A. Was die Bezeichnung der Totalität anlangt, so gibt es drei Arten 1) كلّ الرجال «(der) Kreis [1]) der Männer» = alle Män-

---

Anm. 1. Dies die mutmaassliche Grundbedeutung. Die Wurzelbedeutung ist «rund sein» und aus andern sem. Sprachen zu belegen, im genuinen Arabisch jedoch, wenn überhaupt, so nur noch in ganz wenigen Fällen bewahrt ist, s. Fränkel, Fremdwörter S. 62. D. H. Müller, Wiener Ztschr. f. d. Kunde d. Morgenl. I 24. Die

ner, 2) كلّ الرجل «(der) Kreis des Mannes» = der ganze Mann und 3) كلّ رجل «Kreis Mannes» = jeder Mann.

1) كلّ الرجال «(der) Kreis der Männer» = alle Männer. Der Gen. ist determinirt und pluralisch oder kollektivisch, d. h. es handelt sich um den Kreis der ganz bestimmten, nur einmal vorhandenen homogenen Vielheit oder Masse von Dingen. Beispiele: كلّ مَخاضات الفرات «alle Furten des Eufrat» Ḥam. 239, 2. كلّهم «sie Alle» (eig. Alle ihrer). Ḳur. 10, 99. كلّ اولآئك «all diese» Ḳur. 17, 38.

2) كلّ الرجل «(der) Kreis des Mannes» = der ganze Mann. Der Gen. ist determinirt und singularisch, d. h. es handelt sich um den Kreis des ganz bestimmten, nur einmal vorhandenen Individuums mit all seinen Teilen. Beispiele: بكلّ قلبي «mit meinem ganzen Herzen» (eig. mit dem Kreis (des) Herzens meiner). Kām. 546, 10. كلّ ذلك «dies ganz» «all dies» Ḳur. 17, 40. كلّها «sie ganz» (der Kreis ihrer). Balād. 124, 2. — Bisweilen ist der Gen. durch den Artikel nur generell determinirt (§ 91), wie كلّ الطعام كان حِلّا «die ganze Speise [= alle Speise] war verboten» Ḳur. 3, 78, und da der generell determinirende Artikel das Gattungswort auf Grund der feststehenden und bekannten Eigenschaften des betreffenden Gattungsworts determinirt, so erhält die Verbindung von كلّ mit generell determiuirtem Gen. leicht eine qualitative Bedeutung, كلّ الرجل «(der) Kreis, dessen, was man unter einem Mann versteht, von einem Mann verlangt», «der ganze Mann» in dem prägnanten Sinne den auch das deutsche «ein ganzer Mann» bisweilen hat, = «der rechte Mann». Z. B. كلّ الجواد «der vollkommen Freigebige» Ḥam. 138, 17. الفتى كلّ الفتى «der Jüngling, der richtige Jüngling» Kām. 633, 3. القوم كلّ القوم «die Leute, die echten Leute»

---

gewöhnliche Bedeutung im Arab. ist «stumpf sein» (von schneidenden Werkzeugen) und übertragen «schlaff sein» geworden, z. B. Ḥam. 665, 15. Diw. Zuh. 19, 10.

Vers bei Sîb. I 78, 21, und so meist in dieser attributiven Weise.

3) كل رجل «Kreis Mannes» = jeder Mann. Der Gen. ist indeterminirt und singularisch, selten pluralisch, d. h. es handelt sich um den Kreis einer Gattung mit Rücksicht auf die möglichen Individuen, in denen sie sichtbar ist. Gegenüber der Form N°. 1 كل الرجال «alle Männer» liegt das Wesen des Ausdrucks كل رجل «jeder Mann» darin, dass bei Letzterem zunächst nicht an die Individuen gedacht sondern von den vorhandenen Männern ganz abgesehen wird, und nur der Gattungsbegriff «Mann» vorschwebt; ist der Gen. pluralisch, so gehört die Eigenschaft der Vielheit mit zum Gattungsbegriff. Nur einen Gattungsbegriff kann das Wort «Mann» in der Konstrukzion 3 darstellen, «Mann» als unbestimmter Individualbegriff ergäbe hier höchstens den Gedanken «ein ganzer Mann». Der Ausdruck 3 bedeutet also zunächst, dass die Totalität aus der Natur des Begriffes «Mann» folgt und nicht im Hinblick auf die wahrgenommenen oder vorgestellten Männer behauptet wird. Daher steht denn auch 3 gerne, sobald an die Natur der Wortbedeutung erinnert wird, und dies ist in gehobener Rede und in der Dichtung häufiger der Fall als in gewöhnlicher Prosa; «jeder Mann» ist eindrucksvoller als «alle Männer», weil der Hörende dabei von seinen eigenen Vorstellungen über «Mann» ausgehen kann, womit zugleich die Gesamtheit der Männer gegeben ist. Ein solches «jeder Mann» statt des in prosaischem Text zu erwartenden «alle Männer» oder einfachem «Männer» «die Männer» wird ganz überwiegend in lobendem oder tadelndem Zusammenhang gebraucht. Öfters bedeutet die Form 3 «lauter Männer» oder hat superlativischen Sinn «die allertapfersten Männer». — Ferner folgt aus der Natur der Form 3, dass sie nicht nur die wirklich vorhandenen sondern auch die unter den Gattungsbegriff fallenden möglichen, irgend denkbaren Dinge bezeichnen kann.

Beispiele: كُلُّ آمرِئٍ «jeder Mann» Dîw. Ṭar. 8, 16. كُلُّ مالٍ «alles Vermögen» Huḏ. II N°. 148 Einl. 6. كُلَّ الفٍ «jedes Tausend» Ṭab. II*b* 645, 6. كُلَّ مكانٍ «an jedem Ort» (Kreis [Akk. adv.] Ortes)

Ḥam. 420, 27. كلَّ عشيّة «jeden Abend» (ebenso). Dîw. Zuh. 3, 2. — كلّ أناس «sämtliche Menschen» Ḳur. 2, 57. فى كلّ سبعين الف سنة «alle 70,000 Jahre» Mas. I 151, 9. كلّ يومين «alle zwei Tage» Ṭab. IIa 142, 8. — يرتكبون كلّ عظيمة «sie begingen jedes schwere Verbrechen» = allerlei schwere Verbrechen, die schwersten Verbrechen. Mas. VII 212, 5. فقدْ صدّ عنها الماء كلّ مَسيل «das Wasser wendet sich ab von ihr in allen möglichen Strömen» Ḥuṭ. N°. 16, 20. من كلّ محبوك «lauter feste!» Ḥam. 780, 18. تَردى بكلّ مدجّج «sie sprengen daher mit lauter Schwergerüsteten» Balāḏ. 261, 4. حين يفرّ كلّ مضلَّل «wann jeder Verdorbene flieht» Dîw. ʿAnt. 19, 11. ابكى على كلّ فيّاض «ich weine über jeden Freigebigen» = über all die Freigebigen aus diesem Stamme. IHiš. 89, 14 ما وقفتُ منه الّا على كلّ امرٍ جميل «ich habe an ihm nur lauter edle Dinge wahrgenommen» eig. nicht ausser jedes edle Ding. Mas. VII 381, 6. فى يومِ كلِّ كريهة «an einem Tag jeder Widerwärtigkeit» = voller Widerwärtigkeit. Dîw. ʿAnt. 15, 6. طاروا الى كلّ نَهْدة «sie fliegen zu jeder kräftig gebauten Stute» = zu all den kräftig gebauten Stuten. Del. 52, 6.

كلّ kommt auch ohne abhängigen Gen. in der Bedeutung «Jeder» bezw. «Alle» vor, z. B. كلّ قد حدّثنى بعض هذا الحديث «Jeder hat mir einen Teil dieser Geschichte berichtet» Ṭab. IIa 111, 11. كلّ كانوا ظالمين «Alle waren frevelhaft» Ḳur. 8, 56. كلّا اراهم «Alle, ich sehe sie ...» Muʿall. Zuh. 44. Selten ist الكلّ (mit Artikel) «das Ganze» «Alles» z. B. Jāḳût II 590, 12.

4) *كِلَانِ (Dual) «beide» unterscheidet sich von اثنان «zwei» dadurch, dass es die ein vorhandenes Ganzes bildenden zwei Dinge bezeichnet, während اثنان «zwei», die zwei Dinge zu einem Ganzen

zusammenstellt. Es kommt von der Wurzel كِلْوٌ [1]), die wohl der selben Sippe wie كُلّ, wovon كُلّ «all» «ganz» u. s. w., angehört. Wie كُلّ in der Bedeutung «alle» regirt es stets einen determinirten Gen., der wie *كِلَانِ selbst gleichfalls im Dual steht [2]). Von dem nach Genus und Numerus absolut unveränderlichen كُلّ unterscheidet es sich nicht nur durch seine Dualform sondern auch dadurch, dass es ein Fem. hat [3]); es wird durch اثنان «zwei» beeinflusst sein, worauf wohl auch die Femininform *كِلْتَانِ statt *كِلَتَانِ (wie ثِنْتَانِ) hinweist, die in einer Zeit entstanden sein muss, in der bereits كِلْ als Stamm empfunden wurde. Deklinirt wird *كِلَانِ in beiden Genera nur vor Genitivsuffixen [4]), doch soll auch hier die undeklinirte Form vorkommen, andrerseits wird vor freien Genitiven bisweilen كلى geschrieben, was aber كِلَا zu sprechen ist. Auffallend ist, wie ein Wort von dieser so unmittelbar zu durchschauenden Natur und Bildungsweise eines Duals aus der dualischen Deklinazion herausfallen konnte.

Beispiele: كـلا اخـويـنـا «unsere beiden Brüder» Ḥam. 122, 26. ابلِغْ ابا عمر وعمرا كليهما «verkünde dem Vater Amrs und dem Amr, ihnen beiden». Huḏ. 46, 1. كلتا الجنتين «die beiden Gärten» Ḳur. 18, 31. كلتاهما «sie beide» Ḥam. 421, 30. فى كلا الفريقين «über beide Parteien» Huḏ. 200, 7. من كلتى يديه «von seinen beiden Händen» Mas. VII 98, 11.

Bisweilen steht كُلّ «alle» statt *كِلَانِ «beide», z. B. فى كلّ حالتيه «in beiden Lagen» Del. 3,13. Statt كلا ohne folgenden Gen. steht كُلّ, z. B. اقتتل فريقان من قومه على بشر ادعاها كلّ «zwei Parteien seines Volkes

---

Anm. 1. كلان aus كلأان, Nöldeke bei Fleischer Beitr. IX 178 unten.

Anm. 2. Bei abhängigen Pron. aber auch z. B. كلا ذلك «dies Beides» Vers bei Mufi. 39, 10. Und natürlich كلانا «wir Beide» Mu'all. Imr. 51.

Anm. 3. Selten hat es die alte Genuslosigkeit bewahrt.

Anm. 4. Vgl اليه, عليه gegenüber على زيد.

bekämpften sich wegen eines Brunnens, den jede für sich in Anspruch nahm» Ḥam. 122, 25. كُلٌّ صحيح «Beides ist richtig» Kām. 417, 5.

5) جميع, eig. «Gesammelt» «Zusammengefasst» «Gesamtheit». Es lässt, da seine Etymologie noch Jedermann zum Bewusstsein kommen muss, die Entstehung der Totalität, die Prüfung und Sammlung der selbständigen einzelnen Stücke, deren Resultat die Behauptung der vollkommenen Totalität ist, durchblicken. Es scheint denn auch mehr als كُلّ das wirkliche Kennen der isolirten Teile vorauszusetzen, während كُلّ mehr auf allgemeiner Schätzung beruht. Es wird auch nur gebraucht, wo die Vorstellung einer Sammlung von Elementen sei es der Masse sei es des Individuums möglich ist, nicht mit indeterminirtem Sing. in der Bedeutung «jeder» (vgl. N°. 3). Bezeichnet der Gen. eine Mehrheit von Dingen, so bedeutet es «alle», bezeichnet er ein einzelnes Individuum, so bedeutet es «ganz». Übrigens ist es seltener als كُلّ.

Beispiele: بجميع خوزستان «in ganz Chusistan» IḤauḳal 173, 2. من جميع ابوابها «an all ihren Thoren» Balāḏ. 147, 10. من جميع جهاتها «auf all ihren Seiten» Balāḏ. 169, 10. كانت جميعَ مَصَائبَ مُوفَّرَةً «sie ist lauter gehäufte Unglücksfälle» Ḥam. 819, 16. — Von der selben Wurzel aber seltener und mehr als جميع die ursprüngliche Wortbedeutung «Haufen» «Schar» bewahrend sind جَماعة und جَمْع.

B. 1) بَعْض «Teil» eig. «(abgeschlagenes) Stück» wird fast stets mit dem determinirten Gen. verbunden und bedeutet «einige» «etliche» «manche» bezw. «ein» «etwas» (vgl. § 94). Gewöhnlich bezeichnet der Gen. eine Vielheit oder Masse. Es bildete zunächst den Gegensatz zu كُلّ, verflüchtigte sich aber bis zur Bezeichnung der Unbestimmtheit und wurde geradezu Indefinitum. بعض الرجال «manche Männer» Ḥam. 131, 26. انّ بعض الظن إثْم «manche Meinung ist Sünde» Ḳur. 49, 12 بعض ما انزل الله «Etwas von dem, was Allah herabgesant hat» Ḳur. 5, 54. له بعض الشُغل فى بعض امره wörtl. «er hatte einen Teil der Beschäftigung mit einem Teil seiner Angelegenheit» = er war irgendwie mit einer seiner Angelegenheiten beschäftigt. Buḫ. I 151, 13. Oder es ist überhaupt nicht zu übersetzen [1]), wie in فى بعض المواطن «auf Schlachtfeldern» Ṭab. IIa 36, 15. Häufig entsprechen sich zwei بعض, und der Ausdruck ist reziprok, wie دنا بعضهم من بعض «es näherte sich ein Teil von ihnen einem Teil» = sie näherten sich einander. Ṭab. IIb 726, 12. بعضنا من بعض «ein Teil von uns gehört zu einem Teil» = wir gehören zu einander. ISaʿd 13, 15. بعض الشرّ اهوَن من بعض «ein Übel ist geringfügiger als das andere» Kām. 337, 11.

Der Umfang des durch بعض bezeichneten Teils hält sich in bescheidenen Grenzen, بعض bezieht sich sogar öfters auf ein individuelles Ding, z. B. بعض الزهّاد «Einer der Asketen» Maḳd 255, 5. بعض بنى اميّة «Einer der Omajjaden» Balāḏ. 247, 17. من بعض أسفاره «von Einer seiner Reisen» Aġ. VIII 80, 30. بعض السيّارة «Einer von der Karawane» Ḳur. 12, 10.

Ohne Gen. steht بعض z. B. als zweites Element der korrelativen Konstrukzion, s. o. und vgl. noch فيُصيبوا بعضا ويُخطئوا بعضا «derart dass sie Manches treffen und Manches verfehlen» IHiš. 132, 9. فبعض يعدّها من هذه وبعض يعدّها من هذه «Die Einen zählen sie zu diesem, die Andern zu jenem» Jāḳūt II 49, 7. Jedoch keineswegs immer, z. B. هذا الشعر يُختلف فيه فبعضهم ينسبه الى الاحوص وبعضهم ينسبه الى يزيد «Was dies Gedicht anlangt, so wird darüber gestritten, die Einen von ihnen(!) schreiben es dem Elahwas

---

Anm. 1. Andrerseits erhält der Gegensatz zur Totalität eine prägnante Wendung in einer Redensart wie بعضَ اللوم «einen Teil des Tadels!» = nicht so arg tadeln! Diw. Imr. 5, 3. بعضَ الوعيد «nicht so arg drohen!» Huḏ. 80, 4.

zu, die Andern von ihnen(!) schreiben es dem Jezid zu» Kām. 218, 4. Seltener wird جُزْءٌ «Teil» in der Weise wie بعض gebraucht, s. Fleischer Beitr. IX 128.

2) Der Akk. des Ausrufs رُبَّ «Menge»[1]) wird (wie كُلّ in der Bedeutung «jeder») mit dem indeterminirten Gen. verbunden und bedeutet gewöhnlich «o wie mancher!» «o schon mehr als Einer!», eig. «o über die Menge von ....!». Zu dem Gen. gehört eine nähere Bestimmung, ein Adj. oder, und das ist das Häufigere, ein attributiver Satz. Letzterer hat, falls er Verbalsatz ist, das Perf., denn es werden stets Erfahrungen, die aus abgeschlossenen Tatsachen bestehen, mitgeteilt. Dies Attribut ist das natürliche Praedikat des Satzes. Meist ist der Ausdruck hyperbolisch. Beispiele: يا رب مكروب كررت وراءه «O wie mancher Bedrängte, hinter dem ich (helfend) hersprengte!» = hinter wie manchem Bedrängten sprengte ich her! Dīw. Imr. 30, 6. فيا ربّ جَمْع قد فللت «O wie manche Schar habe ich entkräftet» Ṭab. IIc 36, 18. u. s. w.

Eine andere, aber seltene Konstrukzion von رب besteht darin, dass es den Gen. Sing. Mask. des Personalpronomens regirt, das hierbei in allgemeinem Umriss die Situazion, in der die Menge der beobachteten Dinge gefunden wird, bezeichnet. Natürlich können dann diese Dinge, gemäss der Regel über die Stellung des Gen. unmittelbar hinter dem Regens, nicht mehr in den Gen. treten, sondern müssen im Akk. der Spezialisirung stehen, also ربّه رجلا eig. «o über die Menge seiner (an) Mann [Akk.]». Nach dem Gesagten hat eigentlich das Personalpronomen stets im Mask. zu stehen, gleichviel, welches das Genus der gezählten Dinge ist. Dennoch geschah es, dass das Pronomen irrtümlicherweise auf Genus (und Numerus) des folgenden Akk. bezogen wurde, ربها امرأةً «o über die Menge ihrer [Fem. Sing.] (an) Frau [Akk.]», und die Grammatiker von Kufa erklärten das sogar für das einzig Richtige.

Gleiches und Verschiedenes. § 82. A. Auch die Wörter, die das Gleiche bezeichnen, heben

---

Anm. 1. Die zahlreichen Nebenformen s. bei Lane I 1003c.

sich von den gewöhnlichen Genitivkonstrukzionen ab, wie schon die Determinazionsverhältnisse zeigen (§ 94), nur dadurch unterscheiden sie sich für uns von den übrigen in diesem § 82 und dem § 81 besprochenen Wörtern, dass wir bei ihnen seltener in der Lage sind, das Regens der arab. Konstrukzion durch ein Adj. wiederzugeben.

1) مِثْل eig. wohl «Gleiches», z. B. لم يجمعهم قبل ذلك مثل طالوت «nicht hatte sie vor dem (Einer) wie Saul geeinigt» eig. «das Gleiche Sauls». Mas. I 104, 8. انا على مثل ما هذا عليه «ich stehe auf (Etwas) wie das, worauf dieser steht» = ich stehe auf dem gleichen Standpunkt wie dieser. Ṭab. IIa 238, 5. مثلك او مثلى «(Einer) wie ich oder (Einer) wie Du» Ḥam. 248, 23. رجل مثله «ein Mann wie er» Huḏ. N⁰. 202 Einl. 2. — مثل nimmt keine Genusunterschiede, aber Numerusunterschiede an, z. B. مثلاها «zwei wie sie» eig. zwei Gleiche [Dual] ihrer. Dīw. ʿAnt. 2, 17. امثالى «(Leute) meinesgleichen» Dīw. Imr. 52, 8.

Ferner kommen vor شِبْه, شَبِيه «aehnlich» (eig. Aehnliches, Aehnlichkeit) نظير ebenso, مِقدار, قَدْر, شَرْوَى «gleich(wertig)» «ebenso gross wie». Siehe Genaueres bei Fleischer Verhdl. d. k. sächs. Ges. d. Wiss. 1862, 57 ff. = Klein. Schr. II 63 ff. نَحْو (eig. Richtung) und زُهَا (زُهَاء) bedeuten «ungefähr»; ob ein Substantiv oder eine Praeposizion empfunden wird, kann besonders bei زها öfters zweifelhaft sein, aber die nicht seltenen Fälle wie فى زها خمسة الاف «mit ungefähr 5000» Balāḏ. 120, 20 zeigen زها als unzweifelhaftes Subst., da Doppelpraeposizionen dieser Art nur ganz ausnahmsweise vorkommen. Siehe noch Fleischer a. a. O. 61 = 67.

2) Zur Bezeichnung der Identität ist am gebräuchlichsten نَفْس eig. «Seele» «Person», وجوه انفسهم «ihre eigenen Gesichter» Ḥam. 62, 30, aber auch von Dingen, z. B. فى نفس الساعة «in der Stunde selbst» Ṭab. Ia 13, 13; seltener ist عَين eig. «Auge». Indes ist

diese Konstrukzion نفس زيد (عين زيد) «die Person (das Auge) Zeids» = «Zeid selbst» meist entweder in die attributive Form زيد نفسه «Zeid seine Person» (s. § 83) oder زيد بنفسه «Zeid mit seiner Person» (s. § 99) übergegangen. عين in der Bedeutung selbst kommt ohne folgenden Genitiv als adverbialer Akk. عينًا und mit der Praep. ب vor, also هو هو عينا und هو هو بعينه «es ist er selbst», vgl. Lane I 5, 2216*c*.

حقّ الرجل «die Wahrheit des Mannes» bedeutet «der wahre Mann», z. B. امير غادِر حقّ غادِرٍ «ein treuloser Emir, ein wahrhaft treuloser» Ṭab. II*a* 389, 5. جِدّ العالم «der Ernst des Gelehrten» = «der Gelehrte durch und durch» s. Sīb. I S. 191, 6.

B. 1) Die qualitative Verschiedenheit wird durch غَيْر «Veränderung» «Anderes» [1]), das nach Genus u. Numerus unveränderlich ist, bezeichnet [2]). Beispiele: لغير الوجه الذى يريد اخذه «mit Bezug

---

Anm. 1. Leider ist die Etymologie dieses interessanten Wortes dunkel. Vielleicht bedeutete die Wurzel ursprünglich «sich bewegen» und hängt mit hebr. עור (aber mediae w!) «erwachen» zusammen, vgl. S. 103 Mitte.

Anm. 2. Dagegen bezeichnet آخَر (Elativ) das durch Zählen erhaltene Andere, eig. das mehr nach hinten befindliche, nachfolgende (Wurzel اخر «hinten sein»), z. B. قال نسناس من شجرة ...... فأخذوه قال نسناس اخر من شجرة اخرى .... فاخذوه قال اخر من شجرة اخرى «ein Nasnas sagte von einem Baume herab...., da ergriffen sie ihn. Da sagte ein anderer Nasnas von einem andern Baum herab.... da ergriffen sie ihn. Da sagte ein anderer... von einem andern Baum herab....» Mas. IV, 14, 6. بألفى دينار اخرين «mit 2000 weiteren Dirhem» Aġ. V 8, 27. الطمْه أُخرى «ohrfeige ihn eine andere» = gib ihm noch eine Ohrfeige. Ḥam. 98, 23. رجالا اخرين «andere Männer» Ḥam. 256, 27. كلّ مثال يخالف الاخر «jede Abbildung widersprach der andern» Maḳd. 10, 13. سنبلات خُضْر وأُخَر يابسات «grüne Aehren und andere, welke» Ḳur. 12, 43. Die Konstrukzion von اخر ist also ganz anders als die von غير, rein attributiv.

auf eine andere Richtung als die, die er einschlagen wollte“ eig. „auf das Andere der Richtung, die er einschl. wollte“. Ḥam. 95, 25. على غير واحد „auf mehr als einen“ eig. Anderes als einen. Dîw. Näb. 6, 12. Die Bezeichnung der Veränderung erfolgt nicht durch ein Adj., das attributiv zu dem den beiden gegensätzlichen Begriffen übergeordneten Begriff tritt, beziehungsweise durch Aufnahme dieses Begriffs substantivirt ist („ein anderer Mann als er“ „ein Anderer als er“), sondern die aus dem Wort „Anderes“ und seinem Gegensatz bestehende Genitivverbindung tritt attributiv zu dem übergeordneten Begriff [1]), beziehungsweise nimmt ihn in sich auf, also نكحت زوجا غيره „sie heiratete einen andern Gatten“ eig. einen Gatten das Andere seiner. Buḫ. I 35, 2. بدّلناهم جلودا غيرها „wir gaben ihnen andere Häute dafür“ eig. Häute das Andere ihrer“ Ḳur. 4, 59. قول غير الذى ذكره ابو مخنف „eine andere Darstellung als die, welche Abu Michnaf gab“ eig. „eine Darstellung das Andere (dessen), was ....“ Ṭab. II*b* 1123, 14. تُبدَّل الارضُ غيرَ الارض „die Erde wird in eine andre Erde verwandelt“ eig. in (eine Erde) das Andre der Erde. Ḳur. 14, 49. Ein weiteres Symptom für das Ausbleiben der Angliederung des Worts für „Andere“ an den übergeordneten Begriff und für die Unzertrennbarkeit der beiden in Gegensatz stehenden Begriffe ist der Umstand, dass غير nicht ohne Gen. steht, auch wenn der gegensätzliche Begriff durch das Vorangehende bereits gegeben und selbstverständlich ist; ein Pronomen im Gen. weist auf den gegensätzlichen Begriff zurück [2]), z. B. بغير هذا „Etwas Anderes“ eig. das Andere dessen. Kām. 486, 9. حَسب ان الرمح قد بلغ غير ذلك منه „er glaubte, der Sper habe (noch) etwas Anderes von ihm getroffen“ eig. Anderes dessen von ihm. Ḥam. 25, 1. اذا مرّت على صريع منكم واذا مرّت على رجل من غيركم „sobald sie an einem Gefallenen von Euch vorbeigeht, und sobald sie an einem Manne von den Andern vor-

---

Anm. 1. Über eine andere, praepositionale Fassung s. § 100.

Anm. 2. Der Fortschritt zu الغير „das Andere“ scheint nahe gelegen zu haben, wurde aber wenigstens von einem Teil der Grammatiker für fehlerhaft erklärt.

beigeht» eig. von dem Andern Eurer = von den Andern als ihr. Ḥam. 253, 16. ان يبعث غيرَه «er sollte einen Andern schicken» eig. einen Andern als er. Ṭab. II*a* 11, 11.

Wenn mit Bezug auf «das Andere Zeids» eine Aussage gemacht wird, so liegt hierin zugleich angedeutet, dass zunächst von Zeid selbst abgesehen werden soll. Nach dieser negirenden Seite hin entwickelte sich nun die Bedeutung von غير weiter; so wurde es exzeptiv, namentlich in Sätzen verneinenden Sinns, z. B. مَن الٰه غيرُ الله «Wer (ist) Gott ausser Allah?» Ḳur. 6, 46. لم يُبْقِ سيرى ورحلتى على ظهرها من نَيِّها غيرَ مُتَحَفِّد «nicht liess mein Reisen und Reiten auf ihrem Rücken von ihrem Fett (Etwas) ausser der untersten Schicht übrig» Dîw. Zuh. 3, 5. ما أَفْنَى شبابى غيرُ هِرٍّ «nicht hat (Jemand) ausser Hirr meine Jugend verdorben» Dîw. Imr. 17, 4. Ja غير verneint geradezu, und zwar häufig, den einen der zwei Begriffe, in die der übergeordnete Begriff zerlegt ist, auf diese Weise eine Wortverneinung bildend (vgl. § 49), z. B. مقسوما كان او غيرَ مقسوم «mag es geteilt oder ungeteilt sein» Buḫ. II 75, 5. خرزة غير مثقوبة «eine nicht durchbohrte [Fem.!] Perle [Fem.]» Ṭab. I*b* 579, 12. غيرَ زُمَّلٍ ولا وَكَلٍ «nicht schlaff und nicht [die Negazionspartikel «nicht»] aufhalsend» Ḥam. 144, 4. انّ سفيان وحدَه لغير لُبْنَى والباقين كلهم للبنى «dass Sufjan allein nicht von Lubna [oder: von einer andern als Lubna] sei und alle übrigen von Lubna» Huḏ. №. 31 Einl. 6. مكث غيرَ طويل «er verweilte nicht lange» Ṭab. II*a* 453, 13. — Es lässt sich nicht immer sicher sagen, ob غير noch Subst. oder schon Praepos. ist.

2) سُوًى, سَواء «Gleiches», eig. wohl «Ebenes», bezeichnet das der selben Gattung angehörige, die selben Eigentümlichkeiten besitzende, aber individuell verschiedene. Letzterer Umstand wurde ausschlaggebend, das Wort nahm eine ähnliche Entwicklung wie

teilweise غير und bedeutete «Anderes» «ausser» (ist aber seltener als غير), also عندى رجل سوى زيد «bei mir (ist) ein anderer Mann als Zeid» eig. ein Mann, das Gleiche Zeids. S. z. B. Kām. 708, 6. Vgl. Fleischer Beitr. IX 127. Auch hier ist keine feste Grenze zwischen Nomen und Praepos. zu ziehen. Beispiele: لو كان اهلها سوانا «wären seine Besucher Andere als wir gewesen» IHiš. 614, 2. لمّا بدا لى منك مَيلٌ مع العِدَى سواى «nachdem mir an Dir eine Neigung zum Feinde, nicht zu mir [eig. Anderes meiner], offenbar geworden war» Ḥam. 570, 2. سواكمْ ذو الشَّجْو «Andere als Ihr sind schmerzerfüllt» Huḏ. 113, 15.

3) سائر «Übriges». (Partizip) mit Gen. = «die übrigen», wie all diese Wörter nach Genus und Numerus unveränderlich, z. B. سائر الاقاليم «die übrigen Klimen» Maḳd. 236, 4. سائر الخيل «die übrigen Pferde [Kollektiv]» Ḥam. 383, 22. سائر الروايات «die übrigen Überlieferungen [Fem. Plur.]» Mas. IV 176, 2. قرأت فى سائر الحديث «ich habe in der anderweitigen Überlieferung gelesen» Ṭab. Ia 19, 16.

§ 83. Unverkennbar ist die Neigung vorhanden, die in § 81 und 82 aufgeführten regirenden Substantiva zu Attributen herabzudrücken. Indes wurde dieser Fortschritt, soweit er überhaupt Platz griff, doch nur unvollkommen, nämlich unter Zuhilfenahme wiederum einer Genitivkonstrukzion ausgeführt: Der frühere Gen. wird Leitwort, das frühere Regens wird Apposizion mit einem auf das Leitwort zurückweisenden Genitivsuffix, man sagt also für كلّ الرجل «(der) Kreis des Mannes» auch الرجلُ كلُّهُ «der Mann (der) Kreis seiner» [1]). Doch können diese Ausdrücke nicht *Attribuirung der Totalität u. s. w.*

Anm. 1. Natürlich bezeichnete كل damals schon speziell die Totalität. — Kräftiger ist ألحَنُ الناس كل الناس قاطبةً «der Gescheuteste der Menschen, aller Menschen miteinander» Kām. 21, 1.

Apposizion zu indeterminirten Wörtern sein, bei كُلّ also ist die Umwandlung in die Apposizion nur möglich, wenn es die Bedeutung „all“ oder „ganz“ hat, in welchem Falle das Leitwort determinirt ist, wogegen كُلّ in der Bedeutung „jeder“ nur die ältere Genitivkonstrukzion zulässt [1]).

Die jüngere Konstrukzion ist bei كُلّ lange nicht so häufig als die ältere und ihre Anwendung meist dem individuellen Belieben überlassen, so dass nicht alle Fälle in feste Regeln zu fassen sind. Wo die attributive Konstrukzion eintritt, kann man meist annehmen, dass der Redende die Totalität auch ohne كُلّ schon als feststehend oder natürlich betrachtet und mit كُلّ nur die Tatsache der Totalität nachdrücklich hervorhebt. Bisweilen ist man versucht praedikativ zu übersetzen („die Männer kamen alle“), indes müsste dann كُلّ stets im Akk. stehen, was sicher nicht der Fall ist.

كُلّ steht also attributiv besonders, wenn das Leitwort einen durch seine Natur oder den Zusammenhang bereits umgrenzt gedachten Begriff darstellt, wie انّ الدنيا كلّها ستّة آلاف سنة „dass die ganze irdische Welt 6000 Jahre dauere“ (dass sie im Ganzen ....) Ṭab. Ia 15, 14. Auch neben Pronomina (namentlich den im Verb. fin. gelegenen Subjektspron. und den Genitiv- und Akkusativsuffixen) ist كُلّ häufig attributiv, wie بما آتيتهنّ كلّهنّ „was Du ihnen allen gebracht hast“ Ḳur. 33, 51. هؤلاء كلّهم „dieser aller“ Ṭab. IIb 600, 11. ملكة هذه الجزائر كلّها „die Königin all

---

Anm. 1. Eine Ausnahme machen nach den kufischen Grammatikern die Wörter, die eine bestimmt umgrenzte Ausdehnung bezeichnen, s. z. B. IJaʿīš 1 364, 15. Man soll also sagen können يوم كلّه „ein ganzer Tag“ فرسخ كلّه „eine ganze Parasange“ أكْلة كلّها „ein ganzes Essen“. Die Regel scheint in der Tat richtig zu sein, z. B. حولا كاملا كلّه „ein ganzes volles Jahr“ Del. 21, 2.

dieser Inseln» Mas. I 335, 6. Während die Fälle mit Pronomen gewöhnlich etwas durch den Zusammenhang Umgrenztes darstellen, sind beispielsweise Sammelwörter und Maasswörter von Natur umgrenzt, können allerdings zugleich auch der ersteren Art angehören, z. B. اموال مروان كلّها «das ganze Vermögen Merwāns» Ṭab. IIa 164, 10. القوم كلّهم Buḫ. I 62, 11. الاقوام كلّهم «alle Leute» Dīw. Nāb. 5, 42. مُلْك اليمن كلّه «das ganze Reich Jemen» IHiš 12, 10. العشيرة كلّها «der ganzen Familie» Ḫansā S. 51, 13. So auch Völker- und Stammesnamen wie بكر كلّها «ganz Bekr» ISa'd 46, 10. Natürliche Umgrenzung ferner in Fällen wie الباقين كلّهم «alle Übrigen» Huḏ. N⁰ 31 Einl. 7. Auch der von einem Superlativ abhängige Gen. part. nimmt كلّ attributiv zu sich, denn die Anwendung des Superlativs setzt schon voraus, dass alle Exemplare berücksichtigt sind, das Totalitätswort ist eine blosse Verstärkung, z. B. اشرف العلوم كلّها «die edelste aller Wissenschaften» Ḥam. 1, 5. Für كلا: ابنَىْ زهير كليهما «der beiden Söhne Zuheirs» Dīw. Imr. 15, 2. من جانبيه كليهما «von seinen beiden Seiten» Dīw. Imr. 20, 49.

Als Verstärkung treten zu كلّ attributiv die Elative اجمع (dies am häufigsten), ابتع, ابصع, اكتع, die letzteren drei gewöhnlich zusammen [1]). Sie kongruiren mit dem Leitwort, das stets determinirt ist, in Genus, Numerus und Kasus, der Dual ist jedoch nicht gebräuchlich. الملائكة كلّهم اجمعون «die Engel alle miteinander» Ḳur. 15, 30. Auch attributives اجمع allein, ohne كلّ, kommt

---

Anm. 1. Die Wurzel von اجمع bedeutet «sammeln» (§ 81, 5), die der andern drei «trennen». Das von einer grösseren Einheit abgetrennte ist eben durch die Trennung zu einer neuen Einheit geworden, vgl. طُرًّا § 64, 3. Alle diese Wörter fügen zur bloss abgeschätzten Totalität die exakte Totalität hinzu.

bisweilen vor, النَّاسُ اجمعين «aller Menschen» Buḫ. I 12, 6.

Bei بعض «Teil» war wenig Anlass zum Gebrauch der attributiven Konstrukzion, die ungewöhnliche Konstrukzion الرجالُ بعضُهم «die Männer ihr Teil» = «einige Männer» «die Männer teilweise» (z. B. Sîb. § 35) enthält in dem بعضهم doch weniger eine nähere Bestimmung als eine Modifizirung des Leitworts. Sobald dagegen بعض reziprok verwendet wird (S. 143), ergänzen sich die Teile zu einem Ganzen, und der attributive Typus ist hier gar nicht selten, z. B. قالت بنو قرد بعضهم لبعض «Es sagten die Benu Kird die Einen von ihnen zu den Andern» Huḏ. II S. 6, 21. دَفْعُ اللهِ النَّاسَ بعضَهم ببعض «das Wegtreiben Allahs die Menschen die Einen von ihnen durch die Andern» Ḳur. 2, 252. u. s. w.

وَحْد eig. «Alleinsein» kommt nur attributiv mit rückweisendem Genitivsuffix vor[1]). Es bedeutet «allein» und zwar sowohl im Sinne von «ohne Begleitung» als «ohne Beihilfe», s. Fleischer Beitr. VI 107. Von allen andern Wörtern dieser Klasse unterscheidet es sich dadurch, dass es stets adverbial im Akk. steht[2]). Z. B. اذا ذُكِرَ اللهُ وحدَه «sobald Allah [Nom.] allein [Akk.] erwähnt wird» Ḳur. 39, 46. علامَ تقيم هاهنا وحدَك «warum bleibst Du hier allein?» Huḏ. N° 179 Einl. 4. آمنّا بالله وحدَه «wir glauben an Allah [Gen.] allein [Akk.]» Ḳur. 40, 84.

Es ist wohl nicht zufällig, dass eine so weitgehende Befreiung des ehemaligen Gen. von seinem Regens gerade bei einem Wort, das eine Art der Identität bezeichnet, auftritt. Auch die Identitätswörter نفس und عين «selbst» waren der jüngeren Konstrukzion in dem Grade zugänglich, dass hier die ältere Konstrukzion schon ganz in den Hintergrund gedrängt ist. Das Gewöhnliche

Anm. 1. Über rein attributives وحد sogar ohne Genitivsuffix s. Ḥam. 6, 30.

Anm. 2. Den Gen. وحدِه scheint man nur in einigen wenigen Redensarten zu kennen, s. z. B. IJa'îš I 242, 2.

ist, dass man sagt ان ابا عبيدة نفسه غزا «dass Abu Obeida selbst angriff» Balād. 64, 11 u. s. w. Auch hier ist das Leitwort immer determinirt. Liegt das Beziehungswort als Subj. im Verb. fin., so setzt man es überdies in Gestalt des freien Pronomens heraus (Muf. § 135), زيد ذهب هو نفسه «Zeid ging weg er selbst», was beim Genitiv- und Akkusativsuffix nicht geschieht (ebenda).

Auch wo es noch nicht zu der attributiven Ausdrucksweise gekommen ist, macht sich das Übergewicht des Gen. insoferne geltend, als bei der Kongruenz oft nicht Geschlecht und Zahl des regirenden Worts sondern des Genitivs den Ausschlag gibt. Man liest also zwar كلّنا قتله وشرك في دمه «wir Alle haben [Sing. Mask.] ihn getötet und sind [Sing. Mask.] an seinem Blut beteiligt» Kām. 543, 9. كلّهم آتيه «Sie alle (sind) zu ihm kommend [Sing. Mask.]» Ḳur. 19, 95, aber doch häufiger أُمضيت كلّها «sie wurde [Fem. Sing.] ganz besetzt» Balād. 124, 2. كلّ نفس بما كسبت رهينة «Jede Sele [Fem.] ist für das, was sie erworben hat, Bürge [Fem.]» Ḳur. 74, 41 u. s. w. Bei كلا «Beide» ist bemerkenswert, dass es gewöhnlich mit dem Sing. konstruirt wird, also كلا الحيين بكا «beide Stämme weinten» Ḥam. 660, 19. كلتاهما فيها «sie beide [Fem.], in ihnen [Sing. Fem.] ....» Ḥam. 421, 30.

XII. Konstrukzion der Verbalnomina.

§ 84. Die Infinitive und Partizipien regiren ihr Objekt bald im adnominalen bald im adverbalen Kasus, je nachdem die grammatische Kategorie des Nomens oder die als Nomen aufgefasste Handlung in Wirksamkeit tritt. Sie nehmen einerseits den bestimmten oder unbestimmten Artikel sowie Attribute an und regiren andererseits dieselben Praeposizionen wie ihre Verba [1]) *Grundzüge.*

Anm. 1. So z. B. auch خوفًا من الضحّاك على اولادهم «aus Furcht vor dem Dabhak für ihre Kinder» Ṭab. I*a* 227, 6.

sowie Nebensätze [1]). Der verbalen Konstrukzion wird durch die strengen Regeln, an welche die arab. Genitivsetzung gebunden ist (S. 122 f.), Vorschub geleistet. Das Anwendungsgebiet der Verbalnomina ist ungemein ausgedehnt, wir müssen sie sehr oft in Verba finita verwandeln und in Nebensätze auflösen.

Der Inf. neigt in seiner Konstrukzion weit mehr nach der nominalen als nach der verbalen Seite und unterscheidet sich vom Verbum auch durch das Fehlen von Zeitart und Diathesis. Zeitart ist zwar auch beim Part. nicht formell ausgebildet, tritt aber in Eigentümlichkeiten der Konstrukzion hervor (§ 85 A); Diathesis ist am Inf. nur aus dem Sinn des Satzes zu erkennen, wie ما قَتْلٌ على شارٍ بِعارٍ «nicht (ist) getötet werden für einen Charidschiten eine Schande» Ṭab. II*c* 1907, 4. Vgl. übrigens § 40. Das Partizip nähert sich überhaupt, obwohl es als echtes Adjektiv Komparazion hat, mehr als der Inf. dem Verbum, worauf auch schon seine Form hinweist. Während der Akk. nach dem Inf. nur steht, wenn der Gen. geradezu unmöglich ist, kann nach dem Part. der Akk. auch sonst stehen, und überdies ist hier die Genitivverbindung in den meisten Fällen eine «uneigentliche» (§ 92). Der verbalen Konstrukzion des Partizips folgen auch seine Intensiva und sonstige Verbaladjektiva [2]), selten sein Elativ, man bevorzugt hier doch die Umschreibung des Akk. durch die Praepos. لِ, die auch beim einfachen Part. und beim Inf. nicht selten gewählt wird (§ 101). Nicht ganz unähnlich ist es, wenn die verbale Konstrukzion des Infinitivs auch nichtinfinitivische Abstrakta ergreift.

Partizip. § **85. A.** Das Part. muss verbal konstruirt werden, wenn es von dem abhängigen Wort getrennt ist, es *kann* verbal kon-

---

Anm. 1. Also z. B. نَهْيُكَ جُنْدَكَ ان ينزلوا حريمهم ودورهم «Dein Verbieten Deinem Heer, dass sie Haus und Hof beziehen» Ṭab. II*c* 1684, 14.

Anm. 2. Es kommen فَعَّال, فَعُول, مِفْعَال, فَعِل und فَعِيل in Betracht. Sib. I 46, 12 f.

struirt werden, wenn es die Qualifikazion zu einer noch in der Verwirklichung begriffenen Handlung bezeichnet, also einem Verb. fin. im Imperf. entspricht. Dies wird sich wohl so erklären, dass der Gedanke an eine sich noch fortwährend erneuernde Handlung grössere sinnliche Kraft besitzt als der Gedanke an eine Handlung, die all ihre Stadien schon durchlaufen hat. Die Folge war, dass das syntaktische Verhalten des Partizips, sobald letzteres imperfektgleich war, unter den Einfluss der sich vordrängenden Kategorie des Verbums geraten konnte [1]).

Beispiele sind häufig [2]), مُخْرِجٌ كَفَّيْهِ «eines herausstreckenden seine Hände» Dîw. Imr. 29, 1. مَن مُبْلِغٌ أَفْنَاءَ سعد «Wer (ist) gelangen machend (zu) den Leuten [Akk.] des Sad?» Ḥuṭ. 6, 15. مُظْهِرِين عَدَاوَةً «Feindschaft an den Tag legende» Ḥam. 112, 8. Der Akk. ist natürlich auch erforderlich, sobald das abhängige Wort nicht unmittelbar auf das Part. folgt, also z. B. der zweite Akk. nach Partizipien zu Verben mit dopp. Akk., so سائلني غَبُوقًا «Bittend mich [Gen.] (um) den Abendtrunk» Dîw. ʿAnt. 5, 3. Solche Partizipien sollen auch das erste Obj. im Akk. regiren, was als syntaktische Assimilazion zu erklären sein wird, die aber durchaus nicht immer eintritt, ausser obigem Fall vgl. z. B. noch سارقُ الضيفِ بُرْدَهُ «ein dem Gastfreund [Gen.] seinen Mantel stehlender» Ḥam. 155, 10. Für Intensiva: خَوّاضًا اليه الكتائب «sich zu ihm hin in die Scharen stürzend» Ḥam. 32, 12. ضَحْوَرَان

Anm. 1. Es kommt hinzu, dass die Partizipien, mit Ausnahme des Part. der I Konjug., eine mehr oder weniger grosse Klangähnlichkeit mit dem Imperf. haben. War nun das Part. imperfektgleich, so konnte die Assoziazion mit einer klangverwanten Verbalform auch die verbale Konstrukzion fördern. Dies drücken in ihrer Weise schon die Grammatiker der Araber aus.

Anm. 2. Sicher zu konstatiren sind sie natürlich nur, wo die Konsonantenschrift unmissverständlich für die Akkusativkonstrukzion spricht, oder das Metrum den stat. abs. des Regens oder der Reim den Akk. des regirten Worts fordert. Artikel des Regens (z. B. Ḳur. 3, 128) beweist Nichts, da das uneigentliche Genitivverbindung sein kann.

عوّار القذى «herausschleudernd den ins Auge gefallenen Splitter» Mu'all. Ṭar. 33. Vgl. noch Sīb. I 46, 19 f. Eine nicht recht klare und nicht allgemein zugegebene Einschränkung der Akkusativkonstrukzion besteht im Wesentlichen darin, dass man den Akk. nach einem indeterminirten Part. nur setzen soll, wenn es Attribut, Praedikat oder Praedikativ zu einem ausgesprochenen oder gedachten Subst. ist.

B. Nominale Konstrukzion ist, solange die Genitivregeln nicht im Wege stehen, überall möglich, so z. B. unmittelbar nebeneinander لست مُدرِكَ ما مضى ولا سابقًا شيئًا «nicht bin ich erreichend [stat. cstr.] was vergangen ist [genitivischer Relativs.] und nicht zuvorkommend [stat. abs.] einer Sache [Akk.]» Dīw. Zuh. 20, 7. Sonstige Beispiele: لست بلائمِ حُرَّة «nicht bin ich ein Tadler einer Edlen» Ḥam. 420, 21. موافقو اهل الكوفة «zusammentreffende (mit) den Kufiern» Ṭab. II*a* 51, 17. نافعي «mir [Genitivsuffix] nützend» Ḥam. 189, 27. طلّاعَ النجد «Höhen erklimmend [Intensiv.]» Ḥam. 534, 4. Erforderlich ist der Gen., wenn die beim Part. vorschwebende Handlung perfektgleich ist. مُحدِث ذلك «der das hervorgebracht habende» Ṭab. I*a* 18, 12. قاتل ابيك «der Deinen Vater getötet habende» Ḥam. 86, 22.

Infinitiv. § **86.** **A.** Man konstruirt immer nominal, wenn kein besonderer Hinderungsgrund vorhanden ist. قتْلى «das mich [Genitivsuffix] töten» Ḥam. 422, 19. بقاءُ يوم «das Lebenbleiben eines Tages» (= einen Tag lang) Ḥam. 44, 15 u. s. w.

B. Steht Etwas zwischen regirendem und abhängigem Wort, so hat der Akk. einzutreten, also اطعام فى يوم ذى مَسْغبة يتيما «Speisen am Tage des Hungers Waisen» Ḳur. 90, 14. Dies ist der meist in Betracht kommende Fall. Ferner, wenn man das regirende Wort mit dem bestimmten oder unbestimmten Artikel versehen hat, wie عن الضرب مسْمَعا «von dem Schlagen ein Ohr» Sîb. I S. 81, 9 und Weiteres bei Sîb. § 40. Bemerkenswert ist, dass Infinitive, die sich in Folge eines Bedeutungswandels (Resultat der Handlung statt der Handlung selbst u. dgl.) von ihrer ursprünglichen Natur entfernt haben, doch auch noch verbale Konstrukzion zulassen, s. ausführlich Fleischer Beitr. III 318 ff. und IX 142 ff., wo auch Beispiele, wie الى طاعة هذا الولد امرَ الله «auf den Gehorsam dieses Kindes (gegen) Gott» vgl. ferner z. B. قسْمة الله حظَّكم «Die Bestimmung Allahs Euer Geschick» Ḥam. 155, 24. Indessen büssen doch im Allgemeinen die Infinitive mit der begrifflichen Loslösung vom Verbum auch die Fähigkeit zu verbaler Konstrukzion mehr und mehr ein (s. Fleischer ebenda und Ber. d. sächs. Ges. d. Wiss. 1869, 168 = Kl. Schr. II 426) Daneben läuft jedoch eine andere Strömung her, durch welche Substantive, die längst starr geworden sind, in die Konstrukzionsweise nahestehender Infinitive übergeführt werden, s. Fleischer ebenda [1]).

C. Nominale und verbale Konstrukzion finden sich häufig vereinigt, das Subj. der Handlung steht im Gen., worauf das Obj. im Akk. folgt, also قتلُ قابيل اخاه هابيل «das Töten Kains seinen Bruder Abel» Ṭab. Ia 137, 8. تسليمُ الحسنِ الامرَ الى معاوية «Das Übergeben Elhasans die Sache an Moawija» Ṭab. IIa 5, 5.

Anm. 1. Noch weiter geht in der verbalen Konstrukzion das angebliche عجبت من ضرب زيدٌ «ich wunderte mich über das geschlagen werden Zeid [Nom.!]» s. z. B. Fleischer Beitr. IX 146. In dieser Konstrukzion regirt der Inf. einen Kasus, der überhaupt nicht regirt werden kann. Ein weiterer Fall von Behandlung des Inf. als Verbum fin. ist das nominativische Attribut zu dem Subjektsgen., ضربُ زيدٍ الحسنُ «das Schlagen Zeids der schöne». Sonst vgl. noch unter C.

u. s. w. سوالنا ضبّنا «unser Fragen [eig. das Fragen unsrer] Taube» Mu'all. Lab. 10. عن عزل هشامٍ ايّاه «über das Absetzen Hischams ihn» Ṭab. IIc 1812, 6. Die Infinitive doppelt transitiver Verba haben beide Objekte im Akk., ist aber das Subj. der Handlung nicht ausgedrückt, so ist für den Gen. des ersten Objekts der Platz frei, man sagt also امره ببنائه الخَوَرْنَق مَسكنا «er befahl ihm das Erbauen Elchawarnaks zum Wohnort» Ṭab. Ib 851, 3.

Neben diesem Verfahren stehen nun noch zwei andere mit einander verwante Konstrukzionen, bei denen in kühner Weise die Kontinuität des Satzes unterbrochen wird [1]). War neben dem genitivischen Subj. das Obj. in Gestalt eines Personalpronomens auszudrücken, so musste ihm die Form des freien Akkusativpronomens (ايّاه) gegeben werden. Das geschieht ja nun auch meistens, aber immerhin widerstrebte einer solchen Stellung einigermaassen die sonst herrschende Tendenz, die Pronomina möglichst nach vorn zu nehmen und die Personalpronomina dem regirenden Wort enklitisch anzuheften. Gab man dieser Tendenz auch hier nach und machte das akkusativische Personalpron. zu einem Suffix des Infinitivs (ضربى «das Schlagen meiner» = mich), so war man dazu gedrängt, bei der Angabe des Subjekts in die verbale Konstrukzion überzugehen und das Subj. in den Nom. zu setzen, also ضربه زيدٌ «das Schlagen seiner [= ihn] Zeid [Nom.]». Man kann es verstehen, das ein solcher Typus dann auch auf Infinitive mit substantivischem Subj. Anwendung fand, ضربُ عمرٍو زيدٌ «das Schlagen Amrs [= den Amr] Zeid [Nom.]» [2]).

Anm. 1. Diese Konstrukzionen dürften doch auch ausserhalb des Gehirns der arabischen Sprachgelehrten existirt haben. Sichere Fälle aus andern semit. Idiomen sprechen für ihre Möglichkeit. Vgl. noch S. 157 Anm. 1.

Anm. 2. Als Beispiel wird angeführt قتلُ اولادِهم شُرَكاؤُهم «das Töten ihrer Kinder [Gen.] ihre Genossen [Nom.]» Ḳur. 6, 138, indes schwanken die Lesarten.

Indes könnte diese Form auch spontan entstanden sein, indem sich das Obj. aus Gründen, die in der Situazion oder dem Zusammenhang lagen, vorandrängte [1]), was ja eigentlich auch den Anlass zur Voransetzung des Pronomens bildete. Indes soll bei substantivischem Objekt diese Konstrukzion doch selten sein.

Noch weiter geht eine zweite Konstrukzion: Das Subj. tritt in den Nom., das Obj. in den Akk. ضَرْبٌ زَيْدٌ عَمْرًا «Schlagen Zeid [Nom.] den Amr [Akk.]». Sie wäre die verwegenste Durchführung der verbalen Konstrukzion.

XIII. Determinazionsverhältnisse.

§ 87. Die Determinazionsverhältnisse sind im Arabischen minuziös durchgebildet. Hier zeigen sich syntaktische Fernwirkungen von einer Praezision, die sich auffallend von den vagen Beziehungen unterscheidet, die wir in der Lehre von der Kongruenz fanden. — Es gibt einen bestimmten und im Singular (wozu ja auch die inneren Plurale zu rechnen) sowie im äusseren weibl. Plural einen unbestimmten Artikel, ersterer praepositiv, letzterer postpositiv und mit den Kasusendungen untrennbar verwachsen, selbst zur Endung (— *n*) geworden. Vor Entstehung dieser Satzteile bedeutete *رَجُلُ (*رَجُلُو?) was im Lateinischen «vir» bedeutet, nämlich sowohl «Mann» «ein Mann» als «der Mann». Diese Form ist in diesen Bedeutungen im regirenden Wort der Genitivverbindungen (status constructus) noch erhalten, ferner vor ابن [2]) «Sohn des ....», زَيْدُ بن عمرو «Zeid Sohn Amrs», da *Allgemeines.*

Anm. 1. Selbst ein Pron. soll durch den Objektsgen. zurückgedrängt werden können, عَجِبتُ مِن ضَرْبِ زَيْدٍ انت «ich wunderte mich über das Schlagen Zeids [Gen. obj.] Du» s. Sīb. I 333, 17.

Anm. 2. Natürlich auch ابنة soweit die weibl. Eigennamen nicht schon wegen ihrer Diptosie nunazionslos sind, also nach weibl. Eigennamen wie هِنْدٌ. Über die Form triptotischer weibl. Eigennamen vor بِنْت wird gestritten, Sīb. II S. 151, 6 f.

diese ausserordentlich enge und formelhafte Verbindung gleichfalls den ältern Auslaut sicherte; ausserdem in den nominativischen und einigen akkusativischen Adverbien und vielleicht im Vokativ. In allen andern Fällen ist sie die Form der Determinirtheit. — Das Fehlen der «Nunazion», d. h. der Endung *-n*, beweist also noch nicht, dass das Wort determ. ist. Die Wahl der Deklinazionen, der mit und ohne Nunazion, ist nach dem oben bemerkten durch den syntaktischen Zusammenhang vorgezeichnet, die Benennung Deklinazion also irreführend, es sei denn, dass man z. B. an gewisse Erscheinungen der germanischen starken und schwachen Dekl. denkt [1]). Zu diesen beiden Deklinazionen, denen gemeinsam ist, dass sie, soweit keine Kontrakzion eintritt, drei Kasusendungen (nämlich für Nom., Gen. und Akk.) haben, und die daher als triptotisch bezeichnet werden, kam eine seltenere dritte Dekl., die uns schwere Rätsel zu lösen gibt, die diptotische. Sie ist eine stets nunazionslose Singulardeklinazion, die im Nomin. und Akk. die gleichen Kasusendungen wie die beiden triptotischen Deklinazionen hat, deren Akkusativendung aber zugleich die Genitivendung vertritt.

Am Adj., das nur eine formale Determinazion hat, treten die Determinazionsverhältnisse handgreiflicher hervor als beim Subst. Das adjektivische Attribut zu einem determ. Subst. erhält stets den Artikel, auch wenn das Subst. nicht gerade durch den Artikel determ. ist, und ebenso nimmt das adjektivische Attribut zu einem irgendwie indeterminirten Subst. die Nunazion an, wenn das Adj. nicht etwa Diptoton ist. Hinsichtlich der Triptosie und Diptosie besteht keine Kongruenz zwischen Subst. und Adj.

Indetermina-zion. § 88. Man kann nach dem oben gesagten eigentlich nicht mehr von einem unbestimmten Artikel, sondern nur von einer unbestimmten Dekl. reden. Der ehemalige unbestimmte Artikel steht mit keinem arab. Wort in verständlichem Bedeutungszu-

---

Anm. 1. Hoffentlich kommt aber Niemand auf die unglückliche Idee, diese Terminologie «starke» und «schwache» Dekl. in die arabische Grammatik einzuführen; die arab. Deklinazion mit Nunazion entspräche dem Gebrauch nach einigermaassen der germanischen starken.

sammenhang, auch nicht mit dem Zahlwort Eins. Er trat hinter die Femininendung und hatte kein Genuszeichen.

Während die triptotischen inneren Plurale und die weibl. äusseren Plurale die selben Determinazionsverhältnisse wie die triptotischen Singulare, also eine Form der Unbestimmtheit entwickelten, ist dies für die Duale und männl. äusseren Plurale mindestens zweifelhaft [1]). Da die Ausgänge *-nĭ* und *-nă* des Duals und männl. äuss. Plurals auch nach dem bestimmten Artikel bleiben, so waren sie kaum indeterminirend, und es hätten sich also hier syntaktische Formen einer etwas älteren Fase behauptet als im Sing. und weibl. äuss. Plur., so dass auch im Arabischen der Plur. von «ein Mann»: «Männer» wäre. Was es alsdann mit den Endungen *nă*, *nĭ*, die im stat. cstr. nicht antreten, für eine Bewantniss hat, ist nicht klar.

Was die Nunazion ursprünglich bedeutete, ob sie von Anfang an gleich in dem Umfang wie späterhin gebraucht war oder zunächst nur Individuen indeterminirte, so dass man also damals جَاءَ رَجُلٌ «es kam ein Mann» mit Nunazion sprach, aber أَحْدَثُ رَجُلٍ «sehr jung Mannes» = «sehr jung in Bezug auf Mann» «sehr junger Mann» ohne Nunazion; ob sie überdies vielleicht zunächst nur an Worte, die vernünftige Wesen bezeichneten, antrat: all das ist unsicher. Genug, die Nunazion wird nicht nur zur Bezeichnung des unbestimmten Individuums gebraucht, wo sie also die Vorstellung weiterer gleichgearteter Individuen oder Teile hervorruft, sondern sie tritt ausserhalb des status constructus (vgl. noch S. 159 unten) überall ein, wo das Triptoton nicht determinirt ist, so dass also auch das Gattungswort, das Stoffwort und das Abstraktum in den angegebenen Grenzen stets den ehemaligen unbestimmten Artikel hat, ذَهَبٌ «Gold», بِرٌّ «Frömmig-

---

Anm. 1. Auch sonst bereitet der männl. äuss. Plur. noch Schwierigkeiten. Wenn es z. B. wahr ist, dass die Endungen *u*, *i*, *a* des Singulars ursprünglich lang waren, dann wäre ja zwischen dem status constr. des Sing. und dem des männl. äuss. Plur. im Nomin. und Gen. überhaupt kein Unterschied gewesen. Auf eine Behandlung dieser Fragen kann hier nicht eingegangen werden.

keit» u. s. w. Bei Gattungs- u. Stoffwörtern u. bei Abstrakten hat man zwischen dem indeterminirten Grundwort und dem aus dem Grundwort gebildeten Einheitswort (S. 22 unten) zu unterscheiden. Grundwort sowohl als Einheitswort können determ. oder indeterm. sein. Die Femininendung des Einheitsworts bezeichnet das eine innere Einheit bildende Einzelne im Hinblick auf die Gesamtmasse, der es angehört, mag dies Einzelne bestimmt oder unbestimmt sein; die Nunazion des Grundworts hingegen bezeichnet vermutlich — überhaupt Nichts. Über das determinirte Grundwort s. § 91.

Bisweilen ist die Indeterminazion numerisch gewendet, رجلٌ «eín Mann», was dadurch geschah, dass die in der Indeterminazion liegende Vorstellung anderer gleichgearteter Individuen in den Vordergrund trat; der Gebrauch ist sehr manigfaltig, z. B. والخَدَم على ثلاثة انواع جنسٌ يُحمَلون الى مصر وجنس يحملون الى عدن والجنس الثالث على شبه الحبش «die Eunuchen (zerfallen in) drei Arten: eine Art wird nach Aegypten gebracht, und eine Art wird nach Aden gebracht, und die dritte Art ist wie die Abessynier» Makd. 242, 2. كان يلي الاصبهبذة رجل ففرّق هذه الولاية بين اربعة اصبهبذين «das Amt des Spahbeds bekleidete vor seiner Regirung eín Mann, und er teilte das Amt unter vier Spahbede» Ṭab. I*b* 894, 5 (vgl. Nöldekes Übersetzung S. 155). مات قبل معاوية بشَهْرٍ «er starb einen Monat vor Moawija» Ṭab. II*a* 142, 13. من غيرِ وجهٍ «von Anderem als einer Seite» = von verschiedenen Seiten. Kām. 355, 1. ما وجَدْنا فيها غيرَ بيتٍ من المسلمين «Nicht fanden wir in ihr Anderes als eín Haus der Gläubigen» = nur eín Haus der Gläubigen. Ḳur. 51, 36. زاوج بين أُمّة وأمّة «er nimmt Verwantschaftsverhältnisse zwischen einem Volk und einem Volk an» = zwischen einem Volk und dem andern. Šahrast. 2, 9. بعد زمان «nach (einiger) Zeit» Ḥam. 2, 13.

يومًا .... يومًا «an einem Tag .... an einem (andern) Tag» Huḏ. N° 1, 2. مكثوا أيّامًا «sie verweilten (einige) Tage» Kām. 693, 6. يُشاكِل فارس فى اوصاف ويشابه البصرة فى اسباب ويقارب خراسان فى انواع «Es ähnelt Fars in (einigen) Eigentümlichkeiten, gleicht Basra in (einigen) Beziehungen und nähert sich Chorasan in (einigen) Punkten» Maḳd. 459, 4. u. s. w.

Indeterminirte Duale und Plurale bezeichnen bisweilen die beliebigen Exemplare einer Gattung als beliebige Typen, z. B. النَّاس مُبتنيانِ محمودُ البنايةِ او ذميمٌ «die Menschen (sind) zwei Erbauer [Dual; = zweierlei Erbauer], einer dessen Bau gelobt wird oder getadelt» Ḥam. 529, 19. له طعمان أرْىٌ وشَرْىٌ «er hat zweierlei (grundverschiedenen) Geschmack, Honig und Koloquinte» Ḥam. 384, 6. يجمع ضروبًا من الآداب «es umfasst (verschiedene) Arten (von Gegenständen) der feinen Bildung, nämlich ....» Kām. 2, 7, und so öfters von Wörtern für «Gattung» «Art» «Klasse» u. s. w.

Häufig wird die Indeterminazion in prägnantem Sinne angewendet, man könnte sie dann als emfatische Indeterm. bezeichnen. Dies geschieht in der Prosa sowohl wie namentlich in der Poesie, wo überhaupt der bestimmte Artikel etwas seltener als in der Prosa ist. Die Wirkung einer solchen Indeterm. beruht darauf, dass der Fantasie scheinbar ein gewisser Spielraum bei der Individualisirung gelassen wird, häufig aber wird tatsächlich auf den Hörer ein leiser Zwang, die Determ. in der vom Sprechenden gewollten Weise selbst zu vollziehen, ausgeübt. Der Lyriker indeterminirt, wenn er so verzückt in frohe oder widrige Gefühle versunken ist, dass er es zu einem klaren Erfassen des Gegenstandes, der ihn beschäftigt, nicht bringen kann oder will; auch wenn er wie ein Hellseher redet. Dann will man wieder verächtliche, spöttische Anspielungen machen, und der Gemeinte soll sich betroffen fühlen. Ein andermal versucht der Dichter sich interessant zu machen, er spricht von einem unbestimmten Helden, Liebeskranken u. s. w., gibt aber zu verstehen, dass er sich selbst meint. Beispiele: يا عَينِ ابكى فارسا «O mein Auge, beweine einen Ritter!» (im Hinblick auf den toten Bruder der Dichterin) Ḫansā S. 51, 2. قد علمت والدة ما ضمّت «eine [= meine] Mutter weiss, was sie an sich gedrückt hat [nämlich mich]» Ḥam. 253, 1. او يرْتبطْ بعضَ النفوس حمامُها «es sei denn, dass ihr Zügel eine Sele [= mich; eig. einen Teil der Selen] anbindet» Mu'all. Labīd 56. قِفا نَبْكِ مِن ذكرى حبيب «Halt! Lasst uns in der Erinnerung an eine Geliebte weinen!» Mu'all. Imr. 1. لِمَن طَلل «Von wem rühren Spuren der Wohnung her?» Dīw. Imr. 63, 1. مَن لِسقيم يكتم الناس ما به «Wer steht einem Kranken bei, der den Menschen verhehlt, was in ihm vorgeht?» Del. 17, 10. لعَنَ الاله من اليهود عِصابةً «Gott verfluche eine Schar [= jene Schar] der Juden» Del. 54, 11. u.s.w.

Gewöhnlich, aber keineswegs immer indeterminirt sind folgende Satzteile: Das Praedikat des Nominalsatzes, das Praedikativum, der Pradikatsakk. in der Konstrukzion des dopp. Akk., der Akk. der Spezialisirung; stets das Regens eines indeterm. Genitivs, der Gen. nach كلّ in der Bedeutung «jeder», der Gen. nach ربّ und وَ in der Bedeutung «o wie Mancher», der Akk. nach dem die Gattung verneinenden لا «nicht» (لا رجلَ عندنا «nicht (ist) ein Mann bei uns»). Bemerkenswert ist die Indeterminazion von قابلًا «voriges Jahr» und غدًا «morgen» (auch in praepositionaler Verbindung, wie فى غد «am morgigen Tag» Dīw. Nāb. 7, 4. بعد غد «übermorgen» Buḫ. I 224, 6 u. s. w.) sowie von كلّ ohne abhängigen Genitiv in der Bedeutung «alle» (S. 140).

Es gibt einige Mittel, welche die Indeterm. verstärken oder verdeutlichen. Das Indefinitum ما tritt emfatisch hinter das indet. Wort, das, wenn es die Nunazion hat, diese nicht verliert, so dass also ما die durch die Nunazion erfolgende Indeterminirung nicht ersetzt sondern bekräftigt. Von der Nunazion unterscheidet es sich dadurch wesentlich, dass es, eben vermöge seiner exklamativen Natur, zwischen den status constr. und den Gen. treten kann. Es ist ein Gegenstück zu dem die Gattung determinirenden Artikel («der Mensch» = «ein Mensch»), soferne es der Indeterminirung der Gattung dient, بيتٌ ما ist «eine Art von Haus». Daraus, dass eigentlich die Gattung und nicht das Individuum indeterm. wird, dürfte sich erklären, warum ما, das nur von Vernunftlosem gebraucht wird, hier durchgängig auch bei Vernunftbegabtem steht, also nicht nur غزالًا ما «eine Gazelle» Ḥam. 252, 21, sondern auch قتيلٌ ما «ein Getöteter» Ḥam. 422, 32. Zwischen Regens und Gen.: طعنةَ ما شيخ «eine Durchbohrung eines Greises» Ḥam. 270, 15.

Ferner dienen der Verdeutlichung der Indeterminazion die Praep. من, wie هل من سوق «gibt es einen Markt?» Buḫ. II 5, 2, ausführlicher im § 100, sowie بعض (§ 81 B 1), z. B. في بعض المواطن «auf Schlachtfeldern» Ṭab. IIa 36, 15.

§ 89. Attribute, attributive praeposizionale Ausdrücke und indeterminirte Genitive sowie Akkusative fügen allerdings nähere Bestimmungen zum Substantiv und können alsbald die Grundlage für eine Determinazion abgeben, aber sie determiniren nicht, denn unter Determinazion verstehen wir hier bestimmende Momente, die vielmehr ausserhalb des gerade zum Ausdruck gelangenden Gedankens liegen und als bekannt vorausgesetzt werden. *Determinazion.*

Blosses Fehlen der Nunazion genügt noch nicht zur Determ.; determinirt wird ein Subst. durch folgende Umstände: 1) Dadurch, dass es den bestimmten Artikel hat, الرجل «der Mann», 2) dadurch, dass von dem Subst. ein determ. Gen. abhängt, سيف الرجل «(das) Schwert des Mannes», wogegen ein indet.

Gen. auch sein Regens indeterminirt, 3) dadurch, dass es ein Personal- oder Demonstrativpronomen [1]) ist, 4) dadurch, dass es ein Eigenname ist. Die Substantive unter 3 und 4 sind innerlich determinirt, die unter 1 und 2 äusserlich. Als Genitive bewirken 3 und 4 wegen 2 ohne weiteres Determinazion, also سيفى «(das) Schwert meiner» «mein Schwert», اسم كُلَيب «(der) Name Kuleibs».

Für den Gebrauch der Determ. lassen sich folgende 3 Regeln aufstellen:

A. Ein Subst., das durch einen der vier obigen Faktoren determ. ist, kann nicht auch noch durch einen zweiten determinirt werden. Man kann also nicht sagen «das Schwert des Mannes», vielmehr ist «Schwert [ohne bestimmten Artikel] des Mannes» (s. oben 2) = unserm «das Schwert des Mannes». Ebensowenig sagt man also «das Schwert Zeids» und «das Schwert meiner», sondern dafür «Schwert Zeids» und «Schwert meiner».

B. Ein Subst., das indet. ist, kann nicht daneben durch einen der vier obigen Faktoren det. werden, «Schwert des Mannes» kann niemals = «ein Schwert des Mannes» sein, «Schwert Zeids» nicht = «ein Schwert Zeids» und «Schwert meiner» nicht = «ein Schwert von mir». Ein solches Verhältniss kann das Arab. direkt überhaupt nicht ausdrücken.

C. Ein Subst., das determ. ist, kann nicht daneben ein Zeichen der Indeterminazion haben. Man kann also nicht sagen «das Schwert Mannes» im Sinne von «das Schwert eines Mannes», da ein indeterm. Gen. sein Regens indeterminirt. —

Aus diesen Regeln scheint sich zu ergeben, dass die determinirende, bezw. indeterminirende Wirkung vom Gen. ausgeht und das Regens ergreift. Da nach Regel A mit C verglichen das Regens den bestimmten Artikel nie haben kann [2]), und da es nach S. 159 auch den unbestimmten Artikel nicht hat, so begreift man allerdings, dass der Schein entstehen konnte, als

---

Anm. 1. Einschliesslich desjenigen Relativpronomens, das aus dem Demonstr. entstanden ist.

Anm. 2. Vgl. aber § 92. Über die Determinazion der Zahlwörter s. § 106.

sei im Gen., wo ja die sinnenfälligen Kennzeichen der Determinazion und Indeterminazion — der bestimmte und unbestimmte Artikel — ausgeprägt sind, auch der Herd der determinirenden und indeterminirenden Wirksamkeit zu suchen. Trotzdem ist es korrekter, die Sprache hinsichtlich der Determinazionsverhältnisse beim Regens einsetzen zu lassen.

Man muss sich vorstellen, dass das Semitische sowohl die Indeterminirtheit als die Determinirtheit eines Subst. unentwegt bis in die äussersten Konsequenzen festgehalten hat. Bedeutete *سيفٌ «(ein) Schwert», so war dies Schwert unter allen überhaupt vorhandenen oder denkbaren Schwertern beliebig, und es konnte ihm in der engen Genitivverbindung kein bestimmter Besitzer, *رجلٍ «(des) Mannes», zugewiesen werden, da hierdurch der Kreis der Möglichkeit sofort wieder eingeschränkt worden wäre, es wäre eine contradictio in adjecto gewesen. Analog standen die Dinge, wenn man von einem bestimmten Regens *سيفُ «(das) Schwert» sprach; man konnte dann nicht sofort bei der Bezeichnung des Besitzers ins Endlose gehen, *رجلٍ «(eines) Mannes», wodurch man die Vorstellung ebenso beliebiger Schwerter hervorgerufen hätte. Das Verständniss für diese Denkweise wird uns dadurch erschwert, dass wir mit dem unbestimmten Artikel «ein», der zugleich Zahlwort ist, arbeiten. Überlegt man sich, was das Wesen der Indeterminazion ist, so wird man finden, dass die Indeterminirung in zwei Akte zerfällt: 1) alle möglichen Exemplare werden vorgenommen, und 2) ein beliebiges Exemplar oder beliebige Exemplare in unbeschränkter Freiheit herausgegriffen. Der unbestimmte Artikel «ein» gibt bloss den zweiten Akt sprachlich wieder, wo aber überhaupt noch kein unbestimmter Artikel oder ein unbestimmter Artikel, der den zweiten Akt nicht einseitig hervorkehrt, entwickelt ist, wird auch das Gefühl für die Grenzenlosigkeit der Indeterminazion nicht so leicht abgestumpft werden.

Es bleibt noch zu erklären, wie es kam, dass ein Subst.

nicht doppelt determinirt werden kann. Ein Grund hierfür wird sich kaum aus dem Wesen der Determinazionsverhältnisse schöpfen lassen, sondern in äusseren Umständen zu suchen sein. Geht man in die artikellose Zeit zurück, so bedeutete *سيفُ رجلٍ 1) «(ein) Schwert (eines) Mannes» und 2) «(das) Schwert (des) Mannes», aber *سيفُ زيدٍ bedeutete nur «(das) Schwert Zeids» und سيفُهُ nur «(das) Schwert seiner» «sein Schwert». Als nun ein bestimmter Artikel entstand, wurde mit den durch ihn zu determinirenden Genitivverbindungen nach dem Muster der determinirten Genitivverbindungen *سيفُ زيدٍ «das Schwert Zeids» und سيفُهُ «sein Schwert» verfahren, nur der Gen. wurde determinirt. Diese Analogiebildung wird begreiflicher erscheinen, wenn man sich eine Vorstellung von den hier obwaltenden Zahlenverhältnissen macht, die vor Entstehung des Artikels doch wohl nicht anders gewesen sein werden als später: Die Fälle, in denen der Gen. ein Pron. oder Eigenname, also durch sich selbst determ. ist, sind zusammengenommen doppelt so zahlreich als die Fälle, in denen der Gen. sonstwie, also nicht durch sich selbst determ. ist [1]).

Was für die zweigliedrige Genitivverbindung gilt, gilt auch für die mehrgliedrige: Wird also mit einem determ. Gen. angefangen, so kann nur in determ. Genitiven fortgefahren werden, aber bloss der letzte Gen. wird determinirt, schwebt scheinbar mit seinen determinirenden Weiterwirkungen schon vom ersten Regens an vor. Z. B. كتابُ سيرةِ رسولِ الله «(das) Buch (des) Lebenslaufs (des) Boten Allahs» IHiš. 3, 4.

Eine eigentümliche Stellung nehmen die Elative ein. Die Form أَفْعَلُ, die komparativisch oder superlativisch gebraucht wird,

---

Anm. 1. Der indeterm. Gen. ist halb so häufig als der nicht durch sich selbst determ. Gen.

ist eigentlich elativisch («sehr gross»), bezeichnet also eigentlich nicht Etwas, was einzig in seiner Art ist, sondern was seines Gleichen neben sich haben kann. Sobald der Elativ einzig in seiner Art, für uns Superlativ ist, wird er determinirt, also الافضل «der trefflichste», افضل الرجال «(der) trefflichste der Männer». Nun gibt es aber eine Konstrukzion, in der der Elativ indeterminirt, dabei übrigens genuslos [1]), und doch superlativisch, also = einzig in seiner Art ist, افضل امرأة eig. «(ein) sehr Treffliches (an) Frau [Gen.]» = die trefflichste Frau, افضل رجلَين «(ein) sehr Treffliches (an) zwei Männern» = die zwei trefflichsten Männer. Die grammatische Indeterminirtheit ist durch die Beschaffenheit etwa hinzutretender Relativsätze, die asyndetisch angefügt werden, gesichert (s. Fleischer Beitr. IX 194), begrifflich aber ist diese Verbindung determinirt und bedeutet nicht etwa «eine sehr treffliche Frau» [2]). كنت احدثَ رجلٍ فيهم «ich war der jüngste Mann unter ihnen» Ṭab. IIa 40, 9. اشدّ قتالٍ اقتتله النّاسُ قطُّ «der heftigste Kampf, den die Menschen je geführt» Ṭab. IIa 64, 10. اوّلُ فارسٍ يطلع «der erste Reiter, der heraufkommt» Ḥam. 253, 20 u. s. w. — Die Elative ابتع, ابصع, اكتع und اجمع, welche die Totalität verstärken, haben nie den Artikel.

Über die Determinazionsverhältnisse des Vokativs s. Abschn. XVIII.

Mit dem Determinazionsgesetz hängt es zusammen, dass man häufig Genitivverbindungen begegnet, die indeterminirt sind, obwohl der regirende Begriff an dem durch den Gen. bezeichneten einzig in seiner Art ist. Z. B. اذا اعياكم تفسير آيةٍ من كتاب الله

Anm. 1. Was in der andern Konstrukzion nicht unbedingt nötig ist.

Anm. 2. Wie افعل wird auch das seiner Form nach nicht elativische خَير «sehr gut» behandelt. Nach اوّل «erster» hat sich آخِر «letzter» gerichtet, obwohl es nicht die Form des Elativs hat.

«sobald Euch eine Erklärung [= die Erklärung] eines Verses aus dem Buche Allahs Schwierigkeiten macht ...» Ḥam. 1, 24. حتّى انتهى الى دار رجل منهم «bis er zu einer Wohnung [= der Wohnung] eines Mannes von ihnen kam» Ṭab. IIa 123, 9. u. s. w. Ferner müssen indeterminirt bleiben Genitivverbindungen wie راعى غنم «ein Hirt (von) Schafen» = ein Schafhirt. Buḫ. II 97, 3. فى زى امراة «in Kleidung einer Frau» = in Frauenkleidung. Mas. VII 63, 5.

Diptota. § 90. Es handelt sich hier um Tatsachen, die eigentlich in die Formenlehre gehören, aber in untrennbarem Zusammenhang mit der Lehre von der Determinazion stehen. Die Hauptpunkte sollen im Folgenden kurz besprochen werden unter Beschränkung auf die im engeren Sinne «arabischen» Verhältnisse.

Die Entstehung der diptotischen Dekl. beruht auf einem rein zufälligen Zusammentreffen. Die diptot. Dekl. gehört einer jüngeren Epoche der Sprachentwicklung an als die triptotische. Dass im status constructus, wo die Diptota als Triptota erscheinen, eine jüngere Fase der Flexionsausbildung, im status absolutus eine ältere vorliege, ist schon von vornherein gegen Alles, was wir vom st. cstr. wissen; wäre die diptotische Dekl. die ältere, so müsste sie gerade im st. cstr. erhalten sein. Woher rührt also das Fehlen der Genitivendung und der Nunazion sowie die Beschränkung der Diptosie auf ganz bestimmte Nominalarten? Diese Fragen hat Barth ZDMG 46, 684—708 mittels einer Hypothese beantwortet, die aber sowohl hinsichtlich des von ihm vermuteten Entstehungspunkts der diptot. Dekl. [1]) als hinsichtlich der Prinzipien, nach denen die Ausbreitung der dipt. Dekl. erfolgt sein soll [2]), auf grosse Schwierigkeiten stösst. Es soll hier

---

Anm. 1. S. oben S. 13 Anm 1. — Das einzige arab. Demonstrativpron. auf n, nämlich ذو, liegt in zwei Fasen seiner Entwicklung vor, in einer älteren indeklinabel (مُنْذُ; ذو = اللذى) und in einer jüngeren — Triptoton.

Anm. 2. So fehlt es z. B. an jeder Brücke zwischen der von Barth vermuteten Pronominalflexion auf n—a und den Nomina auf ـىٰ und ـاءُ.

mit einer andern Hypothese versucht werden, welche die Wurzeln der Diptosie in den aus Verba finita entstandenen Eigennamen findet und für die Ausbreitung der dipt. Dekl. im Allgemeinen die entgegengesetzte Richtung vermutet als die Barthsche Hypothese.

Es gab eine Klasse von Eigennamen, die mittels der dritten Person Sing. eines Verbum finitum gebildet wurde, sei es, dass der Benannte selbst, sei es, dass ein Gott Subj. war. Nach Unterdrückung eines etwaigen freien Subjekts lauteten sie يَشْكُرُ eig. «er dankt» يَزِيدُ eig. «er mehrt» شَمَّرَ eig. «er hat sich aufgeschürzt» = er ist kampfbereit. Wie diese Beispiele zeigen, kommt sowohl das Perf. als das Imperf. vor, auch stand Nichts im Wege, von ein und demselben Verbum Perf. oder Imperf. in der Namengebung zu verwenden. Da nun das Perf. wie ein Akk. ohne Nunazion, das Imperf. wie ein Nominativ ohne Nunazion auslautet, so ergänzten sich die Endungen dieser beiden Verbalformen einander ohne Weiteres zu zwei Kasusendungen eines Nomens. Die akkusativgleiche Endung übernahm zugleich die Funkzion des andern obliquen Kasus, des Genitivs, da eine genitivgleiche Endung *-i* in der dritten Person des Verbums nicht existirt, der verbale Karakter der beiden Formen aber doch allezeit lebendig blieb. Zu dem Nominativ يزيدُ also gesellte sich unter Einwirkung des Akkusativs (und Genitivs) زادَ ein Akk.-Gen. يزيدَ, und zu dem Akk.-Gen. زادَ unter Einwirkung des Nominativs يزيدُ ein Nominativ زادُ. — Die Eigennamen der Form فُعَلُ stellen entweder ein im Arab. ausgestorbenes Perf. فَعُلَ dar, oder sie sind eigentlich Vokative (Abschn. XVIII). Mit der Nominalform فُعَلُ bildet man nämlich Schimpfwörter, die man doch wohl vorwiegend im An- und Ausruf gebraucht; da aber der Vokativ keine Nunazion hat, so konnten diese

Wörter, aus appellativischen Vokativen zu Eigennamen geworden, als Nominative von Diptota erscheinen und demgemäss weiterdeklinirt werden. Barth S. 703 vermutet Einfluss von فَعَالِ, was immerhin möglich ist [1]).

Es gibt nun ausserhalb der Eigennamen eine Nominalform, die in ihrer Gestalt sehr an die dritte Person Sing. der IV Konjugazion des Verb. fin. erinnert: افعل, die Form des Elativs. Aber auch ihrer Bedeutung nach hat sie Anschluss an das Verbum, زيد افضلُ من عمرو «Zeid (ist) trefflicher als Amr» eig. «Zeid (ist) sehr trefflich von Amr (aus gerechnet)» liess sich in Zusammenhang bringen mit einem Satze wie زيد افضلَ من عمرو «Zeid äussert Trefflichkeit von Amr (aus gerechnet)» = «mehr als Amr», denn auch neben Verben wird das komparativische من «von» gebraucht [2]). Sobald man die Elative als Verbalformen empfand, konnte an ihnen das Vorbild der diptotischen Verbaleigennamen nachgeahmt werden, um so mehr als es Verbaleigennamen genau des gleichen Baus wie die Elative auch damals gewiss gab (أَحْمَدُ). Auf diese Weise wurden die Elative Diptota. Wie die elativischen Formen افعل wurden die gleichlautenden Formen für Körperfehler und Farbenbezeichnungen (أَخْرَسُ «stumm» أَصْفَرُ «gelb»), die selbst wohl eigentlich Elative sind, Diptota; auch hier war die verbale Deutung möglich, um so mehr als es zwei Konjugazionen (IX und XI) gibt, die speziell der

---

Anm. 1. Eine Vermutung über die Form فعال s. Abschnitt XVIII.

Anm. 2. Ob die Elative in allerältesten Zeit geradezu Verba finita waren, ist ganz unsicher. Die Hauptschwierigkeit liegt in der Verschiedenheit der Bildung der Wurzeln mediae w und j: أَقَامَ (IV Konjug.), aber أَقْوَمُ (Elativ). Ferner hätte das Fem. eines Verbum fin. افضلَتْ doch wohl zu dem nominalen Fem. افضلَةٌ geführt, und es hätte kein Anlass zur Bildung eines metaplastischen Fem. vorgelegen. — Die südarab. Elative könnten als letzter Rest der dort ausgestorbenen Konjugazion افعل gefasst werden.

Bezeichnung von Farben und Körperfehlern dienen. Andere Nomina der Form أفعل waren einer verbalen Deutung nicht zugänglich und blieben Triptota [1]).

Von den männlichen Formen der Elative, Farben- und Fehleradjektive griff die diptot. Dekl. auf die metaplastisch gebildeten Feminina dieser Nomina über. Das Fem. des Elativs hat die Endung ـَاء [2]), das des Farben- und Fehleradjektivs die Endung ـَى. Von diesen aus pflanzte sich die Diptosie zu allen Nomina (einschliesslich der inneren Plurale), die mit den gleichen Femininendungen ـَاء und ـَى gebildet sind, fort, und zwar betraf dies nur die Nomina mit dem *Bildungselement* ـَاء und ـَى, nicht die mit solchem *wurzelhaftem* oder doch als wurzelhaft gefühltem [3]) Auslaut (ـَى, ـَاءٌ). Unter den so entstandenen Diptota befand sich auch das Fem. فَعْلَى einer Adjektivklasse, das dann die Diptosie zu seinem Mask. فَعْلَان weitergab [4]). Die Femininendung ـَةٌ wurde von der Diptosie nicht ergriffen, daher auch die eben erwähnten Adjektive فَعْلَان, die das Fem. mittels ـَةٌ bilden, nicht Diptota sind [4]).

Nun kommt aber das Wortbildungselement ā noch einmal bei der Weiterbildung einer Nominalform aus einer andern vor und zwar nicht im Auslaut sondern im Inlaut, nämlich in den innern Pluralen فَوَاعِل u. dgl. Die Plurale فواعل u. s. w. standen für den Araber in innigerer Beziehung zum Sing. als die andern

Anm. 1. Möglicherweise sind hierunter auch ursprüngliche Elative u. s. w., die den Bedeutungszusammenhang mit diesen verloren haben.

Anm. 2. Das ء nach ـَا hat Nichts mit der Stammbildung zu tun, ergab sich beim Antritt der Kasusendungen an ā als Nebenprodukt.

Anm. 3. Das sogenannte ā »der Anhängung«, das vier- und mehrkonsonantige Stämme bildet.

Anm. 4. In diesem Falle wie Barth S. 696.

innern Plurale, weil bei ihnen die Nominalpräfixe in die Pluralbildung einbezogen waren (أَجْدَلُ Pl. أَجَادِلُ gegenüber أَحْمَرُ Pl. حُمْرٌ und أَحْمَقُ Pl. حَمْقَى), und weil auch die langen Vokale ā ī ū des Singulars in der Pluralbildung فَوَاعِل u. s. w. irgendwie Verwendung fanden, s. Barth Nominalb. § 272 b. c. Mag man über den Ursprung dieser Plurale denken wie man will, dem Araber waren sie aus Singularen gebildet und zwar unter Anderem durch Einschaltung eines langen ā. Nicht zu verwechseln hiermit ist das der Stammbildung angehörige ū in den innern Pluralen wie أَفْعُل, die metaplastisch sind, wogegen die Plurale wie فَوَاعِل für den Araber in einem direkten Abstammungsverhältniss zum Sing. standen. Daher wurden letztere Diptota, während erstere Triptota blieben [1]).

Also weder das wurzelhafte noch das der Stammbildung dienende ā bewirkt Diptosie, sondern nur das ā, das aus einem Wort ein neues bildet. Eigentümlich gestalteten sich da die Verhältnisse bei den Pluralen فَوَاعِل u. s. w. aus Wurzeln tertiae w und j. Sie haben bekanntlich im Nomin. und Gen. die Nunazion (مَغَازٍ, جَوَارٍ), sind aber im Akk. Diptota (جَوَارِيَ, مَغَازِيَ). Das karakteristische i der Klassen فَوَاعِل u. s. w. ist im Nomin. und Gen. mit der Endung zusammengeflossen und selbst zur Endung geworden; möglich, dass dieser Umstand den Karakter der Formen dermaassen verwischte, dass sie wie primäre Formen mit stammbildendem ā erschienen und behandelt wurden, während der Akk. mit seinem unverletzten Bildungsvokal i das Gepräge der Form bewahrte, so dass das Gefühl für die wahre Natur des ā ungetrübt blieb [2]).

Anm. 1. Die فَوَاعِل u. s. w. mit der Femininendung ــَة sind Triptota (مَلَائِكَة).

Anm 2. Das auslautende ي, das bei Wörtern aus Wurzeln tertiae w und j entstand, wurde zu Wörtern mit drei starken Wurzelkonsonanten verschlagen und behielt

Unter den Nomina mit den Femininendungen ـَاءُ und ـَى befanden sich nicht wenige Eigennamen. Bei ihnen trafen zwei Umstände zusammen, die Diptosie und die Determinirtheit durch sich selbst; durch beide gemahnten sie speziell an die aus Verbalformen entstandenen Eigennamen und lösten sich von den Appellativen mit den Femininendungen ـَاءُ und ـَى zu einem eigenen Typus ab, an dem die Diptosie mit besonderer Intensität haftete [1]), so dass sie auch die Eigennamen mit der Femininendung ـَةٌ ergriff, mochten sie Frauen oder Männer bezeichnen. Von da war nur ein Schritt zur Verwandlung auch derjenigen weiblichen Eigennamen, die nicht die Feminendung hatten, in Diptota [2]) [3]).

Ein analoges Zusammentreffen der Diptosie mit der Determinirtheit durch sich selbst haben wir bei den Eigennamen der Form فَعْلَانُ. Sie sind nach S. 173 als Appellativa nur dann diptotisch, wenn sie die Diptosie von einem diptotischen Fem. be-

---

auch hier seine eigentümlichen Nunazionsverhältnisse, also Nomin.-Gen. عَذَارٍ, Akk. عَذَارِيَ. Formen wie عَذَارَى, خَطَايَا wurden in Folge des Hinzutretens von ـَى Diptota.

Anm. 1. Das zeigt sich auch ausserhalb des »Arabischen«. Im Nabatäischen z. B. wurde die diptot. Dekl. bei den männl. Formen أَفْعَلُ sowie bei den männl. Eigennamen aus Verbalformen und denen der Form فُعَلُ von der triptot. Dekl. zurückgedrängt (Belege bei Nöldeke in Eutings Nabat. Inschr. S. 73 und 74), die weiblichen Formen aber widerstanden und blieben Diptota. Dies sei hier erwähnt, weil sonst die Triptosie der im Nab. auftretenden Verbaleigennamen geeignet scheinen könnte, der ganzen oben vorgetragenen Hypothese den Boden zu entziehen.

Anm. 2. Die dreikonsonantigen weibl. Eigennamen, deren mittlerer Konsonant vokallos ist, wozu auch die mit »quieszirendem« mittlerem w oder j gehören (Muf. 10, 11), also überhaupt die einsilbigen, können auch Triptota sein.

Anm. 3. Die sogenannten Gattungseigennamen, wie أُسَامَةُ für den Löwen u. s. w., sollen wie die andern Eigennamen flektirt werden, also bei männl. Form und Beziehung auf männl. Geschlecht Triptota sein.

ziehen können. Sobald sie aber Eigennamen werden, haben sie samt und sonders Diptosie, ja die Diptosie greift sogar auf die Eigennamen der Form فُعْلان über, die als Appellativa, weil sie da nur das triptotische Fem. فُعْلانَة bilden, überhaupt nie Diptota sind [1]). Es kommt hinzu, dass, wie Barth S. 702 bemerkt, ohnedies schon manche Eigennamen auf *-ān* als fremde Eigennamen Diptota waren.

Wie weibl. Eigennamen sollen auch die mit weibl. Kardinalzahlen gebildeten Zahlabstrakta behandelt werden, ثَلاثَةُ „Drei", soweit man sie nicht mit dem generellen Artikel versieht [2]). Vielleicht sind es die Zahlabstrakta, nach denen sich die Distributivzahlen richteten, ثُلاثُ und مَثْلَثُ „je drei", da auch bei diesen letzteren von den in jedem einzelnen Falle wirklich in Betracht kommenden Dingen abgesehen wird, und das Wesentliche die stets wiederkehrende Dreizahl ist. Auch die Formen des Universalparadigmas فعل sollen, wenn sie wie Eigennamen behandelt werden, Diptota sein; soweit sie Verbalformen sind, haben sie schon als Verbaleigennamen Diptosie [3]).

Hiermit war aber auch die Bewegung nach einer Richtung hin zum Stillstand gelangt. Die vielen noch übrigen Eigennamen — männl. Nominalformen ohne Femininendung — wurden wie die gleichlautenden Appellativa triptotisch deklinirt. Die blosse

---

Anm. 1. Verschont blieben die Eigennamen mit wurzelhaftem n (es handelt sich um die Form فعال) sowie die Formen فِعلان. — فُلان „N. N.", Mask., ist Tript., das Fem. فُلانة aber Dipt.

Anm. 2. Wo hingegen das Zahlwort zwar ohne Gezähltes aber doch im Hinblick auf wirklich gezählte Dinge gebraucht wird, also tatsächlich konkret ist, ist es Tript.

Anm. 3. Die stets determinirten aber artikellosen Plurale جُمَعُ, بُتَعُ u. s. w. wurden wohl in Folge ihrer Determinirtheit durch sich selbst von den gleichlautenden Eigennamen beeinflusst und Diptota. Barth S. 704 Anm 1. Von andern Pluralen der Form فُعَل sind nur أُوَل und أُخَر Diptota.

Tatsache der Determinirtheit durch sich selbst, die sie mit den zu Diptota gewordenen Eigennamen gemein hatten, kam oben gegenüber dem Umstand, dass dem Eigennamen ein gleichlautendes triptotisches Appellativum zur Seite stand, doch nicht auf. Nun gibt es aber zwei Fälle, in denen bei den Eigennamen ein ihre Triptosie stützendes Appellativum nicht vorschwebt, nämlich die fremden Eigennamen und zum Teil die zusammengesetzten. Die fremden Eigennamen wurden also Diptota, weil sie überhaupt nur im Zustand der Determinirtheit durch sich selbst, nicht appellativ, vorkommen [1]), wogegen keinerlei Antrieb vorhanden war, die aus der Fremde entlehnten Appellativa diptotisch zu dekliniren. — Zusammengesetzte Eigennamen, die eine Genitivverbindung darstellen, wurden wie eine Genitivverbindung behandelt; Eigennamen, die einen Satz bildeten, der mehr als ein blosses Verbum fin. enthielt, waren unveränderlich. Alle übrigen zusammengesetzten Eigennamen hatten überhaupt keine verständliche appellativische Struktur und wurden aus dem selben Grund wie die fremden Eigennamen Diptota; übrigens sind wohl alle derartigen Eigennamen fremd. Ihr erster Teil bleibt in diesem Fall unflektirt. Sobald sie aber als Genitivverbindung mit flektirtem erstem Teil behandelt wurden, kam im Arabischen auch die diptotische Deklinazion nicht mehr in Betracht. Eigennamen, die aus einer Genitivverbindung bestanden, wie عبدُ مَنَاف, nahmen, wenn sie durch Abstossen des Genitivs zu Kurznamen wurden, also als status constructi zunächst keine Nunazion hatten, doch die Nunazion nach dem Vorbilde des gleichlautenden Appellativs an.

Nach den zusammengesetzten Eigennamen richteten sich auch die aus einem mehr als dreikonsonantigen Appellativ gebildeten Eigennamen, denn für das semit. Sprachgefühl war mit der Zahl von drei Konsonanten der Umfang einer einheitlichen Wurzel abgeschlossen, was darüber hinaus ging, gehörte einer neuen

---

Anm. 1. Für die einsilbigen gilt aber das auf S. 175 Anm 2 bemerkte; sie sind Triptota, nach Barth S. 699 Anm. 1, weil sie einer sehr verbreiteten einheimischen Klasse gleichgestaltet waren.

Wurzel an; eine verständliche appellativische Struktur aber hatten die Elemente, in die sich das Sprachgefühl den aus mehr als 3 Konsonanten bestehenden Eigennamen zerlegen konnte, nicht. Indes tritt die Diptosie doch bloss dann ein, wenn das zu Grunde liegende Appell. weiblich war. —

Die Sprache hat die diptot. Dekl. angesichts der zahlreichen stets indeterminirten diptot. Appellativa kaum als eine Deklinazion der Determinirtheit durch sich selbst empfunden, vielmehr wird der Eindruck überwogen haben, dass die diptot. Deklinazion überhaupt kein Kennzeichen der Determinazion oder Indeterminazion bildet (vgl. Barth S. 684). So erklärt es sich, dass die Diptota Triptota werden, sobald sie eine äussere Bestimmung, die unbedingt mit begrifflicher Determinazion oder Indeterminazion verbunden ist, erhalten. Das Dipt. wird also Tript., sobald es den Artikel bekommt oder einen Gen. regirt [1]), denn der Gen. ist seinerseits entweder determ. oder indeterm., ein determ. Gen. aber kennzeichnet sein Regens äusserlich als determ., ein indeterm. als indeterm. In den status cstr. drang also die diptot. Dekl. niemals ein. — Bei diptot. Eigennamen, die appellativisch gebraucht wurden, wie يزيد „ein Jezid", soll die diptot. Dekl. der triptot. Platz machen. Die mit فعل gebildeten Formeln für die grammatischen Formen sollen nur so lange Diptota sein, als sie die Gattung dieser Formen benennen, bezeichnen sie dagegen die Verkörperung der Gattung in einer einzelnen Form („ein نُفْعَل"), so sollen sie Appellativa und Triptota sein. Alle Eigennamen mit festem Artikel sind Triptota.

Auch die Diminutiva der Diptota sind Diptota.

Determinazion durch den Artikel. § 91. Der Artikel ist das deutlichste Zeichen der Determinazion, daher lässt sich das Wesen der Determinazion beim Artikel am besten untersuchen.

Der Artikel ist ursprünglich ein Demonstrativpronomen. Reste seiner Demonstrativnatur liegen noch in vereinzelten festen Aus-

---

Anm. 1. Ein Dipt. als Attribut zu einem indet. Wort bleibt aber Dipt.

drücken vor, so اليومَ «heute» eig. dén Tag. Ḥam. 15, 16. العامَ «dás Jahr» Buḫ. I 85, 19. الى الساعة «bis zu dér Stande» Ḥam. 420, 25 u. s. w., aber nur noch zeitlich hinweisend, nicht räumlich. Die Verwandlung dieses Demonstr. in den Artikel hat man sich als ganz allmälich erfolgend vorzustellen und zwar in folgender Weise: Das Demonstr. nötigt den Hörer durch den Hinweis auf räumliche, zeitliche und andere Merkmale eines Dings, das betreffende Ding von allen andern Dingen der gleichen Gattung zu unterscheiden. Ist das Ding durch irgend welche Merkmale individualisirt, so kann bei seiner wiederholten Erwähnung dem Hörer die jedesmalige Wiederholung der Unterscheidungsprozedur, beziehungsweise des Hinweises auf sie durch ein Demonstr. erlassen werden, sobald selbstverständlich ist, welches Ding gemeint ist und kein Interesse besteht, dem Hörer die spezifischen Merkmale unmittelbar oder durch ein Demonstr. ins Bewusstsein zu rufen. Was dem Hörer aber nicht erlassen werden kann, das ist, dass er das Ding bei der wiederholten Erwähnung mit dem bekannten Ding identifizirt, dass er die neue Aussage nicht etwa auf jedes beliebige andere Ding der gleichen Gattung bezieht. Sprachen, die ein Pronomen seiner deiktischen Kraft entkleidet haben und ihm die Funkzion, ein Substantiv als das vom Redenden gemeinte zu bezeichnen, zugewiesen haben, besitzen einen bestimmten Artikel. Man hat sonach bei der näheren Bestimmung eines Substantivs drei Stufen zu unterscheiden: 1) direkte Bestimmung, رجل حسن «(ein) schöner Mann», جاء رجل «(ein) Mann kam» u. s. w., 2) indirekte Bestimmung durch ein Demonstr., das auf direkte, ausgesprochene oder unausgesprochene Bestimmungen hinweist, هذا الرجل «dieser Mann» und 3) Bestimmung durch Voraussetzung der blossen Tatsache, dass eine Bestimmung der ersten oder zweiten Art erfolgt ist oder möglich ist. Dies ist der bestimmte Artikel, der sich also vom Demonstr. dadurch unterscheidet, dass er nicht die das Subst. individualisirenden Momente vergegenwärtigt, sondern konstatirt, dass ein Subst. durch irgend welche Momente bereits individualisirt ist [1]).

Anm. 1. Allerdings kann ein mit dem Artikel versehenes Subst. noch weitere Bestim-

Gleich der Nunazion ohne eine Spur von Genus-, Numerus- und Kasusflexion ist der bestimmte Artikel ein reinstes Zeichen der Determinazion. Er tritt unmittelbar vor jedes einzelne der zu determinirenden Substantive und Adjektive; er tritt (mit Ausnahme einer Stellung vor dem Relativpron. لذى, wo er in Folge formaler Kongruenz steht) nicht vor Pronomina und nicht vor praeposizionale Ausdrücke; Relativpronomen geworden steht er vor einem Satz. Er ist zwar nicht wie die Nunazion zu einem blossen Flexionsbestandteil des Nomens geworden, allein immerhin proklitisch, und ist namentlich wenn sich sein auslautendes l dem anlautenden Konsonanten des Nomens assimilirt, was bei der Hälfte der Konsonanten der Fall ist, mit seinem Nomen fest verklammert. Seine Selbständigkeit ist noch dadurch wesentlich beeinträchtigt, dass sein Vokal bloss im Satzanlaut hervortritt, während er im Satzinnern fast durchweg verloren geht, so dass häufig von dem ganzen Artikel Nichts bleibt als die Verdopplung des ihm folgenden Konsonanten. Lautlich ist der bestimmte Artikel also auch mit dem vorangehenden Wort eng verbunden, sein l bildet den Schlusskonsonanten des vorgehenden Worts und verkürzt daher dessen auslautenden Vokal, wenn er lang ist. Stärkere Verstümmlung vorhergehender Praeposizionen kommt nur bei من «von» und على «auf» vor, die mit dem folgenden Artikel bisweilen zu مِلْ, عَلْ werden, z. B. Ham. 384, 25. Kām. 618, 17; indes hat diese Erscheinung keine Bedeutung erlangt, weitere Verschmelzungen mit Praeposizionen gibt es nicht.

Der Artikel steht bei einem Wort, wenn das gleiche oder ein sinnverwantes Wort vorher indeterminirt gebraucht war; der Zusammenhang beim erstmaligen Gebrauch wirkt für die Folge als determinirendes Moment, z. B. كما ارسلنا الى فرعون رسولا فعصى فرعون الرسول «wie wir an Pharao einen Boten santen. Da trotzte Pharao dem Boten» Ḳur. 73, 15/16. وكان ملا منه اخذ تاجر فى

---

mungen annehmen, die neue Merkmale hinzufügen oder alte wiederholen. Es ist indes zu betonen, dass diese Bestimmungen dem Artikel nicht in der gleichen Weise wie dem Demonstr. koordinirt sind.

اسم التاجر عرابة «über einen Kaufmann, der Geld von ihm genommen hatte, und der Name des Kaufmanns war Araba» Nöld. Beitr. 185, 7 u. s. w.

Das Subst., mit dem identifizirt wird, muss aber nicht notwendig selbst genannt worden sein, ehe es zum ersten Male mit dem bestimmten Artikel verbunden wird, sondern kann auf Grund irgend welcher Beziehungspunkte als bekannt vorausgesetzt werden; so ist das Subst. aus einem Verbum entnommen in einem Fall wie كانت تُجيز بهم اذا نفروا من منى حتى اذا كان يوم النفر «Sie pflegten ihnen das Zeichen zum Aufbruch zu geben, wenn sie von Mina zurückkehrten; und wenn dann der Tag der Rückkehr kam .....» IHiš. 76, 17. Noch versteckter liegen die Bestimmungen in Fällen wie بيّتتْهم بنو صاهلة فاباحوا الدار ...... وقد خرجتْ بنو صاهلة بالسبْى «Die Benu Sahila überfielen sie Nachts und plünderten die Ansiedlung, ... und die Benu Sahila waren mit *der* Beute abgezogen» Huḏ. II S. 27, 5. 8. انّما بعناك ارض حرثٍ ولم نبِعْك المَعادِن «wir haben Dir nur Ackerland verkauft, aber nicht die Erzlager [,die sich darauf befinden]» Balāḏ. 13, 16. Häufig ist die Situazion allein schon für die Determinirung ausreichend, wie قال يا آدم أخْبِرْنى اىّ الدابّتين احببت يعنى الفرس والبراق «er sagte: O Adam, künde mir, welches der beiden Tiere Du lieber willst? Womit er das Pferd und den Borak meinte» Mas. IV 24, 4. فقال له رجل منهم فان كان الملك يريد بهذا «da sagte einer von ihnen zu ihm [nämlich zum Könige]: Wenn der König das will ....» IHiš. 10, 4. اظعنوا بالبيوت «wandert mit den [= Euren] Familien aus» Huḏ. Nº 153 Einl. 10.

Negativ ist das Subst. dadurch determinirt, dass es einzig in seiner Art ist und für den Gedanken an andere gleichartige Substantive schlechthin kein Raum bleibt, z. B. أوقدوا نارَين

أَشْرَقْتَا على النيران «sie haben zwei Feuer angezündet, die über die [= alle] Feuer erhaben sind» Ḥam. 420, 26. الامصار عشرة «die Metropolen [= die Summe der M.] sind Zehn» Maḳd. 33, 12. So ferner Substantive wie الشمس «die Sonne» المشرق «der Osten» [1]). Oder das Subst. ist einzig in seiner Art innerhalb eines bestimmten Kreises, der die selbstverständliche Voraussetzung für den Sprechenden wie für seinen Zuhörer bildet, so النبىّ «der Profet» = Mohammed, الخليفة «der Chalife» = der gerade regirende Chalife, الكتاب «das Buch» schlechtweg ist bei den Sprachgelehrten die Grammatik Sibawaihis. عام الفيل «(das) Jahr des Elefanten» [= in dem das Jedermann bekannte Ereigniss mit dem Elefanten vorfiel]. IHiš. 132, 10. Nach dem früher Bemerkten bezieht sich der Artikel auf determinirende Umstände, die ausserhalb der gerade zur Aussprache gelangenden Wortverbindung liegen. Hin und wieder aber wird diese Wortverbindung selbst als gegeben vorweg genommen und determinirt ein in ihr vorkommendes im Übrigen unbestimmtes Subst., das in Folge dessen den Artikel erhält. So sind Fälle wie بينا هما ترتكان الجمل اذ انتفجت الارنب .... ثمّ سنح الثعلب Wellhausen «während sie ihren Kamelhengst in kurzem Trab hielten, sprang ein [eig. der] Hase auf ...., dann lief ein [eig. der] Fuchs über den Weg» ISa'd 47, 26. 48, 1. انت البيت أُكرِمُ اهله «Du bist das Haus, dessen Leute ich ehre» Kām. 472, 1, und so öfters mit indeterminirtem Relativsatz.

In den bis jetzt besprochenen Fällen determinirte der Artikel das Individuum, häufig determinirt er aber auch die Gattung. Es mag sein, dass dieser generelle Artikel zuerst da aufkam, wo sich mit der Vorstellung des Gattungsbegriffs besonders leicht

---

Anm. 1. Indessen können selbst Dinge, die einzig in ihrer Art sind, indeterminirt sein, z. B. mit Rücksicht auf verschiedene Fasen ihrer Entwicklung oder auf die verschiedenen Verhältnisse, unter denen sie auftreten; auch erhöht die Indeterminazion die Gewissheit der Aussage, ما طلعت شمس وما غربت «so lange eine Sonne aufgeht, und so lange sie untergeht» Diw. Imr. 8, 1.

auch die Vorstellung von Individuen der Gattung aufdrängte, also vielleicht bei الانسان «der Mensch» früher als bei الذهب «das Gold». In allen Fällen aber liegt dieselbe Denkweise zu Grunde: der Artikel bestimmt die Gattung, indem er an ihre anderweitig bekannten Eigentümlichkeiten erinnert.

Beispiele: بناه بالحجارة والقصّة wörtl. «er baute es aus den Steinen und dem Gips» Balāḏ. 6, 14, und so oft bei Stoffwörtern. Bemerkenswert ist der häufige Gebrauch des generellen Artikels bei Abstrakten. Da das Abstr. die Substantivirung einer Eigenschaft oder Tätigkeit ist, so liegt es nahe, die betreffende Eigenschaft oder Tätigkeit als gegeben und bekannt vorauszusetzen, ehe man zu ihrer Substantivirung schreitet. Z. B. يعمل بالاثم والعُدوان «er handelt mit dem Frevel und der Gewalttätigkeit» Ṭab. II*a* 300, 7. لا يلتفت وراءه من الكبر «er drehte sich nicht um aus dem Hochmut» Ḥam. 422, 27. الظنّ بك الصبر والمحافظة «was man Dir zutraut (ist) die Geduld und die Ausdauer» Ṭab. II*a* 49, 8. اعتزم على النُقْلة «er beschloss das Auswandern [= auszuwandern]» IHiš. 8, 8, und so häufig bei dem Inf. nach Verben des Wollens, Könnens u. dgl. ایّ الجهاد «was des Bekämpfens?» [= welches Bekämpfen?] Kām. 86, 15. Bei den Zahlabstrakten (الثلاثة «die Drei»), die allerdings auch artikellos geradezu als Eigennamen der Gattung gebraucht werden sollen (s. S. 176). Individualwörter generell determinirt: خُلق الانسان ضعيفا «der Mensch wurde schwach erschaffen» Ḳur. 4, 32. وضعوا فى بقيّة اصحاب العَنْسىّ السيف «sie schlugen den Rest der Genossen des Ansiten mit dem Schwert» Balāḏ. 106, 16. Bisweilen distributiv: اذا اراد الرجل منهم سَفَرا «so oft der Mann [= Einer] von ihnen verreisen wollte» IHiš. 54, 15. كان يرسل الى الغلام من ابناء الملوك «er pflegte nach dem Jüngling unter den Prinzen zu schicken»

IHiš. 19, 14. صدقة السنة «die Steuer des Jahrs [= pro Jahr]» Balâḏ. 94, 8. Noch deutlicher ist die distributive Bedeutung in Fällen wie كان يجمع بين الرجلين «er tat die zwei Männer [= je zwei Männer] zusammen» Buḫ. I 337, 7.

Der generelle Artikel steht meist beim Sing., indes kommt auch Dual und Plural vor, was dann so aufzufassen ist, dass unter die verschiedenen Merkmale des Gattungsbegriffs auch die aus der Vorstellung der Zweiheit und Vielheit sich ergebenden aufgenommen sind[1]). Z. B. خيرَ مَن ركب المطايا «den Besten unter denen, die auf den Reittieren ritten» Mas. IV 436, 5. حرثه من الرجال والنساء = «seine Spiessgesellen, Männer und Weiber» Mas. VII 320, 7. اذا التقت الفئتان «sobald zwei Parteien handgemein werden» Mu'all. Zuh. Komm. 5. ارضخوه بالحجارة «zerschmettert ihn mit Steinen» Ṭab. IIa 354, 6.

In Vergleichungen gibt man gerne dem secundum comparationis den generellen Artikel, man knüpft bei der Vergleichung an Bekanntes an. Z. B. مَثَلُه كمَثَل الكلب «sein Gleichniss ist wie das Gleichniss des Hundes» = «er gleicht dem Hunde» Ḳur. 7, 175. ارتعد كالسعفة «er zitterte wie das Blatt» = wie ein Blatt. Mas. VII 98, 3. كما يتكفت العلج «wie sich der Wildesel im Lauf zusammenzieht» Huḏ. 1, 14. Indes steht auch hier der generelle Artikel keineswegs regelmässig, vgl. z. B. مثلكم ومثل اهل الكتابين كمثل رجل «ihr verhaltet Euch zu den Schriftbesitzern wie ein Mann, der ....» Buḫ. II 50, 8. u. s. w. Vgl. noch § 57.

Hinsichtlich der Determinazionsverhältnisse gelten für den generellen Artikel die gleichen Regeln wie für jeden Artikel, auch Fälle wie معادن الذهب والفضة «Bergwerke des Goldes und des Silbers» Maḳd. 231, 8. زبر الحديد «eiserne Platten» Ṭab. Ib 829, 20 sind doch wohl für den Araber determinirt.

Anm. 1. Verschieden hiervon ist der Plural mit Artikel im Sinne von «alle», الرجال = «alle Männer».

Determinazion durch den Genitiv.

§ 92. Wie bereits bemerkt wurde, kann das Regens eigentlich nicht den Artikel haben, und kann von einem indeterm. Regens kein determ. Gen. abhängen. In zwei Fällen [1]) aber ist dies doch möglich, und die Genitivverbindung wird alsdann als «uneigentlich» bezeichnet.

Ein indeterm. Adj. (einschliesslich des Partizips) kann einen determ. Gen. der Spezialisirung regiren, ferner ein indeterm. aktives Partizip einen determ. Gen. des Objekts, wenn das Partizip im Sinne eines Imperf. steht, steht es aber im Sinne eines Perf., so haben meist die gewöhnlichen Determinazionsregeln statt. In den selben Fällen erhält das Regens trotz des folgenden Genitivs den Artikel, wenn es mit einem ausgesprochenen oder mitgedachten determ. Subst. zu kongruiren hat. — Andere Genitive als der der Spezialisirung und des Objekts sind nach wirklich adjektivisch gebrauchten Wörtern nicht denkbar.

Diese scheinbare Ausnahme von den sonst so strengen Determinazionsregeln rührt daher, dass bei Adjektiven als solchen von wirklicher Determinazion oder Indeterminazion überhaupt nicht die Rede sein kann. Determ. oder indeterm. ist bloss das Subst., darunter auch das Abstraktum der Eigenschaft, aber nicht das Adj. selbst. Wie sich nun aber Genus-, Numerus- und Kasusverhältnisse, die gleichfalls eigentlich nur am Subst. eine ratio haben, formal über das Adj. ausbreiteten, so ging es auch mit der Determinazion: Die Determinazion des Adj. in الرجل الحسن «der Mann der schöne» ist rein formal, auf äusserlicher Kongruenz zu الرجل beruhend, bloss in dem Artikel von الرجل darf ein Sinn gesucht werden, bei حسن gibt es eine wirkliche Determ. so wenig wie bei einem Verbum. Die Determ. beziehungsweise Indeterm. des Adjektivs berührt, bedeutungslos wie sie ist, auch die Determinazionsverhältnisse des abhängigen Genitivs nicht weiter. Daher ist also z. B. das aktive Partizip Attribut zu

---

Anm. 1. Eine angebliche dritte Art von uneigentlicher Genitivverbindung ist längst von Fleischer, Verhdl. d. k. sächs. Ges. d. Wiss. 1856, 4 ff. = Kl. Schr. II 4 ff. und Verhdl. 1862, 10 ff. = Kl. Schr. II 16 ff. abgetan worden. Vgl. schon vorher Friedrich Rückert bei Fleischer Beitr. IX 121.

einem indeterm. Subst., oder es nimmt, auf ein determ. Subst. bezogen, den Artikel an und verliert doch in beiden Fällen nicht die Fähigkeit einen determ. Gen. zu regiren.

Der Gen. muss angeblich, wenn das Regens den Artikel hat, durch den Artikel oder einen mit dem Artikel versehenen Gen. determinirt sein; man sagt also الضارِبُ العَبْدِ «der Schlagende des Sklaven», الضارِبُ عبدِ الرجلِ «der Schlagende (des) Sklaven des Mannes», aber nicht الضارِبُ عبدٍ «der Schlagende (eines) Sklaven», الضارِبُ زيدٍ «der Schlagende Zeids» الضارِبِى «der Schlagende meiner [= mich]», الضارِبُ عبدِ زيدٍ «der Schlagende (des) Sklaven Zeids», man müsste in diesen Fällen verbal konstruiren [1]). Nur wenn das mit Artikel versehene Regens im Dual oder äusseren männl. Plur. steht, ist auch ein indeterm. oder durch sich selbst determ. Gen. möglich. Mit andern Worten: nur da, wo für den status cstr. eines Worts und für die mit Artikel versehene Form des Worts unterschiedene Bildungsweisen bestehen (st. cstr. رجلو, aber mit Artikel الرجلون u. s. w.), ist der Gebrauch des durch den Artikel determ. status cstr. unbeschränkt; wo dagegen die beiden Formen zusammenfallen (Sing., innerer Plur. und äusserer weibl. Plur.), regirt der durch den Artikel determinirte status cstr. nur Genitive die auch formal, durch den Artikel determ. sind [2]). Indes sind diese Regeln nicht ohne Ausnahmen. — Da übrigens der Gen. der Spezialisirung, wie noch mehr der Akk. der Spezialisirung, stets in einiger Beziehung zum Träger des regirenden Adj. steht, so ist er gewöhnlich durch den Gedanken an diesen Träger bestimmt und hat den Artikel, was auch für gewählter gilt, Sîb. I 82, 20.

Anm. 1. Wo das Regens den Artikel hat und nicht Dual oder äusserer männl. Plur. ist, ist meist nicht sicher zu sagen, ob das abhängige Wort Gen. oder Akk. ist. Wir sind dann auf eventuelle Vokale der Überlieferung angewiesen.

Anm. 2. Eine Vermutung Fleischers hierüber, s. Verhdl. d. k. sächs. Ges. d. Wiss. 1862, 45 = Kl. Schr. II 51 sowie Beitr. IX 123.

Beispiele für den Gen. der Spezialisirung: عن ماجد تَلِقِ اليدين «von einem schenkenden, einem offenen der Hände» = der offene Hände hat. Dîw. 'Ant. 20, 6. سُخْنَةٌ فى الشتاء باردةُ الصيف «Heiss im Winter, kühl des Sommers» Ḥam. 386, 8. العظيمة السَّنام «die grosse des Höckers» = die mit grossem Höcker. Kām. 283, 15.

Was die uneigentliche Genitivverbindung im Gen. obj. anlangt, so ist bereits S. 155 ausgeführt, welche Ursachen eine Verschiedenheit in der Konstrukzion des imperfektgleichen Partizips einerseits und des perfektgleichen sowie des rein nominalen Partizips andererseits herbeiführten. Die gleiche Scheidung besteht auch hier: das imperfektgleiche, adjektivische Partizip hat uneigentliche Genitivverbindung, das perfektgleiche adjektivische Partizip kann zwar auch uneigentliche haben, hat aber oft eigentliche, da es leicht Nomen wird. Beispiele für eigentliche Genitivverbindung: لو كان قاتلُ عمرٍو غيرَ قاتله wörtlich «wäre der getötet habende[1]) des Amr ein Anderer als der ihn (tatsächlich) getötet habende» Ḥam. 250, 11. مُبلِّغك الواشى «der (es) Dir hinterbracht habende, der Verräter». Dîw. Nāb. 3, 4. محدث ذلك «der das hervorgebracht habende» Ṭab. Ia 18, 12. Beispiele für uneigentliche Genitivverbindung: Perfektgleich: اصحابه معتمّون متقلّدو اسيافهم «seine Gefährten (waren) behelmt, umgürtet ihrer Schwerter» = und hatten ihre Schwerter umgegürtet[2]) Ṭab IIa 296, 14. الذابحو عثمانَ «die den Othman abgeschlachtet haben» Kām. 445, 11[2]). — Verschiedenartige Fälle von imperfektgleichem Partizip: هَدْيًا بالغَ الكعبة «ein zur Kaba gelangendes Opfer»

Anm. 1. Der diese Handlung verwirklicht hat, und an dem sie darum für alle Zeiten als Karakteristikum haften bleibt.

Anm. 2. Es wird nur das damalige Ereigniss ins Auge gefasst.

Ḳur. 5, 96. انّى امرؤٌ من تنوخَ ناصرُهُ محتملٌ فى الحروب «ich (bin) ein Mann aus (dem Stamme) Tanuch, ein ihm helfender, ein auf sich nehmender in den Kriegen» Ḥam. 238, 24. ذلك نافعُك عندى «dies (ist) Dir nützend bei mir» Ṭab. IIa 421, 2. ما يُسرَى اليدين من اليُمنَى بمُدرِكةِ الفلاحِ «nicht (ist) die rechte der Hände von der linken Rettung erlangend» Ḥam. 422, 13. افتراكم آخذىَّ «Ihr seid ja mich gefangen nehmende!» Ḥam. 36, 21. لكان مكلّمى «er wäre mich anredend gewesen» Mu'all. 'Ant. 69. المقيمى الصلوة «die das Gebet verrichtenden» Ḳur. 22, 36, dagegen 4, 160 المقيمين الصلوة, status abs. und akkusativisch konstruirt. المُوعِدِىَّ «die mich bedrohenden» Del. 99, 16. الشاتمَىْ عِرضى «die meine Ehre beschimpfenden» Mu'all. 'Ant. 74. اللائمى «der mich Tadelnde» (Genitivsuffix trotz des Singulars mit Artikel) Mu'all. Ṭar. 56.

Innere Determinazion. § **93.** Das Regens eines Eigennamens sowie eines Personal- oder Demonstrativpronomens ist in der eigentl. Genitivverbindung stets determ. Es gibt nur zwei Pronomina, die einen Gen. regiren können, أىُّ «wer» und ذو «der von ...», das allerdings seine pronominale Natur abgestreift hat.

Die Eigennamen haben, obwohl durch sich selbst determ., dennoch wie die Appellative, aus denen sie entstanden, die Nunazion oder festen Artikel (الحارث u. s. w.), soweit sie nicht Diptota sind. — Der Eigenname kann Appellativ, Bezeichnung all seiner Träger werden und hat in diesem Falle die gleichen Determinazionsverhältnisse wie die andern Appellative. Er kann also dann einen Genitiv regiren, durch den er wieder individualisirt wird, wie سعيدُ الخيرِ «Said des Guten» = Said der Gute. Huḏ. 268, 1. شاهبورُ الجنولِ «der Schahbur der Heere» = der Sch. mit den Heeren. Ṭab. Ib 828, 14 مروَىْ خراسان «die beiden Merw in Chorasan». Ṭab. IIc 1639,6. سُعْدَاكِ «Deine Suda» Dîw. Nâb. 6,1. الحارث بن هشامهم «ihr Elharith ibn Hischam» IHiš. 549,9. تغلب وائل «Taglib Wails» u. s. w. Hat jedoch der Eigenname eine feste grammatische Determinazion (الحارث, عبد الله), so verhindert diese das Antreten eines Genitivs; die nähere Bestimmung erfolgt alsdann in Gestalt der Apposizion. Ferner kann der Eigenname als Appell. indeterm. sein, wie موسى ليس موسى بنى اسرايل انّما هو موسى آخر «Moses ist nicht der Moses der Kinder Israel sondern ein andrer Moses» Buḫ. I 43,5. Oder er kann im Dual und Plural den Artikel annehmen, wie العمران «die beiden Amr» Huḏ. 49,7. Vgl. noch Sîb. I 226,17. 228,23.— Wie die Eigennamen werden auch die Wortformen als solche konstruirt, also مفعول مُسْبِل «das Objekt von musbilun» Ḥam. 389,1. u. s. w. Auch die Jahreszahlen sind durch sich selbst determinirt, also فى سنة سبع وسبعين «im Jahre 77» Stickel 9. Desgleichen die Zahlen der Monatstage, also ليلة خمس وعشرين «in der Nacht (des) 25ten [Kardinalzahl]» Huḏ. II S. 6,6.

§ 94. Nach S. 168 f. kommt der Elativ in einer Konstrukzion vor, in der er bei grammatischer Indeterminazion doch begriffliche Determinazion angenommen hat. Andrerseits gibt es determinirte Genitivkonstrukzionen, deren Regens indeterminirte Bedeutung erhielt. Es betrifft dies die Wörter für «Teil», «Anderes» «Gleiches» u. dgl. (§ 81 B. 82). *Erstarrte Determinazionsverhältnisse.*

Das Wort بعض «Teil» in einer Verbindung wie بعض الناس «Teil der Menschen» ist zunächst dadurch determinirt, dass es durch eine bestimmte Grenze von einem bestimmten zweiten Teil geschieden ist; mehr als diese zwei Teile kommen zunächst nicht in Betracht und بعض الناس bedeutete eigentlich nicht «einige der Männer» sondern «die Einen der Männer». Sobald aber das Verhältniss vertieft, der zweite Teil selbst als aus Teilen bestehend gedacht wurde, und der erste Teil diesen dem zweiten Teil *unter*geordneten Teilen *gleich*geordnet wurde, war der erste Teil auch nicht mehr durch ein einziges bestimmtes Korrelat determinirt, d. h. er war faktisch indeterminirt. Die alte syntaktische Form, in der der Gen. determ. ist, hielt sich, deckte sich aber nicht mehr mit dem dabei Vorgestellten,[1]) und diese Genitivverbindung konnte z. B. Attribut zu indeterminirten Substantiven werden. Wo بعض keinen Gen. regirt, ist es meist auch äusserlich indeterm. und erhält keinen bestimmten Artikel. Wie بعض wird auch جُزْءٌ behandelt, also جزؤه «ein Teil davon». Ferner die Bruchzahlen, ثُلُثه «ein Drittel davon». Ebenso احد «Einer», dessen Gebrauch wie der von بعض u. s. w. zu erklären ist: Der Eine ist ursprünglich der Gesamtheit aller Übrigen, dann jedem Einzelnen der Übrigen gegenübergestellt; لا يومن احدكم «nicht glaubt einer von Euch» Buḫ. I 11,19.

Der Gebrauch der Wörter für «Gleiches» und «Verschiedenes» ist ähnlich aufzufassen. Zwei Dinge wurden nebeneinander gehalten und zu einer Einheit verbunden; sobald man von dem einen redete, war es durch das Vorhandensein des andern determinirt. Nachdem die syntaktische Form für dies Verhältniss bereits feststand, konnte dem «Andern» eine Beziehung auf die ihm gleichgeordneten Individuen seiner Gattung gegeben werden und das Wort indeterminirt sein, ohne dass die sprachliche Form diesen Wandel mitmachte. Z. B. لأُوَتِّبَنَّكم غيرَ هذا الادب «ich werde Euch einen andern als diesen Anstand beibringen» Kām. 216,17. نعملْ صالحًا غيرَ الذى كنّا نعمل «so wollen wir Rechtes tun, Anderes als das [= nicht das], was wir zu tun pflegten» Ḳur. 35,34. شىء غيره «eine andere Sache» eig. eine Sache anderes seiner. Ṭab. Ia 5,17. على أَتانٍ مثله «auf einer Eselin von gleicher Art» Kām.

Anm. 1. All das gilt nur für das zum Indefinitum gewordene بعض; wo es dagegen seine alte Bedeutung «Teil» hat, sind seine Determinazionsverhältnisse die gewöhnlichen, also يومًا او بعض يوم «einen Tag oder einen Teil eines Tages» Ḳur. 2, 261.

354,1. بمثل هذا القرآن «Etwas wie dieser Koran» Ḳur. 17,90. نظيره «Etwas ihm Ähnliches» Ḥam. 3,28 u. s. w. Vgl. noch Sīb. I § 101. أُنثى نفسها «eine Frau selbst» Diw. ʿAnt. 2,16. All diese Genitivverbindungen können indes auch auf determinirte Substantive bezogen sein und sind dann selbst determinirt, s. Fleischer Beitr. IX 183. سائر «übrige» ist stets determ.

Über die Bedeutung, welche die Determinazionsverhältnisse für den Ausdruck der Totalität erlangt haben, s. § 81 A. Ein Ausdruck wie كلّ سيف الرجل im Sinne von «jedes Schwert des Mannes» ist unmöglich, da der Gen. «Schwert» hier indeterm. sein muss; allein die Konstrukzion كلّ سيف «jedes Schwert» als Ganzes scheint sich doch sehr einer determinirten Verbindung zu nähern und als Gen. zu einem determ. Regens treten zu können, vgl. z. B. فى دَرْكِ كلّ طَلْبة والتوفيق «bei Erreichen jedes Erstrebten und dem [Artikel!] Gelingen» Kām. 2, 11. So sind dann wohl determ. auch Fälle wie مِن ملوكِ كلّ زمان «der Könige jeder Zeit» Ṭab. *Ia* 5, 3 u. dgl.

XIV. PRAEPOSIZIONEN.

§ **95.** Die arab. Praeposizionen sind Substantive im Akk., die wie jedes Subst. den Gen. regiren. Ohne Gen. waren sie Adverbien, indes kommen nur zu den Praep. أمام, خَلْفَ, قَبْلَ, قِبَلَ und مع die akkusativischen Adverbien noch vor, und zwar mit Nunazion; zu تَحْتَ und فَوقَ soll angeblich auch akkusativisches Adv. ohne Nunazion vorkommen. Zahlreicher sind die Praepos., denen nominativische Adverbien, sämtlich ohne Nunazion, zur Seite stehen: die erwähnten akkusativischen kommen ausser مع auch nominativisch vor, ferner بَعدُ, دُونُ, عَلُ, غَيرُ, قُدّامُ und وَرآءُ. Also entweder nominativisches Adverbium ohne Nunazion oder akkusativi- *Wesen der Praeposizionen.*

sches mit Nunazion. Natürlich ist es nicht unbedingt nötig, dass die Praep. als selbständige Adverbien im Gebrauch waren, ehe sie Praeposizionen wurden, sie mögen z. T. gerade in Verbindung mit einem Gen. aus Substantiven direkt Praeposizionen geworden sein.

Die ursprünglich substantivische Natur der Praepos. äussert sich noch darin, dass sie den Gen. regiren, dass in der Doppelpraep. die zweite Praep. soweit möglich in den Gen. tritt, und dass von den Praep. Diminutiva bildbar sind, z. B. قُبَيْل «ein wenig vor...» (Dîw. ʿAlḳ. 13, 3), فُوَيْق «ein wenig über...» (Dîw. Zuh. 1, 11) تُحَيْت «ein wenig unter...» (Dîw. Nâb. 27, 4) دُوَيْن «ein wenig nahe...» (Balâḏ. 250,6). Die Verkleinerung gilt nicht der Beschaffenheit der Lage («über» «unter»), wovon man sich gar keinen Begriff machen könnte, sondern der Entfernung zwischen dem durch die Praep. und dem durch den Gen. bezeichneten Punkt. Übrigens kommen nicht von allen Praep. Diminutive vor. Viele Praep. kommen, wenn z. T. auch nur der Form nach, noch geradezu als Substantive vor, nämlich اثر, أجل, أمام, بين, تحت (Sîb. I S. 175, 16), جَنْب, حَذْو, حَذَآء, حِذَآء, حَوْل, خارِج, خَلْف (Sîb. ebenda), خِلاف, خِلال, داخِل, دُون (Sîb. I 173, 4. 7. 175, 17), زُهَا, سِوى, عِنْد, غَيْر, فِى (falls es wirklich mit dem Worte für «Mund» identisch ist), قَبْل, قِبَل, قُدّام, نَحْو, وَسْط. Einige wenige Praep. haben jede flexionsmässige und zugleich syntaktisch verständliche Form verloren: بِ, عَن, فى, لِ, مُذْ, مَعْ (seltenere Nebenform von مَعَ), مِن.

Kommen nun auch verschiedene Praep. noch als Substantive vor, so sind sie doch, sobald sie als Praedikate des Nominalsatzes im Akk. stehen, echte Praeposizionen. Dass eine Praep. auch als Praed. des Nominalsatzes im Nomin. steht, ist jedenfalls ein höchst seltener Fall, und die Araber (s. z. B. Sîb. I S. 173,4) haben selbst das Gefühl, dass das Wort dann eigentlich keine Praep. mehr ist. Es ist ganz unanfechtbar, dass die arab. Praeposizionen der Kategorie des Nomens entrückt sind, und wir die Berechtigung besitzen, auch in der arab. Grammatik von Praeposizionen zu reden. Wenn ferner die Praeposizionen durchweg nur den Gen. regiren, so ist doch auch bei diesem Zeichen der Nominalnatur ein Unterschied zwischen der praepo-sizionalen Genitivkonstrukzion und der rein nominalen: es wäre vergebliche Mühe, eine bestimmte Färbung des Genitivs nach Praeposizionen ausfindig machen zu wollen, es gibt hier keinen Gen. partit., Gen. possess. u. s. w. mehr. Nur in wenigen Fällen ist die Grenze zwischen Nomen und Praeposizion zweifelhaft, s. § 82 A. 1. B. 1. 2. Eigentümlich sind die Regeln, die für die Deklinabilität von غير «ausser» angegeben werden [1]). Danach soll غير unveränderlich im Akk. stehen (d. h. Praeposizion sein), wenn der Satz affirmativ ist, جاء القوم غيرَ زيد «die Leute kamen ausser Zeid», جاء غيرَه القوم «ausser ihm kamen die Leute», in negirten Sätzen aber und in Sätzen verneinenden Sinns soll es deklinabel (d. h. Nomen) sein, also ما مررت بأحد غيرِ زيد «nicht ging ich an einem vorüber ausser (an) Zeid». Indes soll auch in negirten Sätzen der Akk. stehen können, wenn غير mit seinem Gen. dem Wort, von dem die Ausnahme statuirt wird, voran-geht, wie ما مررت غيرَ زيد بأحد «ausser (an) Zeid ging ich an keinem vorüber»; ferner im «Hegazenischen», wenn غير nicht exzeptiv sondern adversativ ist, wie ما جاءني احد غيرَ حمار «nicht kam zu mir Einer (sondern) nur ein Esel».

Den zwei Praeposizionen لَ und مُنْذُ (مُذْ) liegen Demon-strativstämme zu Grunde. Letzteres ist مِن ذُو «von Dem an»

Anm. 1. Sie werden bei der Konstrukzion von إلّا wieder begegnen.

«seit», wobei ذو noch flexionslos ist; Weiteres S. 202. Die Praep. كَ «wie» wird mit dem Gen. des secundum comparationis verbunden und bedeutet eigentlich «Das des ....». Das Wesen dieser Praep. ist von Fleischer schon 1843 aufgedeckt worden (s. Beitr. III 306 und zuletzt Beitr. VI 49 ff.) und heute doch nur in unwesentlichen Punkten zu modifiziren. هو كزيد «er (ist) wie Zeid» bedeutet eigentlich «er ist Das des Zeid». Der Gebrauch erinnert an den von ذو, von dem es sich aber dadurch unterscheidet, dass es eine eigene materielle Bedeutung bewahrte, während ذو reines Formwort wurde (S. 136). In Fällen wie ضَرَبَ كزيد «er schlug wie Zeid» ist ك ursprünglich inneres Objekt; wie man nämlich sagte ضَرَبَ ضَرْبَ زيد «er schlug das Schlagen Zeids» so sagte man auch pronominal ضَرَبَ كزيد «er schlug Das Zeids». Mit Genitivsuffixen wird ك nicht verbunden (so wenig wie ذو), selbst das freie Genitivpronomen wird nach ك in der Prosa vermieden; man wählt in diesen Fällen lieber مِثْل, شِبْه oder كمِثْل statt ك. S. Fleischer Beitr. VI 56.

Unklar ist die Natur der uneigentlichen Praepositionen تَ, وَ. Sie sind wohl ursprünglich Interjekzionen, wie sie aber dazu kamen einen Gen. zu regiren, ist nicht recht ersichtlich. Vielleicht wirkte der Gebrauch der Praep. ب ein («bei Allah schwören»), vielleicht aber ist das *-i* des Regimens ursprünglich gar nicht Genitivendung sondern ein interjekzionales Suffix, das nachmals als Genitivendung behandelt wurde. Der interjekzionale Ursprung dieser Praepositionen offenbart sich auch darin, dass sie nur im Ausruf und nie in Abhängigkeit von einem Verbum vorkommen; nach Verben steht nur بِ, das seinerseits auch ohne Verbum vorkommt; so auch لِ in لِلّٰهِ «bei Allah», das als Schwurpartikel nur in dieser Verbindung vorkommt und von der gewöhnlichen Praep. لِ vielleicht verschieden ist. Die Partikeln تَ, وَ und لِ bezeichnen nur das Schwören bei Etwas, nicht das Beschwören bei Etwas.

Die häufigste und im Gebrauch am wenigsten eingeschränkte dieser Partikeln ist وَ, so وأبيك «Bei Deinem Vater!» Ḥam. 98, 21. والكتاب «Bei dem Buche!» Kām. 378, 4. ومَن سمك السماء «Bei dem, der den Himmel erhoben hat!» Ḥam. 268, 7. Das وَ im Sinne von رُبَّ (§ 81 B 2) ist hiervon kaum zu trennen, وَرجلٍ «o wie mancher Mann!»; das Wort, dem der Ausruf gilt, steht im Gen., durch ein folgendes zurückweisendes Pronomen wird nötigenfalls der durch den Zusammenhang erforderte Kasus bezeichnet; stets folgt ein Attribut oder attributiver Satz. Beispiele: ونى أمّل يرجو تُراثى «O Hoffender, der auf meine Beerbung harrte!» = «O wie mancher Hoffende harrte auf meine Beerbung» Ḥam. 231, 1. وفارس فى غمار الموت مُنْغَمِس «O in die Abgründe des Todes gedrungener Reiter!» = O wie mancher Reiter ist in die Abgründe des Todes gedrungen! Ḥam. 27, 11. وفتوٍ هجّروا ثم أسْرَوْا «O Jünglinge, die zur Mittagszeit aufbrachen und dann bei Nacht reisten» = O wie mancher Jüngling brach zur Mittagszeit auf und reiste die Nacht durch! Ḥam. 384, 11. وجَزُورِ أَيْسَار دعوت لِحَتْفِها «O Schlachttier der Meisirspielenden, zu dessen Schlachtung ich eingeladen habe!» = O zur Schlachtung wie manchen Schlachttieres der Meisirspielenden habe ich eingeladen! Muᶜall. Labīd 73. Indes fehlt das rückweisende akkusativische Pron. häufig, wie ومبثوثة رَدَدْتُ «O Zerstreuter, (den) ich zurückgetrieben habe!» = O wie manchen Zerstreuten habe ich zurückgetrieben! Ḥam. 101, 11. Wie dies وَ werden auch فَ (z. B. Muᶜall. Imr. 16) und بَلْ gebraucht.

تَ drückt Verwunderung aus (Sîb. II S. 146, 15) und wird nur in Verbindung mit Wörtern für «Gott» gebraucht, تَاللّٰهِ Dîw. Zuh. 4, 5.

Sollte die Endung -i interjekzional sein, so hätten wir in اللّٰهِ, ohne Schwurpartikel, nicht eine Unterdrückung der Partikel, sondern eine alte Form, deren exklamativer Karakter auf dem -i beruht. Andernfalls könnte man annehmen, dass die Sprache وَ als die Konjunkzion وَ «und» gefasst hat, die natürlich unbeschadet des Genitivs wegbleiben konnte.

Unzweifelhafte Interjekzionen liegen vor in آللّٰهِ, هَاللّٰهِ und اِى هَاللّٰهِ, s. z. B. Sîb. II § 398.

Ganz anderen Ursprungs aber ist das لِ mit Gen. im Ausruf, namentlich im Hilferuf, يا لَزيد «O Zeid!» = Zu Hilfe Zeid! So nahe es läge, anzunehmen, die Bekräftigungspartikel لَ sei hier zu einer Praep. geworden, so verbietet sich doch eine solche Erklärung deshalb, weil لَ als Partikel den Kasus des hervorgehobenen Nomens sonst nie beeinflusst, nicht wo es im Aussagesatz steht (إِنَّ زيدًا لضاربٌ «Zeid ist wahrlich schlagend»), aber auch nicht im Ausruf (لَيَمِينُ اللّٰه «Eide Allahs!» لَعَمْرُكَ «Bei Deinem Leben!»). Man wird daher zu einer andern, schon von den kufischen Grammatikern aufgestellten, von Fleischer Beitr. VI, 64 ff. angenommenen, zuletzt von Nöldeke zu Del. 18, 11 vertretenen Auffassung greifen müssen, wonach يا لَ eine Zerreissung von يال und dies eine Kontrakzion von يا آلَ «O Volk des ...» ist; man schreibt denn auch noch hin und wieder يال زيد und يالزيد[1]). Ursprünglich Hilferuf an den Stamm, also beson-

Anm. 1. Die Umdeutung von يال zu يا لَ mag unter dem Einfluss einerseits inhalt-

ders Schlachtruf [1]), wurde es, nachdem die Kontrakzion eingetreten und das Wort «Stamm» unkenntlich geworden war, auch an Einzelpersonen und Unbelebtes gerichtet. Häufig wird dann يـال auch im gewöhnlichen Ausruf, sowie zum Ausdruck der Verwunderung oder Klage gebraucht (IHiš. 74, 5. Kām. 290, 12 u. s. w. [2]).

Die Stellung der Praep. ist von jeher unmittelbar vor dem von ihr regirten Wort; sie kann auch weder postpositiv noch interpositiv (hac de re) sein — Alles wie beim status constructus [3]). Das Verhältniss zwischen der Praep. und ihrem Regimen ist rein grammatisch, sie bildet keine Verdeutlichung einer etwa auch ohne sie, nur allgemeiner, durch einen Nominalkasus ausdrückbaren Beziehung, sondern die Art dieser Beziehung gelangt ausschliesslich in der Praep. selbst zum Ausdruck. Es besteht also kein direktes Verhältniss zwischen dem Verbum und dem

---

lich der Bekräftigungspartikel لَ und andererseits syntaktisch der Praep. لِ (vor Suffixen لَ) entstanden sein. Die Meinung der basrischen Grammatiker war, unser لَ sei die Praep. لِ, die aber behufs Unterscheidung von dem meist unmittelbar folgenden لِ, das den Zweck des Hilferufs angibt, durchweg mit *a* gesprochen sei.

Anm. 1. Auch يال allein ist Hilferuf in der Schlacht.

Anm. 2. Auffällig ist, dass sich لَ in لِ verwandeln soll, sobald es ohne davorstehendes يا zu wiederholen ist, also يا لَزيدٍ ولِعمرو «O Zeid und Amr!» Die basrischen Grammatiker, die, wie erwähnt, der Ansicht sind, لِ sei in لَ verwandelt, um das zu Hilfe gerufene von dem, um deswillen zu Hilfe gerufen wird, zu unterscheiden, finden, die ursprüngliche Aussprache لِ trete hier wieder in ihr Recht, da durch das vorangegangene لَ die Unterscheidung mit genügender Deutlichkeit vollzogen sei.

Anm. 3. Das bisweilen den Praeposizionen angehängte, jetzt bedeutungslose ما (بِما رَحْمَةٍ) ist wohl nicht das Indefinitum ما und wird im Abschnitt XXVII erklärt werden.

Regimen einer von dem Verbum abhängigen Praep. Und doch scheint es, als habe sich auch ein engeres Verhältniss zwischen dem Verbum und dem Regimen der Praep. ausgebildet. Wenigstens liesse sich so die eigentümliche Verschiedenheit zwischen der Form der Praeposizionen und der nominativischen (nunazionslosen) Adverbien erklären. Die nominativischen Adverbien können nur im Nominalsatz entstanden sein, die Praeposizionen nur im Verbalsatz, es müssen aber für eine ältere Zeit folgende Typen angesetzt werden: 1) زيدٌ تحتُ «Zeid (ist) unten [Nom.]», 2) زيدٌ تحتُ عمرٍو «Zeit (ist) unter [Nom.] Amr», 3) جلس زيدٌ تحتَ «Zeid setzte sich unten [Akk.]», 4) جلس زيدٌ تحتَ عمرٍو «Zeid setzte sich unter [Akk.] Amr». Die Formen 2 und 3 starben aus, die akkusativische Praep. drang auch in den Nominalsatz ein, das nominativische Adverbium auch in den Verbalsatz, so dass nun die obigen Sätze folgendermaassen lauten: 1) زيدٌ تحتُ «Zeid (ist) unten [Nom.]», 2) زيدٌ تحتَ عمرٍو «Zeid (ist) unter [Akk.] Amr.», 3) جلس زيدٌ تحتُ «Zeid setzte sich unten [Nom.]», 4) جلس زيدٌ تحتَ عمرٍو «Zeid setzte sich unter [Akk.] Amr.», d. h. also: wo von der Partikel ein Gen. abhing, setzte sich die ein Verbum zur Voraussetzung habende Form durch, wo dagegen kein Gen. von ihr abhing, die aus dem Nominalsatz stammende Form. Das Vorhandensein des abhängigen Genitivs scheint demnach den ganzen praeposizionalen Ausdruck mit solcher Stärke auf einen Verbalbegriff hingewiesen zu haben, dass selbst in Sätzen ohne Verbum der allgemeine Verbalbegriff ausgelöst wurde und die Praeposizion in den Akkusativ versetzte (N°. 2). Während nun aber das nominativische Adverbium تحتُ mit seiner Nunazionslosigkeit völlig isolirt und unverständlich geworden war, wurde das akkusativische nunazionslose Adverb *تحتَ in Folge des Vorhandenseins der praeposizionalen Konstrukzion تحتَ عمرٍو als status constructus empfunden (was es tatsächlich nicht war). Da aber ein status cstr. ohne folgenden Gen. unnatürlich war, so ging das nunazionslose Adverbium *تَحْتَ unter und wurde teils durch die Form mit Nunazion teils durch das nunazionslose nominativische Adv. ersetzt.

Die Praeposizionen بِ, لِ und كَ sind proklitisch und werden mit ihrem Regimen zusammengeschrieben, können aber doch sehr wohl Träger eines schärferen Gegensatzes sein, z. B. ظَلِلْتُ هَالِكًا أو كَهَالِكِ «ich war zu Grunde gehend oder (doch so gut) wie ein zu Grunde gehender» Dîw. Ṭar. 10, 8. Proklitisch sind ferner die uneigentlichen Praeposizionen تَ und وَ.

Wie nach Substantiven stehen auch nach Praeposizionen die genitivischen Personalpronomina als Suffixe. Nur die aus Demonstrativen entstandenen Praeposizionen كَ und مُنْذُ (مُذْ) sowie حَتَّى und die uneigentlichen Praeposizionen تَ und وَ regieren kein Genitivsuffix.

Von der Praeposizion kann ein Adverbium abhängen, s. S. 15 und vgl. ferner الى اين «wohin» Buḫ. I 96, 9. من اين «woher?» Ṭab. Ia 61, 16. من هاهنا «von da» Hud. N°. 231 Einl. 10. حتى قريبا من وقت قيامه «bis kurz vor der Zeit seines Aufstehens» Buḫ. I 158, 13. u. s. w.

§ 96. Es handelt sich in den nächsten Paragrafen nicht darum, die Bedeutungsgeschichte der einzelnen Praeposizionen bis ins Detail zu verfolgen, sondern nur die bemerkenwertesten räumlich-zeitlichen, begrifflichen und syntaktischen Verhältnisse, die durch Praeposizionen wiedergegeben werden, übersichtlich zu besprechen. *Räumliche u. zeitliche Verhältnisse.*

In einem Satze wie نزل زيد على عمرو «Zeid liess sich bei Amr nieder» kommen beim Gebrauch der Praep. drei zu einander in Beziehung tretende Punkte in Betracht: 1) das Subj. des Satzes, 2) der durch die Praep. bezeichnete Raum, nach dem das Subj. orientirt ist, und 3) der von der Praep. abhängige Gen., nach dem der durch die Praep. bezeichnete Raum orientirt ist. Darauf, dass der zweite Punkt sowohl nach dem ersten als nach dem dritten Punkt orientirt ist, beruht die Wichtigkeit der Praepositionen als Beziehungswörter. Es ist gleichgiltig, ob der Satz ein Nominalsatz oder ein Verbalsatz ist; auch braucht der erste Punkt nicht gerade Subj. zu sein, z. B. رايت زيدا فى البيت «ich sah den Zeid im Hause», obwohl er es meistens ist. Der erste Punkt kann mit dem zweiten zusammenfallen, wie زيد فى البيت «Zeid (ist) im Hause», رايت زيدا فى البيت «ich sah den Zeid im Hause» (das Subj. mag ausserhalb des Hauses sein), oder es kann von ihm abliegen, wie جاء من مكّة «er kam aus Mekka», دخل الى زيد «er trat zu Zeid ein», القيته فى الماء «ich warf ihn ins Wasser» (das Subj. mag innerhalb des Wassers sein).[1]) Fast alle arab. Praep. können in beiderlei Weise angewendet werden, können sowohl die Lage an einem nach einem dritten Punkte orientirten Punkte bezeichnen, als die Richtung nach dem zweiten Punkte, beziehungsweise von ihm weg, ohne dass aus syntaktischen Erscheinungen zu ersehen wäre, ob eine Lage oder eine Richtung gemeint ist. Die grammatische Form des dritten Punkts ist und war immer nach allen Praep. die gleiche; sein Kasus ist streng grammatisch, nicht lokal.

Auch bei der Behandlung der Praep. lässt sich die Beobachtung machen, dass für das Sprachgefühl Unterschiede auch da bestehen, wo Unterschiede in den Formen nicht direkt wahrzunehmen sind. Die Tatsache nämlich, dass sich öfters die Gebrauchssfären verschiedener Praep. teilweise decken, aber auch nur teilweise, musste den Sinn für die Sonderung verschiedener Gebrauchsweisen innerhalb einer und derselben Praep. schärfen. Wenn also z. B. die Praep. على, eigentlich «auf», in gewissen Fällen der Praep. مع, eigentlich «mit», bedeutungsähnlich ist, und es manchmal geradezu gleichgiltig ist, zu welcher von

---

Anm. 1. Deutlicher bei den Doppelpraep., wie جاء من عند زيد «er kam von bei Zeid», دخل الى عند زيد «er trat zu bei Zeid ein».

beiden man greifen will, — es handelt sich um das konzessive على und مع «trotz» —, während in allen andern Fällen eine Vertauschung der beiden Praep. nicht ohne wesentliche Änderung des Sinnes möglich ist, so bewirkte dieser Umstand, dass bei beiden Praep. eine Isolirung der begrifflichen Verwendung gegenüber der lokalen fühlbar wurde. Die begriffliche Verwendung der Praep. wird denn auch im Folgenden getrennt von der räumlich-zeitlichen behandelt. —

Zur Bezeichnung der Richtung von Etwas weg dienen من und عن «von». Und zwar bezeichnet من eine Trennung von der Art, dass doch immer noch ein gewisser Zusammenhang gedacht wird; Teilung und Zusammensetzung sind im Wesen dieser Praep. vereinigt. Die Trennung kann mehr oder weniger scharf sein, kann sich als blosse Abgrenzung der Teile innerhalb des Ganzen äussern. Während من die Richtung von einem in Verbindung mit einer Sache stehenden Punkt bezeichnet, bezeichnet عن die Richtung von einem ausserhalb einer Sache gelegenen Punkt aus; عن steht, wo es auf eine vollständige, Trennung von Etwas ankommt. من hat eine reichere Bedeutungsentwicklung als عن genommen, letzteres hält sich stets ziemlich innerhalb derselben Gebrauchsweise, auch wird من häufiger als عن zeitlich [1]) gebraucht. Im Einzelnen ist z. B. zu bemerken, dass die Verba des Herausgehens gewöhnlich mit من, nicht mit عن konstruirt werden. Die Verba für «Etwas (von) Einem nehmen» haben من, dagegen die für «Etwas von Einem herholen» (namentlich um es weiter zu geben) haben عن. من steht gewöhnlich nach Verben des Befreiens, عن nach Verben des Abhaltens, Verbietens. Ganz streng ist übrigens der Unterschied zwischen من und عن nicht durchgeführt. In kronologischen Angaben dient من zur Bezeichnung der Epoche, also في سنة ٩ من الهجرة «im Jahre 9 [von] der Hedschra» Balāḏ. 59, 13. Sonst vgl. für den zeitlichen Ausgangspunkt z. B. من عهد عاد «seit der Zeit Ads» Ḥam. 195, 1.

Anm. 1. لم تنتطق عن تفضّل «sie gürtet sich nicht nach Anlegen des Hausgewands» Mu'all. Imr. 38.

Die gewöhnliche Praep. für die Bezeichnung der Erstreckung über einen von einem Punkt an gemessenen Zeitraum ist مُنْذُ (مُذْ). Zur Entstehung seiner Konstrukzion s. § 98. Beispiele: مذ عامين «seit 2 Jahren» Ḥuṭ. 11, 1. منذ ايّام «seit (einigen) Tagen» Ṭab. IIa 30, 9. منذ اليوم «seit dem Tage» = seit heute. Ṭab. IIb 726, 19. مذ اىّ سنة «von welchem Jahr an» Kām. 314, 7.

Die allgemeinsten Praeposizionen zur Bezeichnung der einem Punkte zugekehrten Richtung sind إِلَى, حَتَّى und نَحْوَ. الى und حتى weisen auf ein Ziel hin, und zwar bezeichnet حتى das Zusammenfallen des Endpunkts einer Bewegung mit ihrem Ziel, während الى das Ziel nur zur Bewegung selbst in Beziehung setzt, ohne Rücksicht auf das Ende der Bewegung. So steht الى auch stets, wenn ausser dem Ziel der Ausgangspunkt der Bewegung angegeben wird, also هرب من المدائن الى حلوان «er floh von Madain nach Holwan» Balāḏ. 315, 3. Sonst ist die Wahl der beiden Praep. bisweilen ganz vom subjektiven Ermessen abhängig, حتى übrigens eine nicht häufige Praep. und hauptsächlich als Konjunkzion («bis») im Gebrauch. الى ist «bis» sowohl inclusive als exclusive, häufiger aber letzteres. Bei der Praep. نحو wird überhaupt nicht an das Ziel, sondern nur an den Richtungspunkt der Bewegung gedacht. Über ل räumlich und zeitlich s. S. 217. Beispiele: يهدى الى صراط مستقيم «er führt zu einem geraden Wege» Ḳur. 2, 136. قربت الى العَيّوق «ich nahte dem Stern Kapella» Del. 7, 10. عقده الى ظهرها «er band es an ihren Rücken» IHiš. 545, 18. أتمّوا الصيام الى الليل «Haltet das Fasten bis zur Nacht» Ḳur. 2, 183. حتى بطن ضيم «bis zum Tale Dim» Huḏ. 41, 3. نصالح قومنا حتى الممات «wir schliessen mit unserm Volke Frieden bis zum Tode» Ḥam. 176, 24. ليسجننه حتى حين «dass sie ihn bis nach (einiger) Zeit [= auf einige Zeit] einkerkerten» Ḳur. 12, 35. اسرعت نحو الباب «ich eilte zur Türe» Kām. 387, 16. قدّموا مائة نحو الدار العليا «sie schickten 100 nach der oberen Niederlassung zu voran» Huḏ. II S. 6, 6.

Die Lage einer Sache in dem Umkreis einer anderen oder ihre Richtung in den Umkreis einer anderen hinein wird durch فى ausgedrückt, häufig ist damit der Gedanke verbunden, dass die eine Sache die andere durchdringt, daher auch von dem festen Haften an Etwas. Auch die Nebenbedeutung, dass die erstere Sache die andere beherrscht, ist vielen Verwendungen von فى mehr oder weniger deutlich aufgeprägt. Beispiele: لبثوا فى كهفهم „sie verweilten in ihrer Höhle" Ḳur. 18, 24. لمّا يدخل الايمان فى قلوبكم „der Glaube ist noch nicht in Eure Herzen eingedrungen" Ḳur. 49, 14. قال فى المضارع أبْرَأُ „Er sagt im Imperfekt abraʾu" Kām. 8, 3. المصدر فيهما البُرءُ „der Infinitiv von ihnen ist bur" Kām. 8, 4. بعث خُلدا الى بيت المقدّس فى جيش „er schickte den Chalid in [= mit] einem Heere nach Jerusalem" Balāḏ. 139, 6, und so häufig von dem Feldherrn, der mit seinen Truppen ist. ان يخرج فى مال لها الى الشام „dass er in [= mit] Waren von ihr nach Syrien ziehe" IHiš. 119, 15. ارانى فى بنى حكم غريبا „ich sehe mich unter den Benu Hakam fremd" Ḥam. 677, 7. لتُفرّقها فى اهل الحاجة „damit Du sie unter die Bedürftigen verteilst" Kām. 286, 1. Der Inhalt ist in seinem Maasse, also „Birnen in dem Maasse [= von der Grösse] einer Weintraube" s. Fleischer Vrhdl. d. k. sächs. Ges. d. Wiss. 1862, 64 = Klein. Schr. II 71; und das Maass in seinem Inhalt, „in seiner Länge ist eine Meile", Fleischer ebenda 66 = 73. Übertragen bedeutet es sich in Etwas versenken, sich mit Etwas befassen, Etwas betreffen, z. B. يُتير فيه „er tut es wiederholt" Del. 103, 35. ما نحن فيه „worin wir (sind)" = unsere Ansicht. Kām. 590, 2. من يك فى قتله يمترى „wer an seiner Tötung zweifelt" Ḥam. 207, 19. اتأذن لى فى اتيانه „Gestattest Du mir ihn zu bringen?" eig. in Betreff des ihn Bringens. Ṭab. IIa 23, 16. لا اطمع فى حياة سارّة لى „ich begehre kein mich erfreuendes Leben" Ḥam. 243, 26, sowie überhaupt nach Verben des Wünschens,

Begehrens u. s. w. Ferner nach Verben des Anfangens لمّا اخذ تعَ فى خلق آدم «als Gott mit der Erschaffung Adams angefangen hatte» Ṭab. Ia 99, 16. — Auch die Lage in der Periferie von Etwas wird noch durch فى bezeichnet, z. B. كأنّ ثيابه فى سَرْحة «als wären seine Kleider an einem hohen Baum» Muᶜall. ʿAnt. 56. رايت اثر الطين فى جَبْهته «ich sah die Spur des Lehms an seiner Stirn» Buḫ. I 175, 4. علمت فيه مَنافع «ich erkannte an ihm nützliche Dinge» Huḏ. 234, 2. Hierher vielleicht auch فى nach «trinken», z. B. انهم شربوا فى جَماجم جديلة «dass sie aus den Schädeln der Dschediliten tranken» Ḥam. 177, 16. لو صعدت فى ذُرى شاهق «wäre sie auf die Gipfel eines hohen Berges gestiegen» Ḥam. 669, 8. ما من دابّة فى الارض «nicht (gibt es) ein Tier auf der Erde» Ḳur. 11, 8. — Zeitlich «in» «zur Zeit» «während», unter Umständen mit dem Akk. der Zeit wechselnd; auf Münzen heisst es bald سنة bald فى سنة «im Jahre ...». خرجنا مع رسول الله فى بعض اسفاره «wir zogen mit dem Boten Allahs auf einer seiner Fahrten aus» Buḫ. I 92, 16. فتح غزّة فى خلافة ابى بكر «er eroberte Gaza unter dem Chalifat Abu Bekrs» Balāḏ. 138, 10.

وَسْط [1]) ist weit seltener als فى, bedeutet «inmitten von» und ist nur lokal, z. B. وسط حمير «inmitten von Ḥimjar» Dīw. Imr. 17, 12. ندعو رياحا وسطهم «indem wir Rijah mitten unter ihnen

Anm. 1. Über den Unterschied zwischen وسْط und وسَط s. Barth zum Kitāb el-fasīḥ ٣٥, 1: وسْط bedeute «zwischen den getrennten Teilen eines Ganzen» (wie «zwischen den Leuten»), وسَط «in der Mitte eines nicht geteilten Ganzen» (wie «in der Mitte der Wohnung»).

riefen» Huḏ. 189, 4. Für den Unterschied zwischen فى und وسط sei nochmals hervorgehoben, dass die Praeposizionen nicht bloss Beziehungswörter sind, sondern selbst direkt einen Raum bezeichnen. فى nun scheint den ganzen von Etwas umschlossenen Raum zu bezeichnen, وسط das Stück eines solchen Raums; in زيد فى البيت wird wohl Zeid zu dem von den Mauern des Hauses begrenzten Raum in Beziehung gesetzt, in زيد وسط البيت dagegen zu einem speziellen Teil dieses Raumes. — Zu داخِل «innerhalb» s. Fleischer Beitr. XI 285.

Mit فى berührt sich mehrfach ب, unterscheidet sich aber dadurch von ihm, dass es einen äusseren Verband mit dem Umkreis von Etwas bezeichnet, während فى auf das Umschlossensein geht. Es wurde die wichtigste Praepos. der Verbindung. Beispiele: تَظَلُّوا بنجد «sie bringen den Sommer im Nedschd zu» Dîw. Ṭar. 5, 13. انّك بأعْيُنِنا «Du bist vor unseren Augen» Ḳur. 52, 48. نصركم الله ببدر «Allah hat Euch bei Bedr geholfen» Del. 3, 119. لقيه الرجل بالباب «der Mann traf ihn an der Türe» Käm. 30, 5. الزوراء موضع بالسوق بالمدينة «Zaura ist eine Stelle auf dem Markt in Medina» Buḫ. I 231, 15. Ferner bezeichnet es Begleitung, so z. B. auch حتى انّ ثنيّة المنقبة لتسيل بدمائهم «bis die Steige des Passes von ihrem Blute floss» Huḏ. N° 148 Einl. 13. Im Verhältniss der Begleitung stehen zu einander auch Maass und Inhalt sowie Inhalt und Maass, so z. B. auch قال القوم باجمعهم «die Leute sagten einstimmig» Ṭab. IIa 504, 15. ثمّ سارت بنو فزارة بجماعتها «darauf zogen die Benu Fezara mit ihrer ganzen Masse zu den Benu Abs» Ḥam. 450, 31. Vgl. noch Fleischer an den S. 203 angeführten Stellen. In Verbindung mit غير «anders» und لا «nicht» bedeutet es «ohne» [1]),

---

Anm. 1. Ebenso غير mit فى, z. B. فى غير مَأْثَم «ohne Verschuldung» Del. 17, 16. Auch mit من, z. B. من غير ضَرورة «ohne Zwang» Ṭab. Ia 2, 7.

z. B. من اخذ من الارض شيئا بغير حقه «wer Etwas von der Erde ohne sein Recht aufhebt» Buḫ. II 100, 20. على سير مُستوٍ بلا تعريج «auf einem ebenen Wege ohne Neigung» Maḳd. 58, 5. Nach den Wörtern für «passend», «geeignet», «würdig» und dgl. deutet ب auf die Sache, zu der man passt u. s. w., انّى أَوْلى بالجهاد منهم «dass ich für den Kampf passender als sie bin» Kām. 573, 7. «Ich bezeuge, dass der, den Ihr tadelt und schmäht, لأحقّ بالفضل des Vorzugs würdiger ist» Ṭab. IIa 112, 15. — Zeitlich: بالامس «am Tag zuvor» Ṭaʿlabī 59, 4 v. u.

بَيْنَ «zwischen». Z. B. القى بين عينيه عَزْمَه «er stellte seinen Vorsatz zwischen seine Augen [= sich vor Augen]» Ḥam. 32, 24. اضرِبْ بين عينَى الاسد «schlage zwischen die Augen des Löwen» Ṭab. Ia 188, 1. آسِ بين الناس «stifte Frieden zwischen den Menschen» Kām. 9, 5. يقول بين ذلك «zwischenhinein sagte er» IHiš. 277, 15. Bemerkenswert ist بين nach Verben des Verbindens und Trennens, z. B. جمع بين اصبعيه «er verband zwischen seinen beiden Fingern» = hielt seine beiden Finger neben einander. Ṭab. Ia 10, 19. فرّقت بين بنى اسرائل «Du hast die Kinder Israels getrennt» Ḳur. 20, 95. بين يدَى «zwischen den Händen Jemandes» ist = «vor Jemandem», wird dann aber nicht bloss von Menschen gebraucht, z. B. هو الصُفّة بين يديه «es ist die Veranda vor ihm [nämlich dem Hause]» Ḥam. 628, 18. — بين reziprok: فهم يتساقون المنيّة بينهم «und sie geben das Todesgeschick einander zu trinken» Dīw. Nāb. 1, 17. قالت النساء بينهنّ «die Frauen sagten zu einander» Ḥam. 411, 13.

Zwischen بين und dem selteneren خلال (خَلَلَ) scheint ein analoger Unterschied wie zwischen فى und وسط (S. 204) zu sein: بين ist wohl der ganze von zwei Endpunkten begrenzte Raum, in dem sich Etwas befindet, خلال ein einzelner Teil dieses Raums. كأنّ صقيعه خلال البيوت والمنازل كُرْسُف «als wäre sein Reif zwischen den Häusern und Niederlassungen Baumwollflocken» Dîw. Ṭar. 9, 2.

مَعَ (selten مَعْ, z. B. Huḏ. 93, 13) «mit» bezeichnet das Zusammenbringen zweier Dinge, während ب den zu analysirenden Verband zwischen zwei Dingen, deren eines dem anderen anhaftet, bezeichnet. Beispiele: غزا مع النبىّ «er zog mit dem Profeten zu Felde» Buḫ. I 90, 9. امعنا تخاف «Fürchtest Du Dich bei uns?» Huḏ. II S. 29, 4. قد كان مع بنى معن كتاب من النبى «mit den Benu Man war ein Brief des Profeten» = sie hatten einen Brief bei sich. Ḥam. 296, 12. يا ليتنى اتّخذت مع الرسول سبيلا «O hätte ich doch einen Weg mit dem Profeten eingeschlagen» Ḳur. 25, 29. إنّ الله مع الصابرين «Allah ist mit den Geduldigen» Ḳur. 2, 148. Zeitlich: مع الصُّبح «zur Morgenzeit» Huḏ. II S. 37, 7.

عِنْدَ «bei» ist das Nebeneinander. Beispiele: تركْنا يوسفَ عند متاعنا «wir liessen Josef bei unserm Gerät» Ḳur. 12, 17. على مَوطِن يَخشَى الفتى عنده الردى «auf einem Kampfplatz, an dem der Held den Untergang fürchtet» Muʿall. Ṭar. 101. العفْوُ عند رسول الله مأمول «Verzeihung ist bei dem Boten Allahs erhofft» IHiš. 891, 12. يحفظ سرّى عند كلّ دخيل «er bewahrt mein Geheimniss bei jedem Fremden» = jedem Fremden gegenüber. Del. 23, 4. عند الهَزاهز «in den Gefechten» Del. 38, 9. عند ذلك «unter solchen Umständen» Ṯaʿlabî 129, 3 v. u. عند العصر «zur Nachmittagszeit» Maḳd. 255, 8. عند موته «bei seinem Tode» Kām. 8, 5. الحلم عند الغضب «Sanftmut beim Zorn» Kām. 39, 2. Übertragen wird عند von dem bei

Jemandem befindlichen Gefühl oder Urteil über Etwas gebraucht, z. B. عندى «nach meiner Meinung» eig. bei mir. Kām. 511, 10. الموت احلى عندنا من العسل «der Tod ist für unser Gefühl süsser als Honig» Ḥam. 144, 20.

Mit عند deckt sich das seltenere لَدُنْ [1]) im Gebrauch fast vollständig; über die feinen Unterschiede s. Howell § 205. Beispiele: وقِرْنٍ قد تركت لدى مَكَرٍّ «O wie manchen Gegner habe ich in der Schlacht liegen lassen!» Dīw. ʿAnt. 25, 6. أَلْفَيا سيّدها لدا الباب «sie fanden ihren Herrn an der Tür» Ḳur. 12, 25. لا يخاف لدىّ المُرسَلون «die Gesanten fürchten sich nicht bei mir» Ḳur. 27, 10. من رُجِىَ الفَرَج لديه «bei wem Erheiterung gehofft wird» Kām. 45, 14. قد احَطْنا بما لديه خُبْرًا «wir erlangten von dem, was bei [= in] ihm war, Kunde» Ḳur. 18, 90. لم تَمْلُح لدىّ مَلاعبه «seine Spielplätze gefallen mir [eig. bei mir] nicht» Del. 24, 9.

Bei دُونَ hat man wohl von der Bedeutung «sich nähern» auszugehen; aus «nahe» entwickelte sich «nicht bis an Etwas heranreichend», bei hohen Dingen «unter». Beispiele: أَبْدَوا دوننا نَظَرًا شَزْرًا «sie zeigten vor uns einen schelen Blick» Ḥam. 549, 19. وباب السجن دونى مُغلَق «während die Tür des Kerkers hinter mir verriegelt war» Ḥam. 22 ult. ان تُغْدِفى دونى القناع «wenn Du den Schleier vor mir niederlässest» Muʿall. ʿAnt. 34. Daraus ergab sich sein Gebrauch nach Verben des Hinderns und Schützens zur Bezeichnung dessen, wovor das Hinderniss oder der Schutz aufgerichtet wird, z. B. ردّوا دون غايته جوادى «sie

---

Anm. 1. Nebenformen لَدْنُ, لَدَنْ, لَدْنِ, لُدْنِ, لَدَى, لَدُ, لَدْ, لُدْ.

haben mein treffliches Ross von seinem Ziele weggetrieben» Ḥam. 449, 26. انّ التخلّق يأتى دونه الخُلُق «Vor die Veränderung der Natur treten (hindernd) die Naturanlagen» Ḥam. 341, 17. ولنقاتلنّ دونه «wir wollen für ihn kämpfen» Ḥam. 423, 9. دونها خميص الحشا «vor ihnen (stand schützend) einer mit dünnem Bauch» Ḥam. 556, 22. — كما انّ دون الغد الليلة «wie vor dem Morgen die Nacht kommt» Buḫ. I 143, 3. — ودونه جواحرها «während ihre Hintersten hinter ihm zurückblieben» Muʿall. Imr. 65.

حَوْلَ, حَوَالَ, أَحْوَالَ, حَوْلَىْ, حَوَالَىْ «rings um», «um — herum». Beispiele: وانا امشى الدّألّا حوالك «während ich wankenden Schritts um Dich herum gehe» Kām. 347, 10. اولاد جفنة حول قبر ابيهم «die Nachkommen Dschafnas (sind) um das Grab ihres Vaters» Del. 98, 9. لَنُحضرنّهم حول جهنّم «wir werden sie um die Hölle herum bringen» = «zum Rand der Hölle» (Rückert) Ḳur. 19, 69.

خارِجَ «ausserhalb», z. B. خارج الحرم «ausserhalb des heiligen Gebiets» Ṯaʿlabī 6, 3 v. u.

على «auf» «auf der (die) Oberfläche von» «an» «zu» «bei» Beispiele: فلم أنفث عليه «so blase ich nicht darauf» Ḥam. 209, 2 v. u. وهم يحملون اوزارهم على ظهورهم «sie tragen ihre Lasten auf ihren Rücken» Ḳur. 6, 31. ميت على جَفْر الهباءة «ein Toter an dem Brunnen Habaa» Ḥam. 210, 7. زُنّت على مكروهها «sie wurde zu dem ihr Widerwärtigen getrieben» Ḥam. 74, 1. حتى قدم على رسول الله «bis er zum Boten Allahs kam» IHiš. 805 ult. مررت على دار امرئ السوء «ich ging an der Wohnung des schlechten Mannes vorüber» Ḥam. 712, 7. فلقيهم جديلة على ماء «der Stamm Dschedila traf sie an einem Wasser» Ḥam. 177, 8. تُرِكت

عليه «sie wird bei ihm gelassen» Kām. 278, 13. وامّا عرضت اسمك على الله «oder wenn ich deinen Namen vor Allah bringe» Kām. 49, 5. Speziell bezeichnet es auch die feindliche Bewegung; so zunächst in Fällen wie غلب على البصرة «er überwältigte Basra» Ṭab. IIa 11, 5, und dann نصر اعداء قومه على قومه «den Feinden seines Volks gegen sein Volk helfen» Kām. 96, 18. مطلّا على اعدائه «seine Feinde bedrohend» Ḥam. 208, 18. رفع فيها على عمّال الاهواز «in dem er die Statthalter des Ahwaz anklagt» Balāḏ. 384, 9. Aber keinesgwes immer feindlich, so z. B. يستشهد على حقيقة قوله ذلك «er führt als Beweis für die Richtigkeit jener seiner Behauptung an ...» Ṭab. Ia 58, 16 (vgl. 59, 13). Ferner steht es beim Hervorbringen eines Eindrucks auf Jemanden, bedeutet «vor Jemandes Augen oder Ohren Etwas tun», z. B. قراه على الناس «er las es den Leuten vor» Huḏ. No 75 Einl. 3. قصّ هذه الرؤيا على محمّد «Er erzählte dieses Traumgesicht vor Mohammed» Kām. 286, 17. يجلوه على الناس «er wird ihn den Leuten entschleiern» Maḳd. 126, 17. يهوّن عليه ركوب البحر «indem er ihm die Seefahrt als leicht darstellte» Balāḏ. 153, 2. Zeitlich: على حين غفلة من اهلها «zur Zeit der Unaufmerksamkeit ihrer Leute» Ḳur. 28, 14.

Mit على berührt sich فَوْقَ «oberhalb» «über» «auf». Der übrigens nicht streng eingehaltene Unterschied zwischen beiden erinnert an den zwischen في und وسط, sowie zwischen بين und خلال: während der durch على bezeichnete Raum bis zur oberen Grenze von Etwas reicht, ist der durch فوق bezeichnete Raum zwar gleichfalls nach dieser Grenze orientirt, ohne sie jedoch notwendig zu berühren. Beispiele: فوق كل كتيبة لواء «über jeder Schar ist ein Feldzeichen» Dīw. ʿAnt. 4, 5, كانّه فوق مَرْقَب «eines auf einer Höhe stehenden» Dīw. Imr. 4, 27. ظللت ردائى فوق راسى «ich warf meinen Mantel über mein Haupt» Dīw.

Imr. 10, 3. شُدَّ فوق بعضهم بالأَرْوِيَة «über Einigen von ihnen wird mit Stricken gebunden» = werden Stricke gebunden. Ḥam. 321, 2 v. u.

تَحْتَ «unter». Beispiele: نجعلْهما تحت اقدامنا «dass wir sie unter unsere Füsse werfen» Ḳur. 41, 29. هدوءًا تحت اقمر «ruhend unter einer leuchtenden Wolke» Huḏ. 176, 7. تحت الظلام «in der Finsterniss» Huḏ. 154, 6. ربّما اجملنا القول وتحته شَرْح «manchmal haben wir den Ausdruck knapp gefasst, es liegt ihm aber ein umfassenderer Gedanke zu Grunde» Maḳd. 7, 6. تحت الثياب الخِزْى «unter den Kleidern ist der Schimpf» Ḥam. 679, 18.

قِبَلَ «vor» «bei» «an», z. B. ليس البرّ ان تُوَلّوا وجوهكم قبل المشرق والمغرب «Frömmigkeit ist nicht, dass ihr eure Gesichter nach Osten und nach Westen wendet» Ḳur. 2, 172. — قَبْلَ «vor» ist nur temporal, sein Gebrauch aber ziemlich frei, z. B. كانت قبله عند أُحَيحة «sie war vor ihm [= ehe sie bei ihm war] bei Oheidscha» IHiš. 88, 7. Noch ausgeprägter ist dieser Gebrauch bei بعد «nach». — قُدّام «vor» ist nur lokal, z. B. قائما قدام حىّ «stehend vor einem Stamme» Dīw. Ṭar. 3, 5. — أَمام «vor» nur lokal, z. B. تحتها .... او فوقها او امامها «unter ihr .... oder über ihr oder vor ihr» Buḫ. I 107, 15. الابيات يقدّمها الرجل امام حاجته «die Verse, die einer seinem Gesuch voranschickt» Kām. 46, 2.

وَرَاء «hinter» nur lokal, z. B. لا تراها وراء الحىّ «Du siehst sie nicht hinter dem Stamme» Dīw. ʿAnt. 12, 2. تَجُرّ وراءنا نَيل مِرْط «sie zieht die Schleppe eines Kleides hinter uns nach» Muʿall. Imr. 28. نبذ فريق كتاب الله وراء ظهورهم «ein Teil warf das Buch Allahs hinter seinen Rücken» Ḳur. 2, 95. ما وراءك «was ist hinter dir?» = was hast du getan? Ḥam. 423, 3. — خَلْفَ «hinter» «nach», z. B. عدل الظبى يمنة فعدل السهم خلفه «Die Gazelle bog zur

Rechten ab, da bog der Pfeil hinter ihr her ab» Kām. 348, 18. ادركت بنى شَمْجَى خلف اللُّهَيم «als sie die Benu Schamdscha hinter dem Berge Lohaim erreichten» Ḥam. 301, 4. مَن خلفهم «wer hinten an ihnen ist» = die hintersten von ihnen. Ḳur. 8, 59. لتكون لِمَن خلفك آية «damit Du denen, die nach Dir (sein werden), zum Zeichen seist» Ḳur. 10, 92. — خِلَاف «hinter» «nach», z. B. فرح المُخلَّفين بمَقْعَدهم خلاف رسول الله «die Zurückgelassenen freuen sich über ihr Sitzen hinter dem Boten Allahs» Ḳur. 9, 82. اذًا لا يلبثون خلافك الّا قليلا «dann blieben sie nach Dir nur kurze Zeit» Ḳur. 17, 78. — اِثْر «nach» z. B. كِدتُ تقطَّعُ نفسى اثرها حَسَرات «meine Seele löste sich beinahe auf im Jammern nach ihr» Del. 22, 6. — بَعْد «nach» nur temporal, und zwar, auch wo der Beziehungspunkt für das von بعد abhängige Wort im Satze nicht deutlich zu erkennen ist, mit sehr weitgehendem Gebrauch, vgl. z. B. أَقْوَى وأَقْفَرَ بعد امّ هَيْثَم «verlassene Stätte, die wüst und leer ist nach Umm Haitham» = nachdem sich Umm Haitham dort aufgehalten hatte. Muᶜall. ᶜAnt. 5. شَعِثتْ بعد الدهان جُمَّتى «mein Haar ist struppig nach Salbe» = nachdem es vorher gesalbt war. Ḥam. 252, 14. نُبِّئتُ انّ النار بعدك اوقدت «Es ist mir verkündet worden, dass das Feuer nach Dir [= nach Deinem Tode] angezündet wurde» Ḥam. 420, 13, und so ist es häufig = «nach dem Tode des ...» «nach dem Weggang des ...».

حَذْو, حِذَآء, حِذْوَة, حِذَة «gegenüber» «nach Etwas hin» «vor», z. B. كان يرفع يديه حذو منكبيه «er hob seine Hände vor seine Schultern» Buḫ. I 190, 15. وقع فى البَطْحاء حذو القوم «er fiel vor seinen Leuten in den Sand» Huḏ. II S. 47, 12. — تِجاه,

وُجاه «gegenüber» s. Fleischer Beitr. I 143 ff. Barth, Nominalb. S. 276. — تِلْقاءَ «gegenüber» «nach Etwas hin» «vor» اذا صُرِفت ابصارهم تلقاء اصحاب النار «sobald ihre Blicke nach den Leuten des Feuers gewendet werden» Ḳur. 7, 45. — قُبالةَ «gegenüber» Sîb. I 170, 21.

§ 97. Obwohl an sich nicht ausgeschlossen wäre, dass Praeposzionen aus Substantiven, die bereits übertragene oder begriffliche Verhältnisse bezeichneten, entstanden sind, waren doch fast alle Praeposizionen noch als Praeposizionen zunächst Bezeichnungen für Verhältnisse des Raumes und der Zeit [1]). *Begriffliche Verhältnisse.*

Während من «von» in manigfacher Weise auch beim Ausdruck begrifflicher und syntaktischer Verhältnisse Verwendung findet, sind diese bei عن nur ganz spärlich entwickelt; auch die übertragenen Bedeutungen von عن sind wohl noch ziemlich eng an die Raumvorstellung angeschlossen. — من, selten عن, bezeichnet den Ausgangspunkt beim Messen. Auch bei den Wörtern für «fern sein» und «nahe sein» wird wohl من schon übertragen als Praep. des Messens gedacht sein, namentlich nach den Wörtern für «nahe sein», obwohl hier من ursprünglich vielleicht von den Wörtern für «fern sein» aus eingedrungen ist. Z. B. دنا من ابى بكر «er näherte sich dem Abu bekr» Mas. IV 179, 9. قرب مروان من الشام «Merwan näherte sich Syrien» Ṭab. II*c* 1881, 17. Übrigens konstruirt man diese Wörter auch mit الى «zu», z. B. Del. 7, 10. — Das من zur Bezeichnung der kronologischen Epoche ist ebenfalls schon messend. — Wie die Konstrukzion der Wörter der Entfernung sind auch Konstrukzionen wie كانا مكان الثوب من حَقْوِى «sie waren an der Stelle des Gewandes von meinen Lenden» = sie waren mir so nahe wie das Gewand den Lenden. Huḏ. II S. 39, 5. Ferner ... اين انت من (عن) «Wo bist Du von ...?» = «Wie weit bist du von ... entfernt» «Was hast du mit ... zu schaffen?», z. B. اين تأبّط شرًّا من سَلْع «Wie kommt

Anm. 1. Im Folgenden ist so wenig wie im Vorangehenden Vollständigkeit angestrebt.

Taabbata Scharran zu Sal?» Ḥam. 384, 16. فيما انت من ذكْراها «Wie kommst du zu einem Bericht darüber?» Ḳur. 79, 43. اين انت من قول ذى الرمّة «Wie weit stehst du von dem Wort des Dhurrumma ab, wo er sagt ...!» = du reichst nicht an es heran. Aġ. V 38, 29. أنّى من قناة المحصّب «Wie weit ist von Kanat Mohassab entfernt!» Huḏ. 255, 7. اين انتم عن الصيد الذى على ماء كذا وكذا «Wie weit seid ihr von der Jagd an dem und dem Wasser entfernt!» Huḏ. II S. 25. (Noch ganz lokal). — In der Redensart فضلا عن «ganz abgesehen von» «um wie viel mehr» bezw. «um wie viel weniger» «geschweige denn» (s. Fleischer Beitr. VI 78) ist عن ursprünglich ausschliessend und bezeichnet das Entbehrenkönnen, Nichtheranreichen (vgl. § 98). Z. B. قاتلْهم بالنساء فضلا عن الرجال «bekämpfe sie mit den Weibern und natürlich erst recht mit den Männern» Ḥam. 253, 13. Ebenso in Fällen wie فانّ الامر جلّ عن الصلاحِ[1] «denn die Sache ist zu bedeutend, als dass sie beigelegt werden könnte» Ḥam. 423, 6, تَضيق جفون العين عن عَبَراتها «die Augenlider sind zu eng für ihre Tränen» Ḥam. 616, 4. — Über das من des Verhältnisses s. noch Fleischer Beitr. VI 82 f.

Sehr wichtig wurde nun aber das komparativische من. So nach Verben: وفّروا ملهم من فَضْل مالِهم «Sie vergrösserten ihr Vermögen von dem Zuwachs ihres Vermögens» = mehr als den Zuwachs ihres Vermögens. Ḥuṭ. 1, 17. ممّا يؤثَر من هذه الآداب «Was diesen feinen Worten vorgezogen wird» Kām. 8, 16. يعدّ الغنى من دهره «er schätzt den Reichthum (mehr) als sein Geschick» Del. 37, 7. آرضيتم بالحيوة الدنيا من الآخرة «liebt ihr dieses Leben

Anm. 1. So zu lesen.

(mehr) als das künftige? Ḳur. 9, 38. قد أمْكنت منك الاسنّة عانيا «die Lanzenspitzen haben einem Bekümmerten Macht über dich verliehen» Dîw. ʿAnt. 8, 5. Besonders aber nach Elativen, also z. B. حتّى اكون احبّ اليه من ولده «bis ich ihm lieber bin als seine Kinder» Buḫ. I 12, 2. اوشك قتلا منك «schneller an Töten als du» Kām. 42, 6. u. s. w.[1]). Indes ist die Angabe des secundum comparationis nicht unbedingt nötig, z. B. انت احقّ بذلك «Du bist dessen würdiger» Buḫ. I 179, 12. فى اثنين او اكثر «unter zweien oder mehr» Māv. 17, 12. ايوسف احسن ام محمّد «ist Josef schöner oder Mohammed?» Ṯaʿlabî 125 ult. — Vgl. noch § 102.

Die Zugehörigkeit des Teils zum Ganzen bezeichnet من in Fällen wie من ذلك قول امرى القيس «von der Art ist das Wort des Imrulkeis» Kām. 347, 12; vgl. auch den partitiven Gebrauch, wie منهم عمران «unter ihnen war Imran» Ṭab. IIa 79, 2.

Häufig bezeichnet من den Punkt, von dem aus eine Tätigkeit angeregt wird. Z. B. لا رقأت عيناه من طول البكاء «seine Augen beruhigen sich nicht vor langem Weinen» Kām. 243, 8. طعن يخرج منه النسيم «ein Durchbohren, in Folge dessen der Atem ausgeht» Mas. IV 374, 4. اذا هو ثقيل اللسان من بِرْسام اصابه بالعراق «er sprach schwer in Folge einer Pleuritis, die ihn im Irak befallen hatte» Ṭab. IIa 278, 15. ما اختلفت رجلاى الّا من الكبَر «meine Beine geraten nur in Folge des Alters durcheinander» Del. 28, 2. لقد ذهب بَصَر خالتك من البكاء عليك «Deine Base hat vor Weinen über dich das Augenlicht verloren» Huḏ. II S. 38, 12. حُمْرا عيونهم من المُسْطار «wie ihre Augen vom Most rot sind» Del. 54, 12. لا يسكن المشرق احد من الحَرّ «den Oster

---

Anm. 1. «Ein Anderer als er» ist nicht غير منه sondern غيره.

bewohnt Keiner wegen der Hitze» Maḳd. 58, 4. ذلك من قول اتاك «dies geschieht wegen eines Wortes, das zu Dir gelangt ist» Dîw. Nâb. 8, 10. اشاقك من امّ الوليد ربوع «haben Wohnstätten deine Sehnsucht nach Umm elwelid erregt?» IHiš. 620, 12. امن حَدَث الايّام عينك تَهمل «vergiesst dein Auge Tränen über den jungen an Tagen?» Ḥansâ S. 65, 3. تلك الّتى أهتمّ منها «das ist es, worüber ich mir Sorgen mache» Dîw. Nâb. 3, 1. صرفت الهوى عنهن من خشية الردى «ich wante die Leidenschaft von ihnen ab aus Furcht vor Vernichtung» Dîw. Imr. 52, 38. — Nach S. 43 kann من nicht der Bezeichnung des Täters beim Passiv dienen, auch Fälle wie أُوفيتم منّا «Ihr seid von uns bezahlt worden» Huḏ. 190, 2, geben wohl eher lokal den Ausgangspunkt als den Urheber an. Man muss schon zu Umschreibungen greifen, also أُسِر خراش أسَرَتْه ثمالة «Chirasch wurde gefangen genommen, die Thumala nahmen ihn gefangen» = Chirasch wurde von den Thumala gefangen genommen. Kâm. 337, 5. u. s. w. Andere Intransitivhandlungen haben eher bisweilen das den Täter anzeigende من, wie تحمّلت من عفراء ما ليس لى به يدانِ «Ich habe von Afra ertragen, was ich nicht aushalten kann» Del. 9, 4. حين لقى من قريش ما لقى «als er von den Koraischiten jene Unannehmlichkeiten erlitt» IHiš. 97, 2. Vgl. S. 43. Namentlich aber كان findet sich so konstruirt, z. B. الا ربّ يوم كان منهن صالح «O wie mancher glückliche Tag, der von ihnen war» = den ich ihnen verdanke. Muʿall. Imr. 10. كثيرا كان منه ذلك او قليلا «mag dies häufig von ihm geschehen oder selten» Kâm. 501, 15. — Selten ist عن kausal, z. B. ما ينطق عن الهوى «er redet nicht aus Begierde» Ḳur. 53, 3. انّ ذلك لم يكن الّا عن دعوة دعاها نوح «dass dies nur auf eine Anrufung Noahs hin geschah» Ṭab. Ia 212, 12.

الى hat begriffliche Bedeutungen nur spärlich entwickelt, zu erwähnen wäre ein selten vorkommender beiordnender Gebrauch, فى مَحْبَس ضَنْكٍ الى وَعْرٍ „an einem engen und dabei beschwerlichen Einschliessungsplatz“ Ḥansâ S. 32, 10. Ausserdem s. S. § 98.

Dagegen gibt ل ganz überwiegend begriffliche und syntaktische Verhältnisse wieder, es bezeichnet die Zugehörigkeit, den Grund, Zweck und das Interesse. Auch wo es für räumliche und zeitliche Verhältnisse vorkommt, liegt doch gewöhnlich mehr die Vorstellung des Interesses u. s. w., zu Grunde, sowie, dass Etwas durch die Zugehörigkeit zu einer räumlichen oder zeitlichen Sfäre Einwirkungen, Modifikazionen erfährt. Beispiele für lokalen u. temporalen Gebrauch: كره لكم ثلاثا „er mag drei Dinge an euch nicht“ Buḫ. I 375, 16. كبا الزمان لوجهه „die Zeit stürzte auf ihr Angesicht“ Ḥam. 683 ult. قال له „er sagte zu ihm“ [1]). كلٌّ يجرى لأجلٍ مُسَمًّى „Jedes läuft einem bestimmten

---

Anm. 1. Hiervon hängt eine direkte oder indirekte Rede ab, und auch wo قال له „er nannte ihn ....“ bedeutet, wird der Name als Satz, nicht als Wort regirt, d. h. er bleibt Nominativ, also قال له زيدٌ „er nannte ihn Zeid [Nom.]“ (aber سمّاه زيدا); so auch im Passiv يقال له زيدٌ „es wird Zeid zu ihm gesagt“ = „er heisst Zeid“ (aber سُمِّى زيدا). Wo wir قال له mit „er sagte in Bezug auf ihn ....“ wiedergeben, liegt genau genommen gleichfalls ursprünglich die Bedeutung und Konstrukzion von „er nannte ihn“ vor. Also لا تقولوا لمن يُقتَل فى سبيل لله اموات „nennt nicht die, welche auf dem Wege Allahs getötet werden: Tote“ = sagt nicht von ihnen, sie seien tot. Ḳur. 2, 149. So auch أتقولون للحقّ أسحرٌ هذا „Sagt ihr von der Wahrheit: Ist das Zauberei?“ Ḳur. 10, 78. قولك للشىء الذى لا تناله „Dein Ausspruch in Betreff einer Sache, die du nicht erreichst“ Diw. 'Ant. 26, 2. قال أَمْتدحت فلانا لرجل من اهله „Er sagte: 'Hast du den und den gerühmt?' mit Bezug auf einen seiner Leute“ Käm. 323, 9. قال قد احببت ان اكسوك ردائى هذا لبرد له مطوىّ جديد „Er sagte: 'Ich möchte dir diesen meinen Überwurf anziehen' mit Bezug auf einen zusammengelegten neuen Mantel von ihm“ Huḏ. II S. 41, 1.

Ziele zu» Ḳur. 13, 2. خيل قد زحفت لها بخيل «Reiter, denen ich mit Reitern entgegen ging» Dîw. ʿAnt. 11, 13. لا يبقى لجاحمها التخيّل «nicht bleibt bei seiner Flamme die Einbildung» Ḥam. 249, 3. صبرا بنى قيس لها «Geduld, ihr Benu Keis im Kriege!» Ḥam. 250 ult. جامع الناس ليوم «versammelnd die Menschen zu einem Tag» Ḳur. 3, 7, dagegen 6, 12 mit الى. اذا صلاهن لوقتها «sobald er sie zu ihrer Zeit betet» Buḫ. I 143, 14. ارقت له «ich fand keinen Schlaf beim Gewitter» Huḏ. 18, 4. استقبله لاربع ليال «er kam ihm nach vier Nächten entgegen» Ṭab. IIa 264, 6. لهلال المحرّم «am ersten Moharram» Balâḏ. 118, 6, und so gewöhnlich zur Angabe des Monatstags.

Zur Bezeichnung der Zugehörigkeit z. B. bei Verben des Gebens, wie تكال لك الغمار «die Haufen werden Dir zugemessen» Huḏ. 217, 5. ما تركونى للذئاب «sie überliessen mich den Wölfen nicht» Huḏ. 10, 3. وهب لى اسمعيل «er gab mir den Ismael» Ḳur. 14, 41 und nach Analogie zu ihnen bei Verben des Nehmens, wie اخذوا له ثلثين بعيرا «sie nahmen ihm 30 Kamele» Ḥam. 8, 18. — التصفيق للنساء «das Händeklatschen (steht) den Frauen zu» Buḫ. I, 303, 9. ما كان لبشر ان يكلّمه الله «nicht wird einem Menschen zu Teil, dass Allah mit ihm rede» Ḳur. 42, 50. صارت لابى العبّاس «es ging in den Besitz des Abulabbas über» Balâḏ. 180, 14. كان للعبّاس «er gehörte dem Abbas» IḲut. 71, 14. لكم المقصص «Euch gehört Elmokassas an» Ḥam. 490, 25. هو لك «es sei Dein» Buḫ. II 63, 17. ليس له ان ينام «es ist ihm nicht (gestattet) zu schlafen» Mas. VII 108, 7. Auch vom geistigen Eigentum, z. B. لمن هذا الشعر «Von wem ist dies Gedicht?» Kâm. 347, 11. من كان امس للمدّح «der gestern der Lobsprüche (würdig) war» Ḥam. 390 ult. من هو للمنون «wer dem Todesgeschick (verfallen ist)» Kâm. 531, 16. ليس لهما ذنب «nicht ist ihnen Strafe» = nicht trifft sie Strafe» Ṭab. IIa 96, 4. So entspricht denn die Konstrukzion mit ل auch unserm «haben», z. B. لوددت انّ صرامة لسانك كانت لقلبك «ich wünschte, dein Herz hätte die Schneidigkeit deiner Zunge» Kām. 605, 4. كان له بنون اربعة «er hatte vier Söhne» IHiš. 580, 12. ليس لاحد من العرب مثل حقّنا «kein Araber hat das gleiche Recht wie wir» IHiš. 126, 15. له مائة وعشرون سنة «er hatte 120 Jahre» = er war 120 Jahre alt. IḲut. 160, 7. لها اسواق فى السنة «ihr sind Messen im Jahr» = sie lässt Messen abhalten. Mas. II 3, 7.

Weiterhin steht dann ل zur Angabe dessen, dem das Resultat einer Handlung zufällt, der an diesem Resultat beteiligt ist. Z. B. باتت له ليلة «es verging ihm eine Nacht» Dīw. Imr. 14, 2. لا اتسع له فضاؤها «seine Fläche war ihm nicht weit genug» Mas. VII 119, 4. حين استقامت له الامور «als ihm die Sachen gefestigt waren» Ṭab. IIa 17, 7. يذمّون لى الدنيا «sie tadeln mir das irdische Leben» Ḥam. 647, 2. دُم للخليل بودّه «Harre dem Freund in der Liebe zu ihm aus» Ḥam. 529, 8. رجوت ان اغلب لك عليها «ich hoffe, ich werde dir Herr über sie» Ṭab. IIb 798, 8. يسأله لابنه ما كان اعطاه اباه من مصر «indem er ihn für seinen Sohn um das bat, was er seinem Vater von Aegypten gegeben hatte» Ṭab. IIa 212, 5. بنته لهم حمير «welche die Himjariten sich gebaut hatten» IHiš. 9, 7. كلّ حسنة تُكْتَب له بعشر امثالها «Alles Schöne wird ihm zehnfach gutgeschrieben» Buḫ. I 18, 17. من لنفس «wer (hilft) einer Sele?» Ḥam. 495, 11. Gewöhnlich bezeichnet ل den Vorteil, manchmal indes auch den Nachteil, wie جدّوا لمن عاديتم «seid fest gegen die, deren Feinde ihr seid» IHiš. 517, 15. قد جمع له اهلها «seine Einwohner hatten sich gegen ihn versammelt» Balāḏ. 174, 7.

Im begrifflichen Sinne gibt ل den Punkt an, nach dem man sich bei der Ausübung einer Handlung orientirt, d. h. sowohl den Zweck als den Grund, von dem man sich leiten lässt.

Grund und Zweck sind hier nicht geschieden. Z. B. لمّا ورد حلب لاغاثة الهاشميّين ‹als er nach Haleb den Haschimiten zu Hilfe gezogen war› Balāḏ. 146, 8. لمّا نصب يزيد لولاية العهد ‹als er den Jezid für die Tronfolge bestimmt hatte› Kām. 30, 1. لم اقم للبيع ‹ich stand nicht zum Verkaufen bereit› Ḥam. 388, 11. أجئتم لقتالنا ›seid ihr um uns zu bekämpfen gekommen?› Kām. 587, 10. انّما نهيتمونى عنهم للذى بينكم وبينهم من الجوار ‹Ihr habt mich nur wegen des zwischen euch und ihnen bestehenden Schutzverhältnisses von ihnen zurückgehalten› Huḏ. 128 Einl. 6. اخترتك لقول رسول الله ‹ich gab dir den Vorzug wegen eines Ausspruchs des Boten Allahs› Kām. 183, 15. جئتك لحاجة ‹ich bin wegen einer notwendigen Sache zu dir gekommen› IHiš. 551, 7. ابكى لعبد الله ‹ich weine über Abd Allah› Ḥam. 494, 23. ذلك للشمس فى قربها وبعدها ‹dies (geschieht) in Folge der Sonne bei ihrer Nähe und Ferne› Mas. IV 9, 3. Hierher gehört auch ل zur Bezeichnung des Urhebers bei Intransitiven und Passiven, genauer gesagt dessen, der an dem Zustandekommen der Handlung beteiligt ist, z. B. مُطْعَم للصيد ‹gespeist durch die Jagd› Dīw. Imr. 29, 8. وسقت لأَحْقَب ‹die trächtig ist von einem Wildesel› Muʿall. Labīd. 25. لم يُهَدّ لمُعْضِلة ‹er wird von einer Schwierigkeit nicht zerschmettert› Ḥam. 781, 22. يُسَهَّد لحَلْى النساء ‹er wird durch klirrenden Frauenschmuck wach gehalten› Dīw. Nāb. 17, 12. So auch قَواطع لداوُد ‹mit schneidenden Schwertern von David (verfertigt)› Ḥam. 313, 19. رايت لها جلود القوم جُونا ‹Du siehst durch sie die Haut der Leute schwarz› Muʿall. ʿAmr. 77. — Ferner bezeichnet ل die Gegenleistung, die man durch eine Leistung bezweckt, den Preis, sowohl vom Standpunkt dessen, der ihn gibt, als dessen, der ihn empfängt, z. B. دعوا لِمَنْ لَأوّل فارس «lasst mir das Har für den ersten Reiter» Ḥam. 253, 20.

نَحْوُ ist nur in der lokalen Bedeutung «nach — hin» Praep., dagegen in der begrifflichen Bedeutung «ungefähr» «gegen» «wie» Subst., s. Fleischer Verh. d. sächs. Ges. d. Wiss. 1862, 61 = Klein. Schr. II 67.

Von dem Hineinstellen eines Gegenstands in einen andern, oder (weniger wahrscheinlich) dem Anlegen eines Gegenstands an einen andern, so dass die Grössenunterschiede sichtbar werden, ist die vergleichende Bedeutung der Praep. فى genommen, «verglichen mit» «neben». Z. B. دقّ فيه الاجلّ «das Grösste ist daneben klein» Ḥam. 383, 5. ما متاع الحيوة الدنيا فى الآخرة الّا قليل «der Gehalt des irdischen Lebens ist im Verhältniss zum künftigen nur gering» Ḳur. 9, 38 u. s. w. Wie hier, so scheint überhaupt das primum comparationis in dieser Konstrukzion immer kleiner, geringwertiger zu sein.

Bei فى ergab sich ferner aus der Bedeutung der Sfäre, in der man sich bei der Ausübung einer Handlung befindet, in die man sich dabei versenkt, allgemeiner die Bedeutung des Punktes, im Hinblick auf welchen die Handlung ausgeübt wird. Z. B. صدّقتُ رسولك الاقرع فى قومك «ich habe deinem Boten Elakra in Betreff Deines Volkes Glauben geschenkt» ISa'd 15, 20. ما يقول الناس فى عائشة «was die Leute in Betreff der Aischa sagen» IHiš. 736, 8. قد قيل فى (امر[1] ولاية قيس «es wird in Betreff der Belehnung des Keis gesagt» Ṭab. II*a* 17, 5. Bisweilen mit Kausaler oder finaler Wendung, wie عُذِلَ فى ذلك «er wurde deswegen getadelt» Mas. IV 196, 8. لكم فى القصاص حيوة «Euch wird in der Wiedervergeltung Leben» Ḳur. 2, 175. كان خرج فى طلب القرظ «er war ausgezogen, um Karas zu suchen» Kām. 97, 2.

Anm. 1. Fehlt in einer Handschrift; es ist gleich einfachem فى.

Auch modal und instrumental, wie سما بك خالد الى العَلْياء لحسب لجسيم «Chalid hat dich erhoben in grossartiger Ehrung» Kām. 311, 14. تستاجر الرجال فى مالها «welche die Männer mit ihrem Gute Handel treiben liess» IHiš. 119, 12.

Zum Gebrauch von كَ «wie» (vgl. S. 194 u. die Beispiele § 103): قد ركبت عدّة من البحار كبحر الصين والروم «Ich habe eine ziemliche Anzahl von Meeren befahren, wie das chinesische, byzantinische .....» Mas. I 234, 1. Bisweilen vergleicht كَ das Verhältniss zwischen zwei Dingen mit der Situazion, in der sich ein drittes befindet, wie انّى وايّاهم كمن نبّه القطا wörtl. «ich und sie sind wie der, der Rebhühner weckt» = «es geht mir mit ihnen wie dem, der ...» Kām. 155, 13. انّك وترك الندى كالعبد اذ قيّد اجماله wörtl. «Du und das Unterlassen der Freigebigkeit (ist) wie der Sklave, wann er seine Kamele fesselt» = Wenn du die Freigebigkeit lässest, so bist du wie ....» Ḥam. 65, 9. — Häufung der Vergleichungsmittel: جمع كمِثْل الليل eig. «Eine Schar wie das Ebenbild der Nacht» Kām. 349, 8. خيلا كامثال السعالى «Pferde wie die Ebenbilder der Silāts» Ḥam. 68, 12. مَثَلهم كمَثَل الذى استوقد نارا «Ihr Gleichniss ist wie das Gleichniss dessen, der ein Feuer angezündet hat» Ḳur. 2, 16. Vgl. auch hierzu § 103. Auf diesem Umweg kann كَ Suffixe erhalten, wie ليس كمِثْله شىء «nicht ist wie er eine Sache» Ḳur. 42, 9.

بِ «an» ist begrifflich gewendet modal: es ist Etwas in Begleitung einer Eigenschaft oder Tätigkeit. Z. B. تلقّاها بخير «er nahm sie freundlich auf» Mas. IV 22, 6. قضى بحقّ «mit Gerechtigkeit urteilen» Farazdaḳ 24, 10. مشينا .... بضرب .... وطعن «wir gingen unter Schlagen und Durchbohren» Ḥam. 10 ult... 11, 6 ... 20. طلبا بزعمه بدم ابن عمّه «um, seiner Angabe nach, das Blut seines Vetters zu rächen» Ṭab. Ib 814, 1. ارفعى صوتك بالبُكاء «erhebe Deine Stimme mit Weinen» Huḏ. 221 Einl. 10.

Regirt ب «an» ein Wort für einen Gegenstand, der sich neben einem zweiten befindet, welch letzterer einen ganzen zur Verfügung stehenden Raum einnimmt, so dass eigentlich für den ersteren Gegenstand gar kein Platz übrig bliebe, so ist das Verhältniss konzessiv. Z. B. ضاقت علىّ برُحْبها ذات البشام «Zu eng ist mir trotz seiner Weite Dhat elbascham» Huḏ. 233, 2.

Der instrumentale Gebrauch dieser Praep. erklärt sich in folgender Weise. Sagte man جاء زيد بسيفه «Zeid kam mit seinem Schwert», eig. indem er sich dicht an seinem Schwert befand (denn die Praeposizionen sind nach S. 199 unten stets auf einen Nominalbegriff zu beziehen), so war, da einerseits Zeid eine Bewegung ausführte und sich andrerseits hierbei immer dicht an seinem Schwert befinden sollte, die Voraussetzung für einen solchen Satz, dass das Schwert die Bewegungen Zeids mitmachte. In einem solchen Falle erschien Zeid im Hinblick auf das Schwert als ein Subjekt, das die ihm zugeschriebene Handlung in ganzem Umfang ausführte. Sagte man nun قتل زيد بسيفه «Zeid tötete mit seinem Schwert», so war zwar auch hier Zeid stets als der eigentliche Träger der Handlung gefasst, und das Schwert, an dem er sich befand, konnte als bloss von dieser gleichen Handlung mitgerissen erscheinen; allein der Anteil Zeids an der Handlung konnte hier dermaassen zurücktreten, dass das Praedikat Zeids eben *nur* in dem allgemeinen Tätigkeitsbegriff bestand, während die spezielle Verbalhandlung einer vertiefteren Anschauung dem Schwert zuzukommen schien [1]); das Subjekt bedient sich eines an ihm befindlichen Dings, um eine spezielle Handlung zu Stande zu bringen. Analog steht dann ب auch nach Intransitivhandlungen (einschliesslich der Passivhandlungen). Beispiele: لنبلونّكم بشىء من الخوف «wir werden Euch

---

Anm. 1. Wieder ein Fall von Spaltung des Verbalbegriffs.

durch etwas Furcht prüfen» Kur. 2, 150. مبنية بالجندل «aus Dschandal erbaut» Balād. 63, 11. الذى لا يُطَّبَى بالجعائل «der nicht durch Bezahlungen zu bestimmen ist» IHiš. 216, 8. ثللت عروشهم بعتيبة «Du hast ihre Sitze durch (die Tötung des) Oteiba zerstört» Ḥam. 388, 17. عَلقت له بأسباب متان «ich hafte an ihm durch feste Bande» Ḥam. 506, 1. طحنت لها الطاحونة «die Mühle mahlte mit ihnen [sc. den Blutströmen]» Balād. 118, 7. يريد بقوله زمنا زمانا «er meint mit seinem Worte zaman zamān» Ṭab. Ia 8, 1. لو غيرها مدحت بقول صادق «Wenn du jemand Anderes mit aufrichtigem Wort gelobt hättest» Hud. 96, 2. سُمّيت دمشق بدماشق «sie wurde Damaskus nach Damaschik benannt» Jakūt II 587, 18. انّ ابا وجزة المعروف بالسعدى «Abu Wadschza, der unter dem Namen Sadi bekannt ist» Kām. 106, 12. لا يكون نصبُها بسيعلم «sein Akkusativ ist nicht [= wird nicht bewirkt] durch sajalamu» Kām. 8, 9. u. s. w.

Verwant ist der kausale Gebrauch, wie قرّبا بهذا السبب قربانا «sie brachten aus dieser Ursache ein Opfer dar» Ṭab. Ia 144, 5. قتلوا ثمانية بظنّة واحد «sie töteten Acht wegen des Verdachts gegen Einen» Ḥam. 177, 10. اذا نُعيت بما فى البيت «wann sie wegen Etwas, das im Hause ist, angerufen wird» Hud. 203, 9. لم يفرح باكلة ساعة «er freut sich nicht über augenblickliche Speise» Ḥam. 320, 22. عجبت لنبل مُقتدر «ich wunderte mich über den Pfeil eines nie fehlenden Schützen» Hud. 266, 27. Und so häufig nach Verben der Gemütsbewegung.

Das Werkzeug, durch das man sich eine Gegenleistung verschaft, ist der Kaufpreis, also لا تشتروا بآياتى ثمنا قليلا «Tauschet nicht für meine Zeichen einen geringen Wert ein» Kur. 2, 38. انّا لنأخذ الصاع بصاعين «Wir nehmen das Sā für 2 Sā» Buh.

II 61, 19. فدته بنو شبابة بالشنفرى „die Benu Schobaba lösten ihn für Schanfara aus» Ḥam. 244, 4. Hierher auch Fälle wie قتلوا رجلا بقتيل منهم „sie töteten einen Mann für einen Getöteten der Ihrigen» Buḫ. I 40, 13. ان انتم لم تطلبو بأخيكم „Wenn ihr für euren Bruder nicht Rache sucht» Ḥam. 681, 22. Ferner ليت لى بهم قوما „O hätte ich doch an ihrer Stelle ein Volk, welches ...!» Ḥam. 8, 7.

Mit ب wird ferner die Grösse, durch die eine Differenz zu Stande kommt, bezeichnet. Z. B. زياد أبعد منك بمسيرة شهر „Zijad. ist weiter als du um den Weg eines Monats» Ṭab. IIa 25, 2. لهى الآن اكثر منها قبل ذلك بثلاث مرار „es ist jetzt drei Mal mehr als vordem» Buḫ. I 159, 17. كان مخرج ابن الزبير قبله بليلة „der Auszug Ibn Ezzubeirs fand eine Nacht vor ihm statt» Ṭab. IIa 220, 9. اغزى بعد ذلك بسنة او سنتين „er zog ein Jahr oder zwei nachher zu Felde» Balāḏ. 164, 17. انّ غيثا وقع المغمّس وراء الحرم بأميال „ein Regen fiel in Elmogammas einige Meilen hinter dem Haram» Huḏ. II 29, 1.

Regirt بين „zwischen» Nomina, die im Sinne eines Gattungssubstantivs stehen (darunter auch als Gattungssubstantive gebrauchte Adjektive), so bezeichnet es ein Ganzes, das zwischen den beiden Gattungen hin- und herschwankt, bald der einen Gattung bald der andern, oder teils der einen teils der andern, sowohl der einen als auch der andern angehört. Z. B. سنَعقل امّ جَعْر شياهًا بين حائرة وجَفْر „wir werden die Umm Dschar sühnen mit Schafen, jungen wie alten» Huḏ. 193, 1. قَيْنة تروح الينا بين بُرْد ومُجْسَد eig. „eine Sängerin, die Abends zu uns kommt zwischen gestreiftem und safranfarbigem Gewand» = teils in gestreiftem teils in safranfarbigem. Muʿall. Ṭar. 49. رفْعن

سُرادِقًا فى يومٍ ريحٍ يُصفَّق بين مَيل واعتدال «sie heben an einem windigen Tage ein Zelt empor, das zwischen sich Neigen und sich Aufrichten gepeitscht wird» = sich bald neigt bald aufrichtet. Del. 103, 40. انت بمنزلة بين الخيانة والاثم wörtl. «du bist an einem Aufenthaltsort zwischen Treulosigkeit und falschem Zeugniss» = du lässest dir entweder Treulosigkeit oder falsches Zeugniss zu Schulden kommen. Ḥam. 508, 12 (vgl. 507, 19). ما بين حيّة وضَبْع وتمساح eig. «was zwischen Schlange, Hyäne und Krokodil ist» = ein Mittelding zwischen Schlange, Hyäne und Krokodil. Ḥam. 819, 4. المال ما بين موقوف ومختلج eig. «die Güter sind, was zwischen dauernd überlassen und entzogen ist» = sind teils dauernd überlassen teils entzogen. Abul ʿAtāhija S. 61, 3.

مع «mit» hat bisweilen die Bedeutung des Häufens, Steigerns. Z. B. ومع ذلك هو واسطة بين العراق والشام «und ausserdem liegt es in der Mitte zwischen dem Irak und Syrien» Maḳd. 136, 9. تحملن أثقالهم واثقالا مع اثقالهم «sie tragen ihre Lasten und Lasten ausser ihren Lasten» Ḳur. 29, 12. ليزدادوا ايمانا مع ايمانهم «damit sie an Glauben zu ihrem Glauben zunehmen» Ḳur. 48, 4. انشأ مرّة يقول ... مع غيرها من الابيات «Murra hob an und sagte ... [folgen seine Verse] nebst andern Versen» Ḥam. 423, 10 14.

Auf demselben Wege wie ب wurde diese Praep. konzessiv. Z. B. وكان جَرْوَل أجْبَنَ الناس مع منظره وهيئته «Dscharwal war der feigste Mensch bei (all) seinem einnehmenden und imposanten Äusseren» Ḥam. 647, 18. Ferner kausal, wie لا يستطيع ان يمدّ يده بالسيف مع البناء «er konnte bei der Beschaffenheit des Gebäudes seine Hand mit dem Schwert nicht ausstrecken» Huḏ. N° 221 Einl. 7. لا اسمع له بذكر مع ما انا فيه من شُغل الرق «ich hörte ihn nicht erwähnen bei der Sklavenarbeit, die mir oblag» IHiš. 140, 6. — Vergleichung z. B. in dem Sprüchwort الخضر معه وتد «der Chidr ist im Vergleich mit ihm ein Pflock».

عند «bei» bezeichnet das zu Gebote stehen, das Eigentum.

Z. B. أَدِّ ما عندك من المال «zahle das Geld, über das du verfügst, heraus» Ṭab. IIa 12, 16. ليس لك عندى الّا ما تُحِبّ «Du hast von mir nur, was du gerne hast, zu beanspruchen» Kām. 13, 10. لا غزاةَ عنده «kein Feldzug steht in seiner Macht» Huḏ. 190, 4. عند الله تجزيةُ الرجال «bei Allah steht die Belohnung der Männer» Dīw. Nāb. 19, 17. Auch von geistigen Eigenschaften, z. B. قد كان عندك بالمعروف معرفة «bei dir war Kenntniss des Rechten» Kām. 179, 8. — Kausal: عند ذلك طلب قُصَيّ ما طلب «darauf hin strebte Kusejj, jene seine Absichten durchzusetzen» IHiš. 76, 3. خرّ كأنّه عند وجبته بعير «er schlug hin, als wäre er, nach seinem Plumps zu schliessen, ein Kamel» IHiš. 274, 16.

Auch لدى «bei» kann possessiv sein, z. B. كلّ حزبٍ بما لديهم فرحون «jede Partei ist vergnügt mit dem, was sie hat» Ḳur. 23, 55.

على «auf» steht vergleichend z. B. in الذين يستحبّون الحيوة الدنيا على الاخرة «welche das irdische Leben mehr als das künftige lieben» Ḳur. 14, 3. فضّلنا بعضا على بعض منهم «wir bevorzugten die Einen von ihnen vor den Andern» Ḳur. 2, 254.

Ferner wird على übertragen von der auf Etwas lastenden Verpflichtung und dann von dem Etwas treffenden Nachteil gebraucht, Beispiele: البيّنة على من ادّعى «der Beweis liegt dem ob, der Etwas beansprucht» Kām. 9, 7. عليكم قصد الطريق «Eure Sache ist es, den Weg zu verfolgen» Ḥam. 411, 10. قبرى مُحَرَّم عليكم «mich zu begraben ist Euch verboten» Ḥam. 242, 20 هذا اكثرُ على السنتهم «Dies ist zu viel für ihre Zungen» Kām. 635, 4. يوثرونها باللبن على الضيف «sie bevorzugen sie mit Milch zu Ungunsten des Gastfreunds» Ḥam. 633, 11. سُبّة على شاربيه «eine Schande für die ihn trinkenden» Ḥam. 331, 19. خاف زياد على اشياء «Zijad fürchtete für Gegenstände, welche ...» Ṭab. IIa 22, 14. اذا اكتالوا على الناس «wann sie sich von den Menschen zumessen lassen» Kur. 83, 2. Öfters steht dem على ein ل gegenüber, wie له ما للمسلم وعليه ما على المسلم «ihm gebührt, was dem Muslim gebührt, und ihm liegt ob, was dem Muslim obliegt» Buḫ. I 111, 7. لك علينا ما يسرّك «Du hast von uns zu erwarten, was dich freut» Ḥuṭ. 65 Einl. 10. جعلوا له عليهم في كلّ سنة نَوْدًا «sie verpflichteten sich, ihm jährlich einige Kamele zu geben» Kām. 47, 10.

Aus diesem Gebrauch ergab sich der konzessive, z. B. طلب الشيء على كره «das Suchen von Etwas trotz Widerwillens» Ḥam. 1, 20. على علّاته «trotz seiner Zwischenfälle» = in allen Lagen. Ḥuṭ. 36, 3. u. s. w.

Um einen Gegenstand nach dem Muster eines andern zurechtzuschneiden, legt man ihn auf ihn, z. B. بأشباه حُذين على مِثال «mit übereinstimmenden Steinen, die nach gleichgrossen abgepasst sind» Del. 101, 14. Daraus entstand die Bedeutung des Entsprechenden, Gemässen. Beispiele: خلق وجهه على مثال وجوه الناس «er schuf sein Gesicht nach dem Ebenbild der Gesichter der Menschen» Mas. IV 19, 2. هو على هذا «er ist von dieser Art» Kām. 451, 4. علّت بنان المسك وَحْفا مرجّلا على مِثْل بدر «sie hebt die Moschusfinger zu einem üppigen geflochtenen Haar wie der Mond ...» Del. 22, 12. على ما فسّرت لك «gemäss dem, was ich dir erklärt habe» Kām. 8, 13. يأتيها جبرئيل بحُلّة ضوء من نور العرش على مقادير ساعات النهار «Gabriel kommt zu ihr mit einem Gewand des Glanzes vom Licht des Trons je nach der Ausdehnung der Stunden des Tags» Ṭab. I*a* 21, 20.

Andrerseits steht على von der Grundlage, auf der sich Etwas befindet, die Etwas seinen Halt gibt, die unerlässliche Voraussetzung für Etwas bildet. Z. B. انّ قرطا على آلة «Kurt befolgt eine Handlungsweise ...» Ḥam. 296, 19. ادامت على ما بيننا من نصيحة اميمة «Ob Omeima in der Aufrichtigkeit, die zwischen uns besteht, verharrt» Dîw. Imr. 4, 9. انا ابن سيّار على شكيمه

«ich bin Ibn Sajjar in seiner Selbstverteidigung» Ḥam. 476, 1. من سلّم فى الصلوة على غير مواجهة «wer im Gebet gegrüsst hat ohne sich umzudrehen» Buḫ. I 303, 1. اذا كان احدكم على الطعام «wenn Einer von euch beim Essen ist» Buḫ. I 174, 20. انّك على كلّ احوال ملمّوم «Du bist auf alle Fälle tadelnswert» Ḥam. 507 ult. حين القلوب على رجف «wann die Herzen auf Zittern sind» = zittern. IHiš. 633, 5. غداةَ جئنا على أضْماننا «am Morgen, als wir in unserm Zorn kamen» Ḥam. 218 ult. تكلّفته على عجلة «ich habe sie schleunig übernommen» Ḥam. 28, 6. الآية تُقرأ على وجهَين «der Vers wird auf zweierlei Art gelesen» Kām. 8, 3. ما تتلوا الشياطين على ملك سليمان «Was die Satane über die Regirung Salomos vorlesen» Ḳur. 2, 96. ما لك لا تأمَنّا على يوسف «warum glaubst du uns nicht in Betreff Josefs?» Ḳur. 12, 11.

Auch على zur Angabe der Entfernung bezeichnet wohl eigentlich die Grundlage. Z. B. امامها الصين على ثلثمائة فرسخ «300 Parasangen davor ist China» IḪurd. 31, 3. هى على قريب فرسخين من مدينة انطاكية «Sie ist ungefähr 2 Parasangen von Antiochia entfernt» Balāḏ. 147, 8. حتى اتوا جوّا من الوقبى على ليلة «bis sie zu einer Niederung eine Nacht(reise) weit von Wakaba kamen» Ḥam. 16, 10.

Weiterhin ergab sich die kausale Bedeutung. Z. B. يا لَهْفَ نفسى على صخر «O Schmerz meiner Seele über Sachr» Ḫansā S. 4, 8. تدرّ على الابساس «sie gibt reichlich Milch auf Basbasmachen hin» Ḥam. 421, 2. احمده على آلائه «ich preise ihn wegen seiner Wohltaten» Ṭab. I*a* 1, 8. على هذا يجوز ان «daher ist es möglich, dass ...» Ḥam. 313, 4. Ferner die Grundlage, auf der eine Leistung erfolgt, wie زوّجه اياها على خمسين من الابل

«er gab sie ihm zur Frau unter der Bedingung, dass er 50 Kamele zahle» Ḥam. 538, 6. لا اسأَلكم عليه اجرا «ich fordere euch keinen Lohn dafür ab» Ḳur. 6, 90. أُثِبْكَ على عملك «ich will dir deine Handlungsweise vergelten» ISaʿd 16, 9.

فوق «über» dient der steigernden Vergleichung von Grössen, wie ان كنّ نسآء فوق اثنتين «wenn es mehr als zwei weibliche sind» Ḳur. 4, 12. رفعتها طَرْدَ النَّعام وفوقه «ich spornte sie an wie das Antreiben des Strausses und mehr» Muʿall. Labīd 67. نَجْهَلَ فوق جهل الجاهلين «wir wären sonst noch roher als die Roheit der Rohen» Muʿall. ʿAmr 53. حتّى كان وصيفا او فوق ذلك «bis er zum Dienen alt genug oder Etwas darüber war» IHiš. 88, 7. Selten bezeichnet es die Steigerung nach unten zu, wie ان لا يستحيى ان يضرب مثلا ما بعوضة فما فوقها «er schämt sich nicht als Gleichniss eine Mücke, ja was noch geringer ist, zu verwenden» Ḳur. 2, 24.

دون wurde ebenfalls vergleichend und erhielt die Bedeutung «hinter Etwas an Quantität oder Qualität zurückstehend» «weniger als» «schlechter als». Beispiele: تقصر الفتيان دون فعاله «die jungen Helden bleiben hinter seiner Leistung zurück» eig. sind unter seiner Leistung kurz. Farazdaḳ 137, 5. فانّه دون الشمس فى العظم «der Mond steht an Grösse hinter der Sonne zurück» Ṭab. Ia 63, 17. ليس فيما دون خمس ذود صدقة «Bei unter 5 Kamelen gibt es keine Steuer» Buḫ. I 369, 14. الماء العذب يقال له النقاخ وما دون ذلك شيئا يقال له المسوس «Das süsse Wasser heisst Nukach, und was etwas weniger (süss) ist, heisst Masus» Kām. 406, 12.

Durch eine weitergehende Entwicklung des hierin liegenden kontradiktorischen Gegensatzes entstand die exzeptive Bedeutung.

ليس لى ربّ غيرك ولا رقيب دونك «ich habe keinen Herrn ausser dir und keinen Hüter ausser dir» Ṭab. Ia 123, 1. انّ الله لا يغفر ان يُشْرَك به ويغفر ما دون ذلك «Allah verzeiht nicht, dass man ihm einen Genossen gebe, aber er verzeiht, was ausser diesem ist» = Anderes. Ḳur. 4, 51. معه الف عبد دون من كان من عشيرته «mit ihm waren ausser seinen Familienangehörigen 1000 Sklaven» Mas. IV 178, 7. لسنا نقطع امرا دونهم «Wir entscheiden Nichts ohne sie» Ḥam. 16, 1. ان تشرب دون الرِيّ «dass du ohne satt zu werden trinkst» Kām. 320, 2. الناس ياكلون اللحم دونى «die Leute essen das Fleisch ohne mich» Ḥam. 677, 8. So wurde دون geradezu negirend, z. B. مَن حصّ بالعلم قوما دون قوم «wer das Wissen Einigen speziell zu Teil werden lässt, Andern nicht» Buḫ. I 45, 14. كانّى انا المطروق دونك «als wäre ich der Betroffene, nicht du» Ḥam. 355, 8.

Über das exzeptive غير und سوى s. S. 148. 149. 193.

Auch ورآء kommt steigernd vor, z. B. من ابتغى ورآء ذلك «wer darüber hinaus Etwas begehrt» Ḳur. 23, 7.

بعد «nach» exzeptiv: بعد ما وصفنا «ausser dem, was wir dargestellt haben» Mas. IV, 3, 11.

§ 98. Ein Teil der arab. Praepositionen bezeichnet (vgl. S. 200) entweder überwiegend die Lage eines Punktes an einem zweiten von der Praep. bezeichneten Punkt oder die Orientirung des ersten Punktes nach dem zweiten, von ihr abliegenden Punkt, und zwar in letzterem Falle die Wegbewegung oder die Hinzubewegung. Abweichungen von dem gewöhnlichen Gebrauch der betreffenden Praeposizionen scheinen uns heute auf einer von dem ursprünglichen Gebrauch abführenden Bedeutungsverschiebung zu beruhen. Wir denken uns eben die Orientirung eines Subjekts nach jenem zweiten Punkt an eine Bewegung des Subjekts geknüpft; wo daher Subjekte, die keine als Bewegung aufzufassende Handlung oder überhaupt keine Handlung *Bedeutungsverschiebung im regirenden Wort.*

entfalten, mit Praeposizionen der Richtung verbunden werden, neigen wir dazu, die Einschaltung des Begriffs der Bewegung anzunehmen. Aber nicht nur die Bewegung überhaupt, sondern auch die Qualität der Bewegung (ob Wegbewegung oder Hinzubewegung) kann in der Praeposizion angedeutet liegen, auch so, dass ein regirendes Verbum an sich nur die Hinbewegung nach einem Ziele bedeutete und nun noch die gleichzeitig damit verbundene Vorstellung der Wegbewegung von einem Ausgangspunkt hinzukommt, oder dass umgekehrt das regirende Wort an sich nur die Wegbewegung bezeichnet, und die Vorstellung der Hinbewegung hinzukommt. — Auch das arab. Sprachgefühl wird die Verhältnisse nicht anders gefasst haben. Es mag jedoch dahingestellt bleiben, ob die Praeposizionen der Richtung jemals ausschliesslich nach Verben der Bewegung standen und nur sekundär in Fällen eintraten, in denen die Bezeichnung der Bewegung nicht zu sprachlichem Ausdruck gelangt.

Belege für diese Erscheinungen finden sich schon auf den vorangehenden Blättern; wo das regirende Verbum deutlich eine Wegbewegung oder Hinzubewegung bezeichnet, ist auch weiter nichts Bemerkenswertes, vgl. indes noch Fälle wie لا يأتون البيوت من ابوابها «sie pflegten in die Häuser nicht durch die Türen [eig. von den Türen (aus)] einzutreten» Ḥam. 2, 30. زاره من المدائن «er besuchte ihn von Elmadain (aus)» IḪurd. 120, 2. تمساح تغشاك من بحر «ein Krokodil, das dich aus einem Flusse (heraus) angreift» Ḥam. 819, 4. جازت البيد الى ارحلنا «sie durchquerte die Wüsten zu unseren Wohnsitzen» Dîw. Ṭar. 5, 5. u. s. w.

Von den sonst vorkommenden Konstrukzionen mit Bedeutungsverschiebung seien die bemerkenswertesten hervorgehoben. Zunächst die Fälle von Bereicherung um die Vorstellung der Wegbewegung. Mit der Praep. من «von»: للانتقام منّى «sich an mir zu rächen» (sich rächen + Einem Etwas wegnehmen) Ḥam. 243, 26. كنت اغتسل انا والنبى من اناء واحد «ich und der Profet, wir wuschen uns aus dem selben Gefäss» Buḫ. I 76, 7. كلّ امرئ

ستئيم منه العرس «Jeder Mann — die Gemahlin wird von ihm (weg) verwittwen» (wird ihn verlieren) Ḥam. 531, 23. الذى اطعمهم من جوع «der sie von Hunger (weg) speiste» = so dass sie nicht mehr hungrig waren. Ḳur. 106, 3. تقول العرب هاجر وآجر فيبدلون الالف من الهاء «die Araber sagen Hadschar und Adschar, indem sie das Elif mit dem Ha vertauschen» wörtl. «das Elif von dem Ha weg vertauschen» IHiš. 5, 1. (Häufiger als bei من sind übrigens Konstrukzionen wie die beiden letzten bei عن.) كان «sein» (ليس «nicht sein») mit من «von» ist «zu Etwas gehören» «einen integrirenden Bestandteil von Etwas ausmachen» «In Etwas bestehen». Beispiele: كنت منهم «ich schloss mich ihnen an» Ḥam. 378, 13. لست منهم «ich gehöre nicht zu ihnen» Kām. 546, 8. الّا ما كان من اخى جسّاس «ausser Einem wie mein Bruder Dschessas» eigentlich: ausser was von (der Gattung) 'mein Bruder Dschessas' ist.[1]) Ḥam. 421, 25. كان من امر قتله ان «zu seiner Ermordung gehört, dass ...» = mit seiner Ermordung hat es die Bewantniss, dass ...» Huḏ. I S. 79, 12. So auch im Nominalsatz, z. B. انّ جارى من أدْنَى عيالى «mein Schutzgenosse (gehört) meiner nächsten Familie an» Ḥam. 422, 20. الحبّاس الذى من شأنه ان يحبس «der Habbas ist derjenige, zu dessen Obliegenheiten (es gehört), dass er gefangen nehme» Kām. 501, 15. Meist bezeichnet hier من die aus dem Ganzen herausgehobenen Teile, aber es kann auch die Summe der Teile mit sich selbst identifiziren, wie .... فرّق الولاية بين اربعة اصبهبذين منهم «er verteilte das Amt unter vier Spahbede; zu ihnen gehören .... [folgt die Aufzählung der vier]». Ṭab. I*b* 894, 6.

Ferner bezeichnet من geradezu die Lage. Beispiele: سرب من وجه الارض «ein unterirdischer Gang an der Oberfläche der Erde» IḪurd. 106, 15. لئلّا يُظْهَر منه «damit es nicht an ihm gesehen

Anm. 1. In den nicht gerade seltenen Fällen wie dieser letzte geht ما nicht auf das Individuum sondern auf eine ganze Art, also eigentlich «die Art, die zur Gattung 'mein Bruder' gehört».

werde» Mas. VI 296, 10. مَسْكِن اهلها من بطن جِزْعٍ «der Wohnsitz ihrer Leute ist in einem gekrümmten Tal» Dīw. ʿAnt. 23, 3. موضعك من قريش «Deine Stellung in (dem Stamm) Kureisch» Kām. 184, 18. له شَرْبتان بالنهار واربعٌ من الليل «er tut zweimal einen Trunk am Tage und viermal in der Nacht» Dīw. Ṭar. 16, 4. من غد ذلك اليوم «am Morgen nach diesem Tag» Mas. VI 95, 3.

عن «von» bezeichnet bisweilen die Lage. Z. B. كامت عنى وعنهم نسوة «auf meiner und auf ihrer Seite standen Frauen» Mas. IV 336, 3. جعلن القنان عن يمين «sie liessen Kanan zur Rechten» Muʿall. Zuh. 14. عن يسار القبلة «links von der Kibla» eig. zur Linken der Kibla. IRust. 77, 6.

Ausserdem ist der Gebrauch von عن «von», wo direkt nicht die Vorstellung einer Wegbewegung ausgesprochen ist, recht weitschichtig. So steht عن nach Verben des Enthüllens, Benachrichtigens, Antwortens und Fragens (Ḥuṭ. 9, 2. Huḏ. 168, 6). Nach Verteidigen u. dgl., z. B. يسدّون عن الاسلام مَسَدًّا «sie verrammeln vor dem Islam» = verteidigen den Islam. Balāḏ. 152, 1. اقاتل عنك «ich will für dich kämpfen» Ṭab. IIa 127, 15. ليس يريد نَهْيهم عن ذلك «er will sie nicht davor bewahren» Ḥam. 243, 5. Weitere Fälle: على ان يُخفّف عنهم من خراجهم «unter der Bedingung, dass er ihnen (eig. von ihnen) ihre Steuer erleichtere» Balāḏ. 144, 7. لا يغيّره صباح عن الخُلْق «nicht verändert ein Morgen seine Natur» eig. nicht verändert ihn ein Morgen weg von seiner Natur. Ḥam. 777, 2. اطوِ عنّى سرّك «verheimliche dein Geheimniss vor mir» Ṭab. IIa 25, 4. تغيّب عنه «er verstockte sich vor ihm» Ḥam. 177, 3. تَعاميص ماء جفّ عنها غديرها «Wasserkaulquappen, denen ihr Teich ausgetrocknet ist» Del. 6, 6. ما اجاب ليل عن نهار «so lange eine

Nacht vor dem Tag verschwindet» Del. 24, 13. لو تعزّيت عنها «o könnte ich mich doch über sie trösten» Ḥam. 383, 11. كيف أصبر عمّن ... «wie könnte ich geduldig verzichten auf den, der ...» eig. «wie könnte ich geduldig sein weg von dem, der ...» Del. 18, 11. يبخل عن نفسه «er ist gegen sich selbst geizig» Ḳur. 47, 40. من يرغب عن ملّة ابرهيم «wer von dem Gesetz Abrahams wegstrebt» eig. «begehrt weg von ...» Ḳur. 2, 124. لكنّنى عن علمِ ما فى غدٍ عمِى «doch bin ich blind gegenüber der Kentniss dessen, was morgen geschieht» Muʿall. Zuh. 48. لمّا قُتِل عنها «als er ihr getötet worden war» Ḥam. 493, 24. انّى فى قوم عن الجار اموات «ich befinde mich unter Leuten, die für ihren Schützling tot sind» = ihn im Stich lassen. Ḥam. 422, 15. ناموا عنك «sie schliefen für dich» Ḥam. 477, 6. لانّه يضيق عنه كلّ شىء «weil ihm Alles zu eng war» IHiš. 42, 11. ما لك عن فلان «Was stösst dich von dem und dem ab?» eig. Was ist dir weg von dem und dem? Buḫ. I 15, 5. انّى احببت حبّ الخير عن ذكر ربّى «ich liebte das Angenehme mehr als den Gedanken an meinen Herrn» eig. von dem Gedanken an meinen Herrn weg, (so dass ich den Ged. an m. H. darüber vernachlässigte). Ḳur. 38, 31. القول عنّى راعق eig. «das Wort ist trügend von mir weg» = passt nicht auf mich. Ḥam. 421, 26. لك مثل الابل التى ذُبحت عنك «Dir seien ebenso viel Kamele geschenkt, als statt deiner geschlachtet wurden» eigentlicher Sinn: so dass die Handlung des Geschlachtetwerdens von dir abgewendet wurde. IHiš. 100, 15. الهيتها عن ذى تمائم «ich beschäftigte sie von einem (Kind) mit Amuletten weg» = «lenkte sie ab von ...» Muʿall. Imr. 16. تَجِلّ عن الكَلال «(eine Kamelin,) die kräftig ist vom Erschlaffen weg» = die so kräftig ist, dass sie nicht erschlafft. Dîw. Nāb. 19, 9. لا تَعجَلْ الىّ عن السُّوّال «eile nicht zu mir vom Fragen weg» = ohne gefragt zu haben. Dîw. Nāb. 19, 13.

Beispiele für Bereicherung um die Vorstellung der Hinbewegung. Mit الى «zu»: ارتفعا الى معاوية «sie erhoben sich zu Moawija» = begaben sich zu M. Kām. 285, 10. قام اليه عدىّ «Adi stand auf zu ihm» = trat zu ihm. Ṭab. IIa 37, 6. فادفنّى الى اصل كرمةٍ «so begrabe mich an der Wurzel eines Weinstocks» Del. 26, 13. كان يُتخاصم الى ابى بكر «man pflegte zu Abu bekr zu prozessiren» = mit seinem Prozess vor Abu bekr zu gehen. Balāḏ. 44, 9. طلبوا اليه ان «sie verlangten von ihm, dass ....» eig. sie verlangten zu ihm (hin gewendet). Ṭab. IIa 126, 10. انّى احمدُ اليكم الله «ich preise Allah vor euch» ISa'd 11, 6. حننت الى ريّا «Du sehnst dich nach Rajja» Ḥam. 538, 10. لم يضحك الىّ «er lächelte mir nicht zu» IHiš. 268, 10. لو احسنت الى احداهنّ «wenn du gegen eine von ihnen schön gehandelt hättest» Buḫ. I 15, 18. لا تاكلوا اموالهم الى اموالكم «verzehret nicht ihr Vermögen noch zu dem eurigen» Ḳur. 4, 2. الا ليتما هذا الحمام لنا الى حمامتنا «(Gehörte) doch dieser Taubenschwarm uns zu [= nebst] unserer Taube» Dîw. Nāb. 5, 34. ذُروته من اقرب ذُرى جبال الارض الى السماء «sein Gipfel war einer der nächsten Berggipfel nach dem Himmel zu» Ṭab. Ia 121, 12. غلبوا على خَبْت الى تِعْشار «sie haben Gewalt über Chabt (und) bis Tischar» Dîw. Nāb. 10, 11. ولقد جَزِعت الى النصارى «du verzweifeltest zu den Christen» = gingst verzweifelt zu den Chr. Kām. 526, 4. انتم الى الصُلْح افقرُ «Ihr seid ärmer nach Frieden» = bedürfet ihn mehr. Dîw. Zuh. 6, 5, und so überhaupt nach Wörtern des Mangel habens.

الى zur Bezeichnung der Lage: تُلاقِنى الى ذُرْوة البيت الكريم «so triffst du mich an dem Giebel des edlen Hauses» Muᶜall. Ṭar. 48. ليسوا الى عرب منّا «sie gehören nicht zu Arabern von uns» Del. 88, 10. غيره احبُّ الىّ منه «ein Anderer ist [bei] mir lieber als er» Buḫ. I 376, 4. اهوى الى نفسى «sie ist [bei] meiner Seele erstrebenswerter als ...» Huḏ. 266, 25. كانّى الى الناس مطلىّ عليه القار «als (wäre) ich den Leuten gegenüber ein Kamel, das mit Pech bestrichen ist» Dîw. Nâb. 3, 8. الدار الى اصل الجبل «die Niederlassung (war) am Fusse des Berges» Huḏ. II S. 6, 7.

Sonstige Praeposizionen: العُلْبَة الّذ يُحتلب فيها «der Eimer, in den gemolken wird» Ḥam. 19, 2. كتب معه كتابا «er schrieb einen Brief mit ihm» = gab ihm einen Brief mit. ISaᶜd 2, 14. سخّرنا مع داود الجبال «wir machten [mit] David die Berge untertan» Ḳur. 21, 79.

مُنْذُ (مُذْ) «seit» hat eine eigentümliche Konstrukzion, deren Entstehung sich etwa folgendermaassen denken lässt. منذ bedeutet eigentlich «von dem» = von dem erwähnten Moment an gerechnet [1]). Sagte man رأيته منذ يومان «ich sah ihn; von dem an (sind es) zwei Tage» [2]), so war dies dem Sinne nach = ich habe ihn zwei Tage lang nicht gesehen (ما رأيته يومَين). In Folge dessen drang die Negazion in den ersteren Ausdruck ein, und man sagte ما رايته منذ يومان «ich sah ihn nicht; seither sind es zwei Tage». Hiermit aber war eine doppelte Veränderung verbunden, erstens war eine Verschiebung eingetreten der Art, dass die ursprünglichen *zwei* Sätze zu *einem* Satze wurden, und يومان kein selbständiger Satzteil mehr war, zweitens war

---

Anm. 1. Es wäre auch denkbar, dass ذو nicht auf den Anfangspunkt sondern auf den Endpunkt ging, also «ich habe ihn gesehen; von dem [= von jetzt] an (rückwärts gerechnet sind es) zwei Tage».

Anm. 2. Vgl. Barth Etymol. Studien S. 58.

das ذو von منذ völlig bedeutungslos geworden, und منذ galt einer einfachen Praep. gleich, so dass es wie eine Praep. auch mit dem Gen. konstruirt wurde [1]), eine Konstrukzion, die mit der Zeit die Oberhand erlangte. Da, sobald die Vereinigung der beiden Sätze eingetreten war, bei يومان auch der Gedanke an einen Ausgangspunkt vorschwebte, so bildete man weiterhin ما رأيته منذ يومِ الجُمْعَةِ «ich habe ihn seit Freitag nicht gesehen».

Nach dem, was die arabischen Gelehrten sagen (s. ihre Angaben bei Fleischer Beitr. VI 79 ff., ZDMG. 30, 508 f. = Klein. Schr. II 100 f., wozu noch Sîb. II S. 42, 6), wäre anzunehmen, dass sich die ältere und später ganz ausgestorbene Konstrukzion (Nominativ) noch am längsten gehalten hat, wenn ein im Moment des Redens zum Abschluss gelangender Zeitraum («seit zwei Tagen») oder der terminus a quo («seit letztem Freitag») bezeichnet wird, wogegen stets der Gen. gebraucht würde zur Bezeichnung eines noch fortdauernden Zeitganzen, also wenn man während der Nacht sagt منذ الليلةِ «seit dér Nacht». Daraus lässt sich vielleicht schliessen, dass letzterer Gebrauch am spätesten hinzugekommen ist. — Es ist ganz natürlich, dass der abgelaufene Zeitraum indeterminirt ist; منذ يوما الحرب «seit den zwei Tagen des Kampfes» wäre terminus a quo.

بين «zwischen» bezeichnet seiner Natur nach nicht nur eine Beziehung zwischen seinem Genitiv und einem andern Wort, sondern zugleich eine innerhalb der Teile seines Genitivs selbst bestehende Beziehung. Der Gen. ist entweder ein geteilt gedachtes Einzelnes (بين الناس «zwischen den Leuten») oder die Teile werden koordinirt aufgeführt (بين زيد وعمرو «zwischen Zeid und Amr»). In letzterem Falle entstand, da die innerhalb des Gen. liegende Beziehung keine einseitige sondern eine wechselseitige ist, eine korrelative Konstrukzion. Waren nun die Genitive Personalpronomina, so sagte man nach Analogie von اليك

Anm 1. Angeblich kommt sogar مُنْذُ vor.

واليه «zu dir und zu ihm» («zu dir und ihm» ist wegen der Suffixnatur der genitivischen Personalpronomina unmöglich) بينك وبينه «zwischen dir und zwischen ihm». Von da mag sich diese Konstrukzion auch über abhängige Substantive ausgebreitet haben. Indes könnte recht wohl auch bei abhängigen Substantiven (الى زيد والى عمرو «zu Zeid und zu Amr») die Analogiebildung بين زيد وبين عمرو «zwischen Zeid und zwischen Amr» eingetreten sein; jedoch ist hier das Gewöhnliche بين زيد وعمرو «zwischen Zeid und Amr». Beispiele: جمعت بينها وبينه «sie bewerkstelligte eine Zusammentreffen zwischen ihr und ihm» Hud. № 19 Einleit. 4. خلّيا بينى وبين الصدقة وبين الحكم wörtl. «sie machten den Weg frei zwischen mir und zwischen der Armensteuer und zwischen der Rechtsprechung» ISa'd 5, 18. Die Regel, dass mindestens einer der Genitive ein Suffix sein müsse, ist unrichtig, vgl. z. B. رسوم المنزل بين اللكيك وبين ذات الحَرْمل «die Spuren der Wohnung zwischen Lakik und Dhat elharmal» Dîw. 'Ant. 19, 1. هاجت الفجار بين قريش ومن معهم من كنانة وبين قيس عيلان «der Fidscharkrieg brach aus zwischen Kureisch und den bei ihnen befindlichen Kinana (einerseits) und zwischen den Keis Ailan (andrerseits)» IHiš. 117 ult. تركنا ضرارا بين عانٍ مُكبَّل وبين قتيل wörtl. «wir liessen Dirar zurück zwischen gefesseltem Gefangenem und zwischen Getötetem» = teils als gefesselte Gefangene, teils als Getötete. Dîw. 'Ant. 7, 19 u. s. w.[1]).

Aus einer Kontaminazion von بين — و «zwischen — und» und من — الى «von — bis», entstand بين — الى «zwischen — bis», womit wohl auch der Zwischenraum nachdrücklicher als vollkommen ausgefüllt bezeichnet wird, daher gerne in der relativischen Er-

---

Anm. 1. Es gibt auch Kontaminazion zwischen dem disjunktiven بين und der disjunktiven Konjunkzion او «oder», wie فظلّ طهاة اللحم من بين مُنْضِجٍ صفيف شِواء او قدير wörtl. «da waren die Fleischkochenden zwischen Zubereitendem den auf dem Rost verteilten Braten oder Kochfleisch» = sie bereiteten teils Braten teils Kochfleisch zu. Mu'all. Imr. 67.

weiterung ما بين زيد الى عمرو «was zwischen Zeid bis Amr ist». Beispiele: كانّهم بين عكوتين الى أكناف بسّ «als wären sie zwischen Ukwatain und der Gegend von Buss» Huḏ. 3, 17. كان يقرأ ما بين الستّين الى المائة «er las zwischen 70 und 100» Buḫ. I 198, 10. تزعزع ما بين الجنوب الى السُّد «es wird erschüttert was zwischen Süd und Nord ist» Ḥam. 351, 9. اعطاه ما بين بلكثة الى المصنعة الى الجفلات الى الجدّ «Er hat ihm gegeben was zwischen Balkatha, Almasnaa, Aldschafalat und Aldschudd ist» ISaʿd 12, 13. ما بين نوح الى ادم من الاباء «die Väter zwischen Noah u. Adam. Ṭab. Ia 197, 4. Auch kann daneben die Anknüpfung mit و «und» stehen, z. B. انّه اعطاهم ما بين المصباعة الى الزحّ ولوابة «er habe ihnen gegeben was zwischen Almisbaa bis Azzahh und Lawaba ist» ISaʿd 13, 24. — Eine verkürzte Konstrukzion ist لا نفرّق بين احد منهم «wir machen keinen Unterschied zwischen Einem von ihnen (und dem Andern)», wo Etwas wie «wir geben Keinem den Vorzug» eingewirkt hat. Ḳur. 2, 130.

Syntaktische Verhältnisse: Praeposizionen der Lage. § **99.** In den 3 folgenden Paragrafen sind einige derjenigen Gebrauchsweisen von Praeposizionen zusammengestellt, in denen die Praep. einem syntaktischen Verhältniss bedeutungsverwant ist.

فى «in» kann im Praed. des Nominalsatzes dem abhängigen Subst. den Wert eines Subjekts verleihen, dem gegenüber das grammatische Subj. als Praedikatsbegriff erscheint. Das von فى regirte Subst. ist konkret oder abstrakt. Beispiele: فى الدمع شاهد «in den Tränen (ist) ein Zeuge» = die Tränen sind Zeugen. Huḏ. 260, 4. فى السيف مولى «in dem Schwert (ist) ein Bundesgenosse» = das Schwert ist ein Bundesgenosse. Ḥam. 216 ult. تلجلج مُضغة فيها انيض «sie zerkaut einen Bissen, in dem Halbrohes (ist)» = der Halbroh ist. Dîw. Zuh. 1, 55. بضرب فيه توهين «mit einem Schlagen, in dem Entkräften (ist)» = das entkräftet. Ḥam. 11, 6. فى تقديم بعض القول ذام «in dem vorherigen Aussprechen manchen Wortes (ist) ein Fehler» = das vorherigo Aussprechen manchen Wortes ist ein Fehler. Huḏ. 233, 1.

الخَنْدَمَة مَشْى فيه إِسراع «Chandama ist ein Gehen, in dem Eilen ist» = ein Gehen, das Eilen ist = ein eiliges Gehen. Kām. 365, 11.

Wo der Subjektsbegriff dem Praedikatsbegriff subsumirt ist, kann dies durch فى verdeutlicht werden, z. B. ليس براضٍ ولا ساخطٍ ولا فى النُّهاة ولا الآمرين «er ist nicht zufrieden und nicht unzufrieden, nicht unter den Verbietenden und nicht (unter) den Befehlenden» Del. 80, 5.

Die Wörter der Identität (§ 82 A. 83) werden bisweilen durch فى attributiv gemacht, z. B. فى ذلك البياض امّا صورة انسان .... او صورته فى نفسه «Auf jener weissen Stelle befindet sich das Bild eines Menschen .... oder sein eigenes Bild» Mas. I 386, 6. 8. Häufiger aber ist ب (s. u.).

Nach Adjektiven steht فى, einem Akk. der Beziehung bedeutungsverwant, zur Bezeichnung des Dinges, an dem die Eigenschaft speziell haftet, z. B. ثقال فى القيام «schwerfällig im Aufstehen» Huḏ. 154, 2. افضلُ فى العدّة «hervorragender an Zahl» Ṯaʿlabī 175, 2.

ب «an» wird zur Attribuirung der Identitätswörter verwendet. Z. B. لانّه شاهدها بنفسه «weil er selbst dabei zugegen war» Mas. I 17, 1. اجد صفة هذا النبى بعينه «ich finde darin die Schilderung eben dieses Profeten» ISaʿd 4, 5. اباْنا بيوم العرج يوما بمثله «wir haben für den Tag von Elardsch einen gleichen Tag vergolten» Huḏ. 200, 1.

Die selbe Praepos. der Verbindung wurde im Nominalsatz zu einen praeposizionalen Kopula, indem sie in elementarer Weise bezeichnete, dass eine Verbindung zwischen Subj. und Praed. beobachtet worden war, ما زيد بقاتل «nicht (ist) Zeid tötend» ist eigentlich «nicht ist Zeid mit dem Begriff 'tötend' in Verbindung». Nicht nur Substantive, sondern auch grammatische Adjektive nehmen diese Kopula an. Beispiele: اولى القولين فى ذلك عندى بالصواب «die erste der beiden Auffassungen (ist) nach meiner Meinung richtig» Ṭab. Ia 59, 22. انّك ممّا احدثت بالمُجرِّب «Du bist erfahrend was sie treibt» Dîw. Imr. 4, 10. Im affirmativen Satz wird die praeposizionale Kopula zur Kennzeichnung des Praedikats bisweilen benutzt, wenn es vom Subj. mehr oder weniger stark getrennt ist, kommt aber hier seltener als im negirten Satz vor; die Negazion fordert das Eintreten der Kopula, da sie selbst ein Redeteil ist, der Etwas über die Verbindung des Subjekts mit dem Praed. aussagt, s. S. 105 unten. Beispiele: ما هرم بن سلمى بمُلْحَى «Nicht (wird) Harim ibn Salma getadelt» Dîw. Zuh. 18, 6. ما ربّك بغافل عمّا تعملون «nicht (ist) dein Herr übersehend was ihr tut» Ḳur. 11, 123. u. s. w.

In Sätzen mit verbaler Kopula (كان und Verwante) wird das Praedikativ ebenfalls manchmal durch die praeposizionale Kopula bezeichnet, das Gewöhnliche ist aber der Akk. des Praedikativs, und nur wenn der Satz negirt ist, findet sich, dem Nominalsatz entsprechend, auch hier häufiger die praepos. Kopula, z. B. لو كنت ماء لم تكن بعذب «wärest du Wasser, so wärest du kein süsses» Kâm. 471, 9. لن يزال الحبشة بخير «unaufhörlich werden die Abessynier gut sein» (sich gut befinden) ISaʿd 2, 11. Und ganz gewöhnlich nach ليس, z. B. علموا انّهم ليسوا بخير منه «sie erkannten, dass sie nicht besser waren als er», worauf dann folgt فقالوا ان لم نكن خيرا منه «Da sagten sie: Wenn wir nicht besser sind als er ....» Ṭab. Ia 99, 19. ليس خليلى بالملول «mein Freund ist nicht der Abstossende» Del. 23, 3. بالحجارة ليست برخام «aus Steinen, die nicht Marmor sind» IRustah 45, 14. — Selten regirt ب Praedikative bei andern als kopulativen Verben, wie وان لم تلْقَ الّا بصابر «wenn du auch nicht anders als standhaft mit ihnen zusammentriffst» Dîw. Nâb. 13, 2.

Obwohl man sich das mit praeposizionaler Kopula versehene Praed. genau genommen nur als Gattungsbegriff denken kann, wird es doch hinsichtlich der Kongruenz wie jedes Praed. behandelt, also ليست روايته بحسنة «seine Überlieferung ist nicht gut» Ḥam. 11, 4. ليس الشؤون بباقية «nicht sind die Tränendrüsen bleibend» Ḥam. 551, 9. ما هم بمومنين «nicht sind sie Gläubige» Ḳur. 2, 7. u. s. w.

Mit dem Objektsakkusativ berührt sich ب in einer Reihe von Konstrukzionen. Bezeichnete ب nach Verben der Bewegung dasjenige, womit sich Etwas fortbewegt, so war das Karakteristische der Bewegung auf Seiten ihres Urhebers, der mitgeführte Gegenstand war nur überhaupt an der Bewegung beteiligt. In Folge einer Bedeutungsverschiebung aber verblieb öfters dem Urheber der Bewegung nur der allgemeine Bewegungsbegriff, während das wesentlich Karakteristische der Bewegung dem mitgenommenen Gegenstand zufiel, «mit Etwas in die Höhe gehen» erhielt den Sinn eines Ausdrucks mit Objektsakkusativ «Etwas in die Höhe bringen». Beispiele: لخسف بنا «er wäre mit uns untergetaucht» = er hätte uns ertränkt. Ḳur. 28, 82. عدلت بهم عن الطريق «ich biege mit ihnen vom Wege ab» = lenke sie vom Wege ab. Ḥam. 411, 11. ظلّت فى الارض الفضاء كأنّما تَصَعَّدُ بى اركانها وتحول «Die weite Erde ist mit mir, als stiegen ihre Festen mit mir empor und drehten sich» = als höben mich ihre Festen empor und drehten mich. Ḥam. 478, 1. نمى بك عرق فى النبيشات «Ursprung unter den Nubaischa erhebt sich mit dir» = erhebt dich. Huḏ. 220, 5. قد ذهبت سلمى بعقلك «Selma ist mit deinem Verstand weggegangen» = hat dir den Verstand genommen. Dîw. Ṭar. 13, 13. من لى بالنساء اللّه تُلائمى «Wer (ist) mir mit den Frauen, die zu mir passen?» = Wer bringt mir die Frauen. Ḥam. 4, 17. لم يأت بضميره «er ist nicht mit seinem Pronomen gekommen» = hat sein Pron. nicht gesetzt. Ḥam. 11, 1. Verwant sind auch Fälle wie فيضى بالدموع «Fliesse mit Tränen!» (Lasse Tränen fliessen) Ḫansâ S. 53, 5. «Mit Etwas (versehen) kommen» ist bisweilen = «Etwas aufzuweisen haben»,

z. B. اتى باولاد نُجَباء «er hat edle Kinder» Ḥam. 384 ult. وُلِد له فلم يأتِ برجل «es wurden ihm Kinder geboren, aber er bekam keine männlichen» Huḏ. 231 Einl. 12. — Auch passivisch nicht selten, z. B. جِيء بهم «gekommen wurde mit ihnen» = man brachte sie. Buḫ. I 69, 18. أُتِيَ الحجّاج بامرأة wörtl. «Elhadschadsch wurde gekommen [erreicht] mit einer Frau» = zu Elhadschadsch wurde mit einer Frau gekommen = ihm wurde eine Frau gebracht. Kām. 346, 7. اذ دُخِل علىّ بابنى مروان «da wurde zu mir mit meinem Sohn Merwan eingetreten» = da wurde mein Sohn Merwan zu mir hereingebracht. Kām. 573, 9. — Wie fest sich diese Verschiebung eingebürgert hat, zeigt ein Fall wie ذهبت بها معها «sie ging weg mit ihr mit sich» = sie nahm sie mit sich. ISaᶜd 47, 26, wo «mit sich» gesetzt ist, als ginge etwa اخذها «sie nahm sie» (transitiv) vorher.

Mehrere Verba, die ihrer Natur nach die Beziehung auf ein Objekt verlangen, regieren die Praep. ب, so dass der von der Handlung getroffene Gegenstand als dasjenige aufgefasst ist, woran oder mittels dessen die Handlung zur Erscheinung kommt. Diese Konstrukzion wird z. B. öfters gewählt, wenn Verba, die gewohnheitsmässig eine gewisse Klasse von Objekten regiren, mit einem Objekt zu verbinden wären, das sie ihrer Natur nach eigentlich nicht treffen können, d. h. wenn sie übertragen gebraucht werden. Ein Ausdruck wie كسر بقلبى «er hat mein Herz gebrochen» (mir das Herz gebrochen) bedeutet eigentlich «er hat die Handlung des Brechens, die sonst nur eine bestimmte, bekannte und darum hier als selbstverständlich nicht ausgesprochene Klasse von Dingen affizirt, an meinem Herzen vorgenommen.» Sonst kommt diese Konstrukzion z. B. vor in ارموا بنا فى نحر القوم «werfet uns den Kehlen der Feinde entgegen» Ḥam. 16, 23. كان يربّث ذلك ويدافع به «er verzögerte dies und schob es hinaus» Balāḏ. 357, 9. لحق بالوليد «es traf den Elwelid» IHiš. 274, 8. بعث بالأسْرَى الى الحجّاج «er schickte die

Gefangenen an Elhadschadsch» Ṭab. II*b* 1110, 3. اخذ بلمّتى «er ergriff mein Haupthaar» Huḏ. II S. 69, 2. لتغريره بالمسلمين «weil er die Gläubigen in Gefahr brachte» Balāḏ. 231, 1. اضرّ بهم ريب المنون «das Unglück des Geschicks schädigte sie» Huḏ. 28, 5. تعبّثوا بالمسلمين «sie taten den Gläubigen Schaden» Balāḏ. 23, 9. همّ اهل الشام بسلمان «die Syrer trachteten dem Selman nach dem Leben» Balāḏ. 198, 20. ان كان الملك يريد بهذا «wenn der König das will» IHiš. 10, 4. فعل ذلك ببنى اسد «dies tat er den Benu Asad an» Ḥam. 296, 8. اوفيتنى اوفى الله بك «Du hast mir unverkürzt herausgegeben, möge Allah dir unverkürzt herausgeben» Buḫ. II 62, 11. شوّهتم بى «Ihr entstellt mich» Ḥam. 253, 19. سبّح بحمد ربّك «preise das Lob deines Herrn» Ḳur. 52, 48. تُعلِن بالنّوح النساء «die Frauen lassen das Klagegeschrei ertönen» Ḥam. 476, 13. انّا قبل ما قد وشى بنا الاعداء «Schon früher haben uns die Feinde verläumdet» Muʿall. Ḥar. 22. من اجاب السائل بأكثر ممّا سأله «wor dem Fragenden mehr antwortet als er ihn gefragt hat» Buḫ. I 47, 7. امر لى بمئة مثقال ذهب «er befahl mir 100 Mithkal Gold (zu geben)» ISaʿd 4, 13. ابوا ان يأذنوا لى بالدخول عليه «sie wollten mir das Eintreten zu ihm nicht gestatten» Mas. VI 431, 2. دعا بى الواثق «Elwathik befahl mich (zu sich)» IḪurd. 163, 1. دعا بماء «er rief nach Wasser» Buḫ. I 60, 4. لمّا احسّت بنو قُرَيم بجمعهم «Als die Benu Kureim ihre Ansammlung wahrnahmen» Huḏ. 217 Einl. 7. Passivisch: حتّى تُشيحوا او يُشاح بكم «bis ihr eilt oder eilen gemacht werdet» eig. oder eilen gemacht wird mit euch. Huḏ. 196, 6. لم يعلم بمكانه «sein Platz wäre nicht bemerkt worden» eig. nicht wäre bemerkt worden mit seinem Platz. Mas. IV 14, 7. Neben einem ersten Objektsakkusativ: عرّفه بالقصد اليه «er tat ihm zu wissen sein zu ihm Wollen» Kām. 101, 3. أنبئهم بأسمائهم «Künde ihnen ihre Namen» Ḳur. 2, 31. أَتْبَعْنَاهُ بِكِتَابِنَا الأَوْسَطِ «wir liessen ihm unser mittleres Buch folgen» Mas. I 4, 5. u. s. w. u. s. w.

Fortsetzung: Praeposizion der Wegbewegung.

§ **100.** Die am häufigsten mit syntaktischen Funkzionen synonyme Praep. ist مِن «von», die speziell für die Auflösung von Genitivverhältnissen und für die Determinazion wichtig wurde. Nach S. 166 f. sind beide Glieder der Genitivverbindung entweder determinirt oder beide indeterminirt; wo das eine determ., das andere indeterm. sein müsste, hilft man sich durch Umschreibung mitels لِ «zu» (§ 101) oder مِن «von».

Zahlreich sind die Fälle von Ersatz des partitiven Genitivs durch مِن «von», und zwar gibt es hier zwei Möglichkeiten, entweder die Genitivverbindung wird ohne Weiteres durch مِن umschrieben, oder sie bleibt in determinirter Gestalt bestehen, wird aber mit etymologischer Figur durch مِن von dem indeterminirten Worte abhängig gemacht, das in determinirter Gestalt das Regens der Genitivverbindung bildet. Beispiele: قَوِيًّا من الليل «einen Teil der Nacht» Huḏ. II S. 5 ult. ارتدّت طوائف من العرب «(einige) Abteilungen der Araber fielen ab» Balāḏ. 94, 6. عصابة من اصحابه «eine Schar seiner Gefährten» Buḫ. I 12, 15. — Das Nomen der Zugehörigkeit ist mit der Genitivverbindung wenn nicht etymologisch, so doch gewiss der Bedeutung nach eng verwant (S. 121 unten). Da nun die Genitivverbindung entweder ganz oder gar nicht determ. ist, so war es misslich Gentilicia zu indeterminiren, da sie die Zugehörigkeit zu einem durch sich selbst determ. Subst. — einem Eigennamen —. bezeichnen. Für قُرَشِيّ «Ein Kureischit» wird daher häufig رجل من قريش «ein Mann von (dem Stamme) Kureisch» u. dgl. gesagt [1]). Also ولّى رجلا من قريش الكوفة «er setzte

Anm. 1. Anders ist es, wenn man dem determ. Plural der substantivischen Gentilicia aus dem Wege geht, also statt «die Bagdader» häufiger «die Leute [Kollekt. Sing.] Bagdads», oder «Kureisch» statt «die Kureischiten» sagt. Das ist die Abneigung gegen den äusseren Plural und die Bevorzugung des Kollektivs, wo es sich um Massenbegriffe handelt.

einen Mann von Kureisch über Kufa» Kām. 597, 7, aber darauf Z. 10: فغَضب ابن الزبير على القرشىّ «da zürnte Ibn ezzubeir dem Kureischiten», und so häufig. Indes kommen substantivische Gentilicia auch indet. vor, z. B. Ṭab. IIa 449, 8. Buḫ. II 46, 5 u. s. w., so auch كان هشام اجلّ قرشىّ «Hišam war der bedeutendste Kureischit» eig. war das Bedeutendste an Kureischit. Kām. 313, 16 u. s. w. Ist das Gentilicium adjektivisch, so wird es hinsichtlich der Determ. stets wie jedes Adj. behandelt, also z. B. auch رجلَين كلبيّا وتغلبيّا «zwei Männer, einen Kelbiten und einen Taglibiten» Kām. 486, 3.

Ebenso oft wie die einfache Auflösung des partitiven Genitivs begegnet die Umschreibung mittels der etymologischen Figur und من. Z. B. فى يوم من ايّام الصيف «an einem Tage von den Tagen des Sommers» = an einem Sommertage. Huḏ. 21 Einl. 5. فى ليلة من الليالى «in einer der Nächte»[1]) Balāḏ. 121, 13. خيلا من خيل اهل الشام «Reiterei der Syrer» Ṭab. IIa 10, 4. فى سكّة من سكك المدينة «auf einer der Strassen Medinas» Ṭab. IIa 107, 12. ضلعَين من أضْلاعه «zwei Rippen von seinen Rippen» = zwei seiner Rippen. Kām. 217, 4. لصّ من لصوص قومك «einer der Räuber deines Volks» Ḥam. 86 ult.

Für die übrigen Genitive ist من nicht so häufig. Beispiele: لدار من بنى قريم «Zu einer Niederlassung der Benu Kureim» Huḏ. II S. 37, 1. أيمُنٌ منّا ومنكم «Eide von uns und von euch» Dīw. Zuh. 1, 50. مقادير من جَرْى الشمس «Maasse des Laufs der Sonne» Ṭab. Ia 18, 4. مُفْرَد من الوحش «ein versprengtes an Wild» = ein versprengtes Wild. (Wellhausen). Huḏ. 208, 6. قرية

Anm. 1. Ist übrigens geradezu = einst in einer Nacht; analog auch sonst bei Zeitausdrücken, wie اتاه فى عامٍ من الاعوام «er kam einst in einem Jahre zu ihm» IRustah 67, 21.

من خراسان «eine Stadt Chorasans» IKut. 257, 18. Pronomina regiren keinen Gen., hier ist also stets zu umschreiben, z. B. ذلك من مُلْكهم «dieses an Herrschaft ihrer» = diese ihre Herrschaft. IHiš. 10, 17. ما لك من الولد «was hast du an Kindern?» Kām. 486, 4. الذى بينى وبين المختار من الصهر «was zwischen mir und Elmuchtar an verwantschaftlichem Verhältniss besteht» = Das verwantschaftliche Verhältniss, das zwischen mir und Elmuchtar besteht. Ṭab. IIb 600, 5. ما ظهر لنا من اعمالكم «Was sich uns von euren Handlungen zeigt» = Eure Handlungen, die sich uns zeigen. Buḫ. II 148, 10. u. s. w. Weiteres über diese Art von Relativsätzen in Aschnitt XXVIII. Wie ما wird auch كَمْ behandelt, كم من فارس «Wie mancher Ritter» eig. wie viel von 'Ritter'. Ḫansā S. 16, 9. كم قد رأيت بها من سَكارَى «wie viel Betrunkene habe ich in ihr gesehen!» eig. wie viel von Betrunkene'! Makd. 7, 13. كم من يوم حرب شهدته «wie mancher Schlachttag, an dem ich zugegen war!» = An wie manchem Schlachttag war ich zugegen! Dîw. ʿAnt. 7, 5.[1]). أَىّ regirt den Gen., aber كَأَىّ wird mit من konstruirt, z. B. وكأين رأينا من غنىّ «wie manchen Reichen haben wir gesehen!» Ḥam. 511, 14.

Eine dritte Art besteht darin, dass die ganze determinirte Genitivverbindung von من abhängig gemacht wird; hierüber s. S. 251 f., wo auch Beispiele.

Die Umschreibung durch من wird nun aber auch bisweilen ohne Not angewendet[2]), wie الرُّسُل من الفرس «die Boten der Perser» IHiš. 46 ult. على كِبَر منه «trotz seines hohen Alters» Hud. 190, 3. الصواب من القول «die richtige Ansicht» Ṭab. Ia 9, 1. Wenn ein durch den Gen. zu determinirendes Subst.

Anm 1. Kann aber auch den Gen. haben, s. S. 117.
Anm 2. Metrische Gründe geben wohl öfters den Ausschlag.

andern vorangegangenen Substantiven, die durch den Artikel determ. waren, entspricht, so drängte der Parallelismus manchmal zu einer durchgängigen Setzung des Artikels, worauf dann natürlich kein Gen. abhängen konnte, so z. B. الا يل قوم للصبابة والتهجر وللحزن منّى «Ach, ihr Leute, über den Liebesschmerz und die Trennung und die Trauer von mir!» IHiš. 517, 3. للخير فالخير منّا رهن ارماس «wegen des Edelmuts, und der Edelmut von uns ist ein Pfand der Gräber» Ḫansā S. 49, 5. Ferner kann in der Umschreibung ein Attribut des Regens unmittelbar bei seinem Leitwort bleiben, wie الربع الشمالىّ من الارض «das nördliche Viertel von der Erde» Maḳd. 59, 3. Die Häufung von einander abhängiger Genitive scheint bisweilen durch Umschreibung umgangen zu werden. — Öfters steht من, wo ein Gen. partit. möglich gewesen wäre, allein من betont das partitive Verhältniss stärker, und der Gen. partit. steht überhaupt vorwiegend nach Wörtern, die an sich schon die Vorstellung einer Aussonderung aus einem übergeordneten Ganzen hervorrufen. Man sagt also gewöhnlich روح المومن منهم «der Geist des Gläubigen unter ihnen» IHiš. 269, 9. الماضى من الدنيا «das Abgelaufene [= der abgelaufene Teil] von der Welt» Ṭab. Ia, 15, 8. Nicht selten ist من statt Gen. des Inhalts und Stoffs, wie قدح من خمر «ein Pokal mit Wein» Ṯaʿlabī 59, 19. خاتما من فضّة «einen Ring aus Silber» Balāḏ. 421 ult.

Nach S. 141 gibt es für كلان «Beide» keine Konstrukzion, die einem كلّ رجل «jeder Mann» (§ 81, 3) entspräche; كلان wird nur von Bekanntem gesagt, es hat ein bereits vorhandenes Ganzes, das zerlegt wird, zur Voraussetzung. Will man den regirenden Totalitätsbegriff distributiv fassen, so sieht man von der Zweiheit zunächst ganz ab, sagt كلّ واحد «jeder Einzelne» (der an sich einer beliebig grossen Zahl angehören kann) und subsumirt diesen Ausdruck mittels من dem determinirten Dual der bestimmten Zweiheit, also كُلّ واحد من الرجلين «jeder Einzelne von den beiden Männern» [1]). Beispiele: كلّ واحد منهما يقاتل صاحبه «jeder der Beiden bekämpft den Andern» Ṭab. I*b* 821, 8. سَمْك كلّ واحد منهما اربع مئة ذراع «Die Höhe einer jeden der Beiden beträgt 400 Ellen» IḪurd. 159, 2. u. s. w. Indes scheint auch für die distributive Form kurzweg vorzukommen كلا الرجلين «Jeder der beiden Männer» s. Fleischer Beitr. IX 179. — Auch wo sich كلّ «jeder» auf Mehrere bezieht, ist oft die Umschreibung erforderlich, da in dieser Bedeutung كلّ keinen determ. Gen. haben kann, z. B. على كلّ امرء منهم «auf jeden Mann von ihnen» Balāḏ. 162, 5. على يد كلّ انسان منهم «auf die Hand jedes Menschen von ihnen» Kām. 286, 6. لكلّ واحد من هاؤلاء «jedem Einzelnen von diesen» Mas. III 38, 3. كلّ منّا «jeder von uns» Mas. VI 475, 7. u. s. w., auch mit etymologischer Figur, z. B. الى كلّ خُمْس من اخماس اهل البصرة «zu jedem Fünftel von den Fünfteln der Basrenser» = zu jedem Fünftel der Basrenser. Ṭab. II*b* 726, 2. كلّ وقت من اوقات امارته «jeder Zeitteil seiner Regirung» Ṭab. I*a* 7, 13.

Dadurch, dass من das Herausheben eines Einzelnen aus einer Gattung oder Masse bezeichnete, wurde es ein Mittel zur Verdeutlichung und Verschärfung der Indeterminazion, من رجل ist eigentlich «von (der Gattung) Mann», also dasjenige, was, ausser dass es zur Gattung Mann gehört, kein bestimmendes Kennzeichen trägt, irgend ein Mann. Schliesslich kann selbst das Einheitswort (S. 22 unten) من erhalten, wie ما تسقط من ورقة «nicht fällt ein Blatt» eig. «von ein Blatt'» Ḳur. 6, 59, und von da ist nicht weit zu ما منكم من احد عنه حاجزين «Nicht ist Einer [eig. von Einer] von euch vor ihm bewahrend» Ḳur. 64, 47. Ist

---

Anm. 1. كُلّ واحد الرجلين wäre höchstens «der ganze Eine unter den zwei Männern».

hier der Satz negirt, so wird auch die Negirung um so entschiedener, man lässt es überhaupt nicht zur Vorstellung eines Individuums kommen, sondern negirt jeden Teil der Gattung. In negirten Sätzen und in Sätzen verneinenden Sinnes ist denn auch dieses من am gebräuchlichsten. — Das indeterminirende من steht vor Subjekten, Praedikaten, Praedikativen, Objekten und Apposizionen.

Beispiele für Subj.: هل لكم من اب كأبينا «(Ist) euch ein Vater wie unser Vater?» Kām. 526, 6. هل كان من آبائه من ملك «war unter seinen Vätern ein König?» Buḫ. I 7, 11. يجتمع اليه من شيعة ابى تراب «Es versammeln sich bei ihm (Leute) von der Partei des Abu turab» Ṭab. IIa 89, 11. يطلع عليكم من هذا الفجّ من خير ذى يمن «Aus diesem Hohlweg wird (einer) von den Besten der Jemeniten zu euch heraufsteigen» ISaʿd 69, 16. ما لكم من الٰه غيره «Nicht (ist) euch ein Gott ausser ihm» Ḳur. 7, 57. ما أُصيبَ لهم ابٌ ولا من اخٍ «denen nicht ein Vater noch ein Bruder getroffen wurde» Ḥam. 120, 6. مرّ على القنان من نفيانه «es fuhr über den Berg Elkanan ein Regenschauer von ihm» eig. von seinem Regenschauer. Muʿall. Imr. 75. هل عند رسم دارس من مُعَوَّل «Gibt es bei einer verwischten Lagerspur ein Jammern?» Muʿall. Imr. 6. ما حملت من ناقة فوق رحلها ابرّ «nicht trug eine Kamelin über ihrem Sattel einen Frömmeren» (Kongruenz!) IHiš. 830, 12.

Für Praedikate und Praedikative: انّ اتّباعه لمن البَغْى «ihn zu verfolgen ist Gewalttätigkeit» Ḥam. 254, 4. جارُهُ ما يُذَلّ من صفة الابىّ «Dscharuhu ma judhallu (ist) ein Relativsatz zu abijjin» Ḥam. 383, 11. كانّك من جمال بنى أُقَيش «als wärest du von den Kamelen der Benu Ukeisch» Dîw. Nāb. 29, 10. ليس من العدل ان تَشِحّى «Nicht ist Billigkeit, dass du geizig bist» Ḥam.

391, 21. كان قد اسلم من اوّل حِمْيَر «er hatte von den ersten Himjariten den Islam angenommen» = als einer der ersten Himjariten. ISaʿd 7, 4. (Vgl. noch كان من u. s. w. S. 233). يصاحِبْنَهُم من الضاريات بالدماء الدوارب «sie schliessen sich ihnen an, nach Blut gierige und darauf versessene» Dîw. Nâb. 1, 11.

Beispiele für Obj.: ما نسيت من مقالة رسول الله من شىء «Ich habe von dem Ausspruch des Boten Allahs nicht das Geringste [eig. nicht von Sache] vergessen» Buḫ. II 4, 12. على ترى من ظعائن «siehst du Reiterinnen?» Dîw. Imr. 4, 5. تتّخذون من سهولها قصورا «indem ihr von ihren Ebenen zu Schlössern nehmt» Ḳur. 7, 72. اصبّ على قبريكما من مُدامة «ich giesse über eure beiden Gräber alten Wein aus» Ḥam. 399, 20. اكل من رؤوس البقر «er isst Rindsköpfe» Maḳd. 116, 1. Auch als zweites Obj., z. B. ملأ جرابا من تراب اليمن «er füllte einen Sack mit Staub aus Jemen» IHiš. 29, 6. أحسبها من بنى عامر «ich halte sie für eine Amiritin» Kâm. 270, 12. .... اتراني ممّن «betrachtest du mich als einen, der ....?» Ḥam. 255, 3.

Auch erläuternde Apposizionen werden bisweilen mit من angefügt, sie geben die Gattung an, der das Leitwort entnommen ist. Z. B. صفات أزليّة من العلم والقُدْرة والحياة والارادة «ewige Eigenschaften, (nämlich) Wissen, Macht, Leben, Willen u. s. w.» Sahrastânî 64, 3. لهم شيمة لم يُعْطها الله غيرهم من الجود «Sie haben eine Natur, die Gott keinem Andern verleiht, (nämlich) Freigebigkeit» Dîw. Nâb. 1, 23. ياتى اليها كثير من الأُمَم للتجارة من المسلمين والروم والارمن «zu der viele Völker des Handels wegen kommen, Muslime, Byzantiner, Armenier ...» Mas. II 3, 8. اموال اهل تهامة من قريش وغيرهم «die Habe der Bewohner der Tihama, wie Kureisch und andere» IHiš. 33, 2. هذا الحىّ من الانصار «dieser

Stamm, die Ansar» IHiš. 13, 4. آل قصىّ من مُقِلّ وذى وَفْر «das Geschlecht Kuseis, Unbemittelte wie Vermögende» IHiš. 122, 7. على كلّ حال من سحيل ومُبْرَم «in jeder Lage, einfach wie verwickelt» Muᶜall. Zuh. 17. So ferner Apposizionen zu Personalpronomina, wie عدمتك من حبّ «Ich möge dich, die Liebe, entbehren» Del. 13, 6.

§ **101.** Eigenschaften und Tätigkeiten erscheinen bisweilen als ein Besitz, sind gramm. Subjekte, während ihr Träger durch die Praep. ل bezeichnet wird. Beispiele: لولا دين علىّ ليس له عندى قضاء «läge nicht eine Schuld auf mir, der bei mir keine Bezahlung (ist)» = die von mir nicht bezahlt wird. IHiš. 472, 6. لهم فيه سرّ «ihnen ist ein Geheimniss hierüber» = sie betrachten das als Geheimniss. Makd. 238, 8. كان للمهاجرين والانصار خطب طويل ومجاذبة «Den Muhadschir und Ansar war ein langes Reden und Streiten» = sie redeten und stritten. Mas. IV 183, 4. ابواب لهنّ صرير «Türen, die Knarren haben» = die knarren. Kām. 767, 15. أُكُلا له مُتَخَضَّما «eine Speise, der Verzehrtwerden ist» = die verzehrt werden kann. Ḥam. 641, 23. ولد عيسى من فاطمة هذه لهم شجاعة «die Kinder Isas von dieser Fatima waren tapfer» Kām. 245, 15. له فى كلّ يوم صريع «ihm ist an jedem Tag ein Niedergehauener» = er lässt jeden Tag Einen niederhauen. Mas. VII 148, 6.

Fortsetzung: Praeposition der Zugehörigkeit.

Ferner dient ل zur Umschreibung des Gen. poss., z. B. انْ فاز سهم للمَنيّة .... وان فاز سهمى «wenn ein Pfeil des Schicksals gewinnt, ... und wenn mein Pfeil gewinnt» Del. 36, 14. كان سعيد عاملا للوليد «Said war Statthalter Elwelids» Ṭab. II*c* 1831, 7. هو آخر وال لابن الزبير «er war der letzte Statthalter Ibn ezzubeirs» Ṭab. II*b* 818, 12. بنتا لأبى اهاب «eine Tochter Abu Ihābs» Buḫ. I 34, 19. اختا لهم «eine Schwester von ihnen» Balāḏ. 101, 8.

كل بلد للمسلمين «jede Stadt der Muslime» Mas. VII 95, 3. كأحمر علك او كليب لوائل «wie Ahmar Ads oder Kuleib von Wail» Ḥam. 421, 3. Der freie Gen. des prägenden Fürsten muss im Arab. umschrieben werden, also لعبد الله «Abdallahs» Stickel 3 unten.

Als Praepos. des Ziels, nach dem eine Handlung gerichtet ist, eignet sich ل zur Auflösung des Akkusativs. Geht der abhängige Kasus seinem Verbum voran, so ersetzt ل in allgemeinem Umriss die Vorstellung eines regirenden Wortes, wie ان كنتم للرؤيا تعبرون «wenn ihr das Traumgesicht auslegen könnt» Ḳur. 12, 43. Aber auch bei nachstehendem Kasus, z. B. تُطالعنا خيالات لسلمى «Fantasieen lassen uns die Selma erscheinen» Dîw. Zuh. 18, 5. يُثبّت في خلاته للجعائل «indem er für seine Tanten Preise festsetzte» Huḏ. 143, 13. u. s. w.

Indes ist beim Verb. fin. ل statt des Akk. nicht häufig; und seine hauptsächliche Verwendung vielmehr beim Verbalnomen; offenbar fand man die Akkusativendung nicht ausreichend für die Verbindung eines Nomens mit einem andern. So beim Inf.: دفعًا منهم لنبوّة عيسى «um das Profetentum Jesu von sich abzuweisen» Ṭab. Ia 16, 18. اكثرُ أخْذًا للقران «mehr am Koran festhaltend» Buḫ. I 337, 8. عذاب سليمان للطير «die Strafe Salomos für die Vögel» Ṭab. Ib 578, 10. ارساله ليحيى «seine Entsendung Jahjas» Mas. II 351, 5. Beim Partiz.: وهو محاصرٌ لبعض حصون خيبر «während er eine der Burgen Chaibars belagerte» IHiš. 769, 16. كانت شانئةً له «sie war ihn hassend» Balāḏ. 106, 9. الضامنون لمال جارهم «die Habe ihres Schutzgenossen beschirmende» Ḥuṭ. 64, 2. Bei anderen Verbaladjektiven: ضرّارة لي «eine mich arg mitnehmende» Dîw. Ṭar. 10, 3. قوّول لما قال الكرام «sagend was die Edeln sagen» Ḥam. 53, 12. Auch beim Verbalnomen steht der abhängige Ausdruck oft voran, z. B. كان لي مُكرما «er war mich ehrend» ISa'd 3, 22. داعيه لاهل الارض داعٍ «sein Rufer ist die Bewohner der Erde rufend» Ḥam. 44, 21. ما كنت لنا زوّارا «Du warst nicht uns besuchend» Kām. 374, 16. لمتينات الحبال قطوع «die fest gedrehten Stricke abschneidend» IHiš. 620, 15. لأطراف المرازب مخذم «die Glieder der Marzbane abhauend» Del. 75, 13.

§ **102**. Während die Mittel für die Bezeichnung der Lage und Hinbewegung in den mannigfachsten Nuancen vorhanden sind, ist die Wegbewegung nur durch من und عن vertreten. Für diesen Mangel wird nun reichlich Ersatz geschaffen, indem man من «von» andere Praeposizionen regiren lässt, wodurch die Lage, von der her die Bewegung kommt, genauer bezeichnet ist. Als erstes Glied der Doppelpraeposizionen herrscht fast ausschliesslich من, die Praeposionen der Lage (ب) und Hinbewegung (الى) sind als erstes Glied von ganz untergeordneter Bedeutung. *Doppelpraeposizionen.*

Das zweite Glied der Doppelpraep. wird wie ein Subst. behandelt, erhält also, soweit seine Form dies zulässt, die Genitivendung [1]). Auch kommt es im Diminutiv vor, z. B. من فويق الارض «von etwas über der Erde» Huḏ. 229, 4. Übrigens mögen die Zusammensetzungen z. T. aus einer Zeit stammen, in der das zweite Element noch nicht zu einer Praeposizion geworden war.

Die Doppelpraeposizion gibt eine einheitliche Vorstellung wieder, zufälliges Zusammentreffen zweier Praeposizionen, die ihre isolirte Bedeutung bewahren, gibt es so gut wie nicht [2]) und lässt sich dadurch umgehen, dass man die zweite Praep. mit ihrem Regimen in einen Relativsatz verwandelt, z. B. ليس فيما

Anm. 1. من معهِ soll die Nebenform من معُه haben.

Anm. 2. Das Standardbeispiel für uneigentliche Doppelpraeposizion ist عن كالبَرَد «von wie Hagelkörner». Sonst vgl. z. B. noch لست بدون حسّان «Du bist nicht geringer als Hassan» Ḥam. 318, 12, wo ب wohl die Kopula ist.

دون خمس ذَوْد صدقة «bei was weniger als 5 Kamele ist, gibt es keine Armensteuer» Buḫ. I 369, 14. اقلّ ممّا فى غيرهم من المُدُن «weniger als in andern Städten» IḤaukal 174, 5. لِمَ وضع عمر على اهل الشام من الجزية اكثر ممّا وضع على اهل اليمن «warum legte Omar den Syrern mehr Kopfsteuer auf als den Südarabern?» Balāḏ. 73, 2. Oder die eine Praeposizion wird unterdrückt, wie يستعجلونك بالسيّئة قبل الحسنة «sie bitten dich mit dem Schlimmen zu eilen vor (mit) dem Guten» Ḳur. 73, 7. ما رأيت الصالح يكذب فى شىء اكثر من الحديث «nicht habe ich den Frommen in einer Sache mehr lügen sehen als (in) der Überlieferung» Goldziher Moh. Stud. II 47 Anm. 5. Über ك s. Sīb. I 309, 5 f.

Einer der häufigsten Anlässe zum Zusammentreffen von Praeposizionen ist die Konstrukzion des Komparativs mit من «von» (S. 215). Hier gibt es ausser den beiden eben erwähnten Auskunftsmitteln noch ein drittes. Wird nämlich ein Gegenstand mit sich selbst in Bezug auf Etwas durch einen praeposizionalen Ausdruck Bezeichnetes verglichen, so wird der identische Gegenstand in Form eines an die komparative Praep. من tretenden Personalsuffixes wiederholt, wodurch dann die beiden Praeposizionen getrennt sind [1]). Z. B. ان با تمّام فى اختياره الحماسة أشعرُ منه فى شعره «dass Abu tammam bei seiner Auswahl der Hamasa ein grösserer Dichter sei als er in seiner eigenen Poesie» Ḥam. 2, 3. انا اوثق به منّى بك «auf den ich mehr vertraue als ich auf dich» Kām. 131, 12. كن على مُدارسة ما فى قلبك احرص منك على حفْظ ما فى كتُبك «sei im Lesen dessen, was in deinem Herzen steht, eifriger als du im Festhalten dessen, was in deinen Büchern steht» Kām. 171, 16. —

In der eigentlichen Doppelpraep. bedeutet من auch «weg aus

Anm. 1. Auch Akkusative macht man nicht von einer Praep. abhängig, s. Sīb. § 97.

einer gewissen Lage in eine andere gleichgeartete Lage», also z. B. von einem unter Etwas gelegenen Punkt an einen andern, gleichfalls unten gelegenen Punkt, d. i. unten an Etwas entlang. Dieser Gebrauch («unterhalb») wird mit dazu beigetragen haben, dass sich vielfach der Unterschied zwischen der einfachen Praep. und der von من regirten verwischte, und die Doppelpraep. dann nur eine vollere Ausdrucksweise statt der einfachen war.

Beispiele für Zusammensetzung mit من: من عن يمينى «zu meiner Rechten» Ḥam. 60, 21. اخرُجْ بنا من وسط بنى بكرٍ «geh mit uns von den Benu Bekr weg» Huḏ. No 178 Einl. 4. حتّى خرجت الرئة من بين كتفيه «bis die Lunge zwischen seinen Schultern heraustrat» Ḥam. 235, 11. من بيننا وبينك حجاب «zwischen uns und dir ist ein Vorhang» Ḳur. 41, 4. حتّى تخرج من عنده «bis du von ihm weg gehst» IHiš. 15, 11. من لدن ملك جيومرت «von dem König Gajomart an» Ṭab. Ia 17, 5. غدت من عليه «sie bricht Morgens von ihm auf» Kām. 488, 8. جعل فيها رواسِىَ من فوقها «er setzte Berge auf sie über ihr» Ḳur. 41, 9. تخلّلوه من تحتى «sie durchbohrten ihn unter mir» Buḫ. II 61, 13. اتى من دونها النَّأى «es trat hindernd vor sie die Trennung» Ḥuṭ. 6, 2. لا نرى لأنفسنا من دون ملكة قصرا «nicht sehen wir für uns ausser einem Königtum ein Ziel» Ḥam. 119,3. ما أُنزل من قَبْلك «was vor dir geoffenbart wurde» Ḳur. 2, 3. كأنّ الشمس من قِبَلى تدور «als drehe sich die Sonne vor mir» Ḥam. 108, 24. اكتنفهم بنو مازن من امامهم «die Benu Mazin schnitten sie von vorn ab» Huḏ No 148 Einl. 11. طعنه من ورائه «er durchbohrte ihn von hinter ihm» Ḥam. 422, 29. اذا ما بكى من خلفها «sobald er hinter ihr weinte» Muʿall. Imr. 17. أُجِرُّ الرمح من إثْرِ الجراح «ich ziehe den Sper aus der Wunde heraus» Ḥam. 423, 12. ايكون لنا الامر من بعدك «wird uns die Sache nach dir zufallen?» IHiš. 283, 9. ذلك من تلقاء مثلك رائع «dies ist von Einem wie du schrecklich» Dîw. Nāb. 17, 15. u. s. w.

Zusammensetzung mit ب und الى: على من بازائك «gegen die welche dir gegenüber stehen» Ṭab. IIb 726, 18. جُعل بحذاء الازد «er wurde dem Stamme Azd gegenüber gestellt» Kām. 81, 15. راح الى وسط الماء «er ging ins Wasser hinein» Ḥam. 16, 6. الى فوق الكعوب «bis über die Knöchel» Dîw. Nāb. 19, 7.

Der praeposizionale Ausdruck. § 103. Unter den etymologischen Figuren sei die häufige mit ب gebildete hervorgehoben. Ein Nomen im inneren Akk. ist das Produkt des aus dem regirenden Verbum entnommenen allgemeinen Begriffs des Wirkens, dieser letztere selbst das Mittel, durch das jenes Nomen hervorgebracht wird, ضرب ضربا شديدا «er schlug ein heftiges Schlagen» lässt sich so ausdenken: Er schlug, wobei er mittels der damit verbundenen Wirksamkeit ein heftiges Schlagen hervorbrachte. Bei der Konstrukzion ضرب بضرب شديد «er schlug mit einem heftigen Schlagen» ist umgekehrt die Qualität des regirenden Verbums das Produkt, und ب mit dem etymologisch verwanten Wort gibt die begleitenden Umstände oder das Mittel an und bezeichnet, dass die unter dem Verbalbegriff zu verstehende Tätigkeit auch faktisch mit all ihren Merkmalen bei der Verwirklichung der Handlung zur Anwendung kommt. Der Effekt beider Konstrukzionen ist ziemlich der gleiche, der innere Akk. aber weitaus häufiger. Beispiele: تكلّم بكلام يدفعه بعض الناس «er redete Etwas, was Manche ablehnen» Kām. 285, 16. ان بشّرتك ببشارة تسرّك «wenn ich dir eine Botschaft verkünde, die dich freut» Kām. 574, 15. انّي داعٍ بدَعْوة «ich bin ein einen Ruf ergehen lassender» Ṭab. IIa 162, 3. يغتالها باغتيال «es gelingt ihm, sie einzuholen» Huḏ. 92, 40. Die Vergleichung mittels ك wird bisweilen in der Weise gehäuft, dass statt einer einfachen etymologischen Figur vergleichenden Sinnes oder statt eines einfachen mit ك gebildeten praeposizionalen Ausdrucks ك mit etymologischer Figur gesetzt wird, z. B. وعيت كَوْعْى عَظْمِ السـاق «ich bin zusammengeheilt wie das Zusammenheilen des (gebrochenen) Schenkelknochens» Hut. 5, 34. وقـد تـأجوا كثُوَاجِ الغنم «als sie blöckten wie das Blöcken der Schafe» IHiš. 39, 14. ان تلك اللغة تغيّرت كتَغَيُّرِ الفهلويّة «dass diese Sprache sich verändert hat wie das sich verändern des Pehlevi» Mas. II 414, 3.

Dass statt eines praeposizionalen Ausdrucks der Akk. steht, kommt ganz vereinzelt vor, z. B. يـصـيـدك «er jagt dir» (für يصيد لك) Kām. 471. 15. كادت تُساقطنى رَحلى «die mir beinahe meinen Sattel herunterwarf» Dīw. Nāb. 23, 14. حالـة ستكونـهـا «ein Zustand, in dem du dich befindest» (für ستكون عـليـهـا, s. Nöld. z. St.) Del. 92, 5. Vgl. oben S. 96.

Der mit der Praep. ك «wie» gebildete Ausdruck hat eine aus der ursprünglichen Bedeutung von ك «Das des ....» fliessende, weitgehende syntaktische Verwendung. Er erscheint als Subj., z. B. in فى كَبِدى كالنَّفط «in meinem Leib ist (Etwas) wie Nafta» Ağ. VI 50, 6. انّك لم يفخر عليك كفاخر ضعيف ولم يغلبك مثل مغلَّب «Nicht prahlt dir gegenüber (Einer) wie ein schwacher Prahler, und nicht überwältigt dich (Einer) wie ein (selbst schon) Überwältigter» Dīw. Imr. 4, 14. Als Objekt, z. B. انـى اخـلـق لكم من الطين كهَيْئة الطير «dass ich euch schaffe aus Ton (Etwas) wie die Gestalt von Vögeln» Kur. 3, 43. Natürlich auch als Praed., z. B. انّى وايّاكم كمن نَبَّهَ القطا «ich und ihr (, wir stehen zu einander) wie wer Rebhüner weckt» Kām. 155, 13. والعُسر كاليُسر والغنى كالعُـدم «Schwierigkeit (ist) wie Leichtigkeit, und Reichtum (ist) wie Mangel» Ḥam. 507, 11.

Ein zwischen dem Subj. und Praed. des Nominalsatzes stehender praepositionaler Ausdruck erscheint okkasionell leicht als Kopula, z. B. انت على الادنى شمأل «Du (bist) gegen den Nahen ein Nordwind» Ḥam. 632, 11. له فى فزارة طاعة «ihm (war) im Stamme Fezara Gehorsam» Ḥam. 451, 8. Vgl. S. 263. So auch, wenn der praep. Ausdruck ganz am Anfang steht, wie وبين يديها التبْن منشور «während vor ihnen Stroh ausgebreitet war» Dîw. Nâb. 14, 8. [1]).

Ausser als Praedikat des Nominalsatzes kommt der praepositionale Ausdruck auf zweierlei Weise in unmittelbarer Beziehung auf ein Nomen vor, nämlich neben Verbalnomina, wo er zu dem in dem Verbalnomen liegenden Verbalbegriff gehört, und rein attributiv neben starren Nomina. Für den ersteren Fall s. Beispiele im § 104. Für den praepositionalen Ausdruck als *erläuterndes* Attribut vgl. z. B. فلنقل الآن بأىّ ذلك كان الابتداء بالليل ام بالنهار «Wir wollen jetzt darlegen, womit der Anfang gemacht wurde, mit der Nacht oder mit dem Tag» Ṭab. I*a* 58, 14.

Was nun den praepositionalen Ausdruck als *bestimmendes* Attribut anlangt, so ist sein Gebrauch neben indeterminirten Substantiven nie angefochten worden; wegen der Determinazionsverhältnisse vgl. z. B. رجال من بنى اسد معهما «Männer von den Benu Asad bei ihnen» Kâm. 40, 4. الّا رجلا بالموصل «ausser ein Mann in Mosul» IHiš. 138, 18. فتح جزيرة فى البحر «er eroberte eine Insel im Meere» Ṭab. II*a* 163, 14. مثلهم كصَيِّب من السماء «Ihr Gleichniss ist wie eine Wolke vom Himmel» Ḳur. 2, 16. 18. u. s. w. Allein auch neben determ. Substantiven findet er sich, z. B. ابوه

Anm. 1. Auch das Adv. hat im Nominalsatz öfters Kopulanatur, z. B. مخلد يومئذ ببلخ «Machlad (war) damals in Balch» Ṭab. II*c* 1329, 10 حتّى خدّك اليوم أضرع «bis dein Kinn heute gesenkt (ist)» Ḥam. 344, 3.

قبله وابو ابيه بنوا «sein Vater vor ihm und der Vater seines Vaters haben erbaut ...» Dîw. Nâb. 27, 34. ما هذه الجوارى حولى «Was sind diese Mädchen um mich?» Aġ. VIII 80, 7. قال للملا حوله «er sagte zu der Schar um ihn» Ḳur. 26, 33. كانت بنو صاهلة اقصى هذيل نحو اليمن «Die Benu Sahila waren die äussersten Hudheiliten nach Süden zu» Huḏ. № 175 Einl. 7. صلّى مع النساء وراءك «bete mit den Frauen hinter dir» ISaᶜd 48, 26. النظم فى سلك يزيّن نحرها «Die Perlenreihe an einer Schnur schmückt ihren Hals» Dîw. Nâb. 7, 10. الثنيّة الطريق فى الجبل «Thanijja (ist) der Weg auf dem Berge» Kâm. 217, 19. ما تلك بيمينك «Was ist diese in deiner Rechten?» Ḳur. 20, 18. غنيت صوتى فى شعرى «ich sang meine Melodie (die) in meinem Liede (vorkommt): ...» Aġ. V 18, 12. الجزيرة بين دجلة والفرات «die Halbinsel zwischen Tigris und Eufrat» IḲut. 5, 1. اللام فى قوله «das L in seinem Worte» Ḥam. 248, 8. يا دار ميّة بالعلياء «O Niederlassung der Majja auf der Höhe!» Dîw. Nâb. 5, 1. الى جميع العرب بنجد «an alle Araber im Nedschd» Balâḏ. 107, 13. u. s. w. Man begegnet wohl gelegentlich einem attributiven Satz, wo ein einfaches praeposizionales Attribut möglich wäre, wie بالشعب الذى دون سلع «auf dem Gebirgspfad, der bei Sal (ist)» Ḥam. 382, 19, allein notwendig ist die Umschreibung sicher nicht.

§ **104.** Da die Zahl der Redeteile, deren gegenseitige Stellung jetzt in Betracht kommt, schon gross ist, so kompliziren sich hier die Verhältnisse ausserordentlich. Um so mehr kann im Folgenden nur auf die häufigsten und durchsichtigsten Erscheinungen eingegangen werden; eine detaillirtere Darstellung müsste geradezu zu einer Exegese der Belege werden. *Stellung des praeposizionalen Ausdrucks.*

Die Grundregel ist auch hier, dass das Näherliegende voransteht, und ein spezieller Fall hiervon ist, dass der einfache Ausdruck vor dem komplizirteren steht, dass ein Ausdruck, der ohne Weiteres aus dem Vorhergehenden zu entnehmen ist, vor einem andern steht, der noch ein Urteil über das Vorangehende einschliesst, mag auch der letztere Ausdruck aus bekannten Elementen bestehen, dass ferner ein Wort voransteht, weil es ein Pron. ist oder eine pronominale Bestimmung hat, u. s. w. u. s. w.

Manchmal liegt schon im regirenden Wort ein Hinweis auf eines der folgenden Worte. So bedeutet غرز «stechen», speziell «(einen Pflock) in Etwas treiben», daher ان يَغرِزَ خشبةً فى جدارِهِ «dass er einen Pflock [indet.!] in seine [Pronominalsuffix!] Wand schlage» Buḫ. II 102, 14, und so werden überhaupt Verba, die man gewohnt ist, mit gewissen Ausdrücken zu verbinden, nicht so leicht von diesen getrennt.

Zur Pronominalregel: لبث فيه ساعةً «er verweilte in ihr eine Zeitlang» Buḫ. I 129, 6. ثمّ فتح بعد ذلك سَبَسْطية «dann eroberte er hierauf Sebastia» Balād. 138, 11. أُخبِر بذلك النبىّ «der Profet wurde hiervon in Kenntniss gesetzt» Buḫ. I 40, 14. جعل يَخُطّ برمحه فى الارض «er begann mit seinem Spere Linien in den Boden zu ziehen» Kām. 441, 15. كان قبل اسلامه تاجرا «er war vor seinem Übertritt zum Islam Kaufmann» IḲut. 137, 5. قدم عليه سطيح قبل شقّ «Satih kam vor Schikk zu ihm» IHiš. 10, 10. Dagegen andererseits: كان رسول الله صلعم بعد عبد المطّلب عند عمّه ابى طالب «Der Profet war nach Abd elmuttalib bei seinem Oheim Abu talib» IHiš. 114, 12. Öfters hat ein nachfolgender Ausdruck ein Suffix, das auf einen vorhergehenden zurückweist, wie لمّا تفرّق عن الوليد اصحابه «nachdem sich von Elwelid weg seine Gefährten zerstreut hatten» Ṭab. IIc 1809, 17. تقاصرت الى آدم نفسه «dem Adam duckte sich seine Sele» Ṭab. Ia 124, 17. u. s. w.

Im Allgemeinen steht das Determinirte voran, und das Indeterminirte folgt, z. B. كان لكم فى رسول الله أُسْوةٌ حسنةٌ «Es war euch im Boten Allahs ein schöner Trost» Buḫ. I 111, 18, خلّف

ابنا له بين أظهرهم «er hatte in ihrer Mitte einen Sohn von sich zurück gelassen» IHiš. 13, 3. انّ الله قد فعل بالمسلمين خيرا «Allah hat an den Gläubigen schön gehandelt» Kām. 695, 17. ان يكون بين قريش حدث فى ابى أزيهر «dass unter den Kureischiten ein Zwischenfall wegen des Abu Uzeihir eintrete» IHiš. 275, 6. صببت للنبىّ غسْلا «ich goss dem Profeten Waschwasser über» Buḫ. I 75, 16. انّ موسى قام فى بنى اسرائيل خطيبا «Moses trat unter den Kindern Israels als Prediger auf» Ṭab. Ia 417, 6. Es ist zu beachten, dass z. B. vom Praedikativum, das fast stets indeterm. ist, natürlich auch ein praeposizionaler Ausdruck abhängen kann, so dass hier nicht selten die Stellung: Verbum — indeterminirtes Praedikativum — determinirter Ausdruck begegnet; allein der determ. Ausdruck kann sich auch dem regirenden Praedikativum vorschieben, namentlich, wenn er engere Beziehungen zum regirenden Hauptverbum hat, wie كان اسمه عليه مكتوبا «sein Name war darauf geschrieben» Balāḏ. 165, 18. u.s.w.

Der praeposizionale Ausdruck vor dem Verbum: ففى التخبيبة سقطت «Da bist du in eine Überlistung geraten» Huḏ. II S. 41, 6. فى رَيثة ان اتى وفى عَجَلِه «wenn er in Gemächlichkeit kommt und in seiner Geschwindigkeit» Del. 97, 11 Note. مات سنة عشر ومائة وفيها مات محمّد «Er starb im Jahre 110, und in ihm starb auch Mohammed» IḲut. 225, 18. فانّ به ياخذ الحازم «denn sie erfasst der Zuversichtliche» Kām. 703, 11. لالى الله تُحشرون «so werdet ihr zu Allah versammelt werden» Ḳur. 3, 152.

Attributive praeposizionale Ausdrücke mit Suffix u. dgl. stehen öfters vor gewöhnlichen Attributen, z. B. اناس من اصحابه كثير «viele Leute von seinen Gefährten» Ṭab. IIb 600, 10. ابنا له صغيرا «einen kleinen Sohn von ihm» Huḏ. II S. 47, 7. — Häufig treten praeposizionale Ausdrücke mit Suffix u. dgl. vor das regirende

Nomen, wobei im Verbalsatz wohl der Umstand mitwirkte, dass die Praep. doch immer leicht zum Verbum gezogen wurde; indes geschieht es auch im Nominalsatz, und der praeposizionale Ausdruck kann dann als Kopula wirken. Die Auflösung des Genitivs durch Praeposizionen versetzte auch in die Lage, virtuelle Genitive vor ihr Regens zu stellen. Beispiele: كنت امرأ عن شُرْبِها فى شُغْل «ich war ein Mann, der in Abhaltung von seinem Trinken ist» = ich war von meinem Trinken abgehalten. Käm. 139, 4. كان لى مُكرِما «er war mich ehrend» ISaᶜd 3, 22. وهو عنّى مُدْبِر «während er von mir abgewant war» Käm. 347, 3. أنّا معكما مقاتلون «wir (sind) mit euch kämpfend» IHiš. 434, 14. عُقِل منها أبعِرة «einige Tiere von ihnen wurden gefesselt» Ḥam. 422, 4. ما اخطأت منها شيئا «Du hast Nichts davon verfehlt» IHiš. 10, 13. يقودهم النعمن منه بمُحصَف «Numān führt sie mit seinem festen Entschluss» Diw. Nāb. 6, 6. رجلا به شبيها «einen ihm ähnlichen Mann» Ṭab. IIa 411, 16. بالخير والشرّ أعلمُ «das Gute und Böse am besten kennend» Maḳd. 294, 17. قتلوا منهم اناسا «sie töteten von ihnen Einige» Ḥam. 15, 20. اذا اصابت بنو لحيان من خناعة احدا «so oft die Benu Lihjan von den Chunaᶜa Einen erwischten» Huḏ. Nº 46 Einl. 2, dagegen unmittelbar darauf اذا اصابت بنو خناعة احدا من بنى لحيان. فى عَرَصاته منهم رسوم «in ihren Höfen sind Spuren von ihnen» Diw. Zuh. 18, 2.

Für die Stellung der praep. Ausdrücke untereinder: الذين يُحشَرون على وجوههم الى جهنّم «die auf ihre Gesichter zur Hölle versammelt werden» Ḳur. 25, 36. حلف لها بآلهته «er schwor ihr bei seinen Göttern» IHiš. 226, 15. ما عليك من حسابهم من شىء وما من حسابك عليهم من شىء wörtl. «nicht (liegt) auf dir von ihrer Rechenschaft irgend Etwas, und nicht (liegt) von deiner Rechenschaft auf ihnen irgend Etwas» (Gegensatz). Ḳur. 6, 52. u.s.w.

VERBESSERUNGEN UND NACHTRÄGE.

S. 2 Z. 21. Partizipien und Infinitiven.
» 7 Anm. 1 Z. 2. Statt unverbundener: beigeordneter.
» 9 Z. 3. Aufzählungen.
» » » 4. Zevilaer Tor.
» » » 20. Statt 58[1] : 37[1].
» » » 23. » hieraus: hinaus.
» 10 » 4 v. u. Statt unverbundener: beigeordneter.
» 12 » 1. «hintenvokaligen».
» 14 » 3. خَلْفَ.
» » » 6 v. u. Vor عوض fehlen: بُكْرَةً, سَحَرُ, غُدْوَةً «morgens» فَيْنَةً «zu einer bestimmten Zeit».
» » In den Anmerkungen ist zu lesen: Anm. 1. Anm. 2.
» 15 Anm. 1. Šahr.
» 16 Z. 4. § 13. 20.
» 27 » 2.1. v. u. Das Beispiel ist zu streichen.
» 28 » 7. جزيرة.
» 38 » » Das Beispiel ist zu streichen.
» » » 17. Ḫansā.
» 43 » 3. Statt mager: abgemagert.
» 44 » 9. قِيلَ لَه.
» » » 18. ausüben.
» 46 » 10. Statt Andere: Bedrohte.
» » » 5.4 v. u. Das Beispiel ist zu streichen.
» 67 letzte Z. noch.

S. 72 Z. 19. Statt beschleunigen: offen fliehen.
» 77 » 1. Vor S. 381 ist einzuschalten: I.
» 84 » 15. Zur Kürze von *يس s. Nöldeke Mand. Gr. S. 293. Anm. 5.
» 87 Anm. 1. Z. 1. späterhin ist zu streichen.
» 90 letzte Z. Samsāma.
» 93 Z. 9. Das Beispiel ist zu streichen.
» 94 » 16. § 83.
» 96 » 15. Falls der Text in Ordnung ist.
» 108 » 19. Nach اماما ist hinzuzufügen: قَبَلًا, قُبُلًا, قَبِيلًا, قَبَلِيًّا «vor Augen» «gegenwärtig» s. Fleischer Beitr. VI 100.
» 110 » 3 v. u. § 83.
» 125 » 5 das.
» 137 Anm. Z. 3. Streiche ist.
» 168 Mitte und Anmerkung. Diese Angaben beruhen natürlich auf Zählungen.
» 172 Anm. 2. Z. 4. Vor und nach افضَلَتْ ist ein Komma zu setzen.
» 178 Mitte. In Versen können Diptota triptotisch deklinirt werden, z. B. عُنَيْزَةٍ Del. 45, 7. عَجَايِزٌ Dīw. Ṭar. 19, 11. خرائِدٌ (Reim) Dīw. Nāb. 6, 4. يزيدٍ Dīw. Nāb. 30, 1. u. s. w.
» 180 Z. 19. vorangehenden.
» 199 » 4. Einige wenige nunazionslose akkusativische Adverbien sind erhalten, nämlich سوف, بُكْرَةَ, سَحَرَ, ضُحَى, غُدْوَةَ, فَيْنَةَ. Da sie nie Praeposizionen sind, erschienen sie nicht als stat. cstr.

Nachdem der Druck des § 90 (Diptota) bereits beendet war, schrieb mir Jensen, er habe mir im Sommer 1892 mündlich die Entstehung der Diptota aus Verbalformen auseinandergesetzt. Aus bestimmten Anhaltspunkten, die mir erst jetzt wieder erinnerlich werden, muss ich schliessen, dass hier wirklich kein Irrtum vorliegt, obwohl ich mich der Tatsache selbst schlechterdings nicht entsinnen kann. Es scheint, dass ich dem Gespräche damals nicht folgte, jedenfalls hatte ich nie mehr eine Erinnerung daran und stand noch zu Anfang dieses Jahres (1895) in der Diptotafrage ratlos. Übrigens haben unsere beiden Hypothesen nur das oberste Prinzip gemein, um dann sofort von einander abzuweichen, da Jensen in den Kasusendungen der Diptota die Endungen des Indikativs und Subjunktivs sah und die primäre Verbalnatur der Elative u. s. w. für erwiesen hält.

Jensen formulirt seine Hypothese folgendermaassen:

«Die Diptosie stammt aus dem Verbum. Namen wie يزيد etc. «(vgl. Sin-aḫî-irib = ‘Sin hat die Brüder vermehrt’), احمر (vgl. «האדים und das Verhältniss zwischen רענן und احمرّ) etc. ge«hören zu den ersten Diptota. Damit ist zugleich erklärt, warum «Diptosie und Mangel der Nunazion zusammengehen. Die Diptota «sind ursprünglich Monoptota auf *-u* resp. *-a*. Ich vermutete — «gewiss mit Unrecht — dass die Existenz des Subjunctivs auf *-a* «neben dem Indicativ auf *-u* es ermöglichte, dass aus den Mo«noptota Diptota wurden. Alles Andere ist so gut wie ausschliess«lich nur von Reckendorf gefunden. Dass sich mein Freund einer «bewussten Entlehnung fremden Eigentums schuldig machen könnte, «halte ich natürlich für gänzlich ausgeschlossen, und für sehr «wohl möglich, dass nicht einmal eine unbewusste Aneignung «meiner Einfälle stattgefunden hat.

P. Jensen.»

Beendigung des Drucks am 27ten August 1895.

www.ingramcontent.com/pod-product-compliance
Lightning Source LLC
Chambersburg PA
CBHW031955230426
43672CB00010B/2167
9783744796491